KiWi

KiWi 53 Michael Schneider
Nur tote Fische ...

Michael Schneider

Nur tote Fische schwimmen mit dem Strom

Essays, Aphorismen, Polemiken

Kiepenheuer & Witsch

Umschlag Hannes Jähn, Köln
Gesamtherstellung Clausen & Bosse, Leck
ISBN 3 462 01616 6

Inhalt

Nicht alle sind tot, die begraben sind

Versuch über meine Nachkriegs-Kindheit

»... und sah Menschen kommen
Langsamen Schrittes durchs gebogene Tal,
Wie man auf unsrer Welt im Bittgang schreitet
Als dann mein Blick an ihnen niederglitt,
Welch staunliche Verrenkung zeigt sich da
Bei jedem zwischen Kinn und Schlüsselbein
Das Antlitz war dem Rücken zugewendet
Und rückwärts mußten sie die Füße regen
Den Blick nach vorne hatten sie nicht mehr.«

A. Dante, Divina Comedia, Die Hölle, 20. Gesang

1. Das Spukhaus

An einem Sommerabend im Jahre 1948 – die Überlebenden des Dritten Reiches hatten ihre letzten Toten begraben – betrat mein Vater das Wohnzimmer unseres Hauses in Grainau (bei Garmisch-Partenkirchen), wo meine Großmutter, meine drei älteren Geschwister und ich wie zu einer Feierstunde versammelt waren. Wir alle waren in großer Sorge um unsere Mutter, die plötzlich an Gelbsucht erkrankt war und nun schon seit einigen Wochen im Krankenhaus lag. »Meine Lieben«, sagte mein Vater feierlich, »Gott hat unsere liebe Mam gestern nacht zu sich gerufen. Habt keine Angst! Seid nicht traurig! Denn unsere liebe Mam ist noch unter uns, sie ist jetzt bloß im Himmel!«
Ich saß wie versteinert, ebenso mein älterer Bruder Peter. Wir verzogen keine Miene, kriegten keinen Ton heraus, kein Wort, keine Träne. In unserem Zimmer herrschte Stille, Totenstille. Auch in den folgenden Tagen blieb ich, damals fünf Jahre alt, sprachlos. Ich klagte nicht, weinte nicht, schrie nicht; ja, ich kann mich kaum erinnern, in den folgenden Wochen und Monaten über den Tod meiner Mutter auch nur eine Träne vergossen

zu haben. Ich hatte ja auch keinen Grund zur Trauer; denn wie uns unser Vater versichert hatte, war unsere Mutter ja nicht wirklich, sondern nur *scheinbar* tot, sie war ja noch »unter uns«. In dieser Vorstellung wurde ich auch dadurch bestärkt, daß ich aus irgendeinem Grund am Begräbnis meiner Mutter nicht teilnahm (nicht teilnehmen durfte?).

Einige Wochen nach dem »Tod« meiner Mutter entwickelte ich eine sonderbare Gewohnheit: Jeden Tag holte ich mir einen Spaten aus dem Geräteschuppen und brachte Stunden damit zu, die Schlaglöcher in der Straße vor unserem Haus zuzuschaufeln. Wenn ich ein Loch mit Sand und Steinen aufgefüllt hatte, klopfte und strich ich es an den Rändern liebevoll glatt. Da es mir verwehrt war, um meine »tote« Mutter zu trauern, d. h. sie endgültig zu begraben, blieb ich monatelang ihr bewußtloser Totengräber. Das für mich nie stattgehabte Begräbnis meiner Mutter kehrte so ununterbrochen als symbolische Ersatz-Handlung des Löcher-Zuschaufelns wieder. Ein Jahr nach dem »Tod« meiner Mutter kam eine Tante zu Besuch, die darüber staunte, daß ich schon so groß sei. Darauf sagte ich, mit flehender Stimme: »Ich will noch viel größer werden! Ich will so groß werden, bis ich in den Himmel wachse, damit ich meine Mama wieder treffe!«

Wenig später zeigte ich eine andere, sonderbare Gewohnheit: Jeden Morgen, kurz bevor die Erstkläßler auf dem Weg zur Schule die Alpspitzstraße hinunterliefen, baute ich vor unserem Haus aus ein paar Feldsteinen und einer Holzplanke eine Art Barrikade und zwang alle Mädchen, die kleiner und schwächer waren als ich, vor dieser Barrikade anzuhalten. Ich ließ sie nur durch gegen ein »Lösegeld«, d. h. wenn sie mir ihr Schulbrot oder ihren Apfel überließen. Ich weidete mich an der Hilflosigkeit dieser kleinen Mädchen, die wie die Hühner vor dem Fuchs zu zappeln anfingen und mir meist weinend den in Naturalien geforderten Tribut überließen. Wenn sie versuchten, links oder rechts an der Barrikade vorbeizuhuschen, verfolgte ich sie, bis ich sie geschnappt hatte; meist verprügelte ich sie

dann zur Strafe. Ich gefiel mir ungeheuer in dieser gefürchteten Rolle als »grausamer Ritter der Alpspitzstraße«.
Diese kleinen Mädchen, die ich da schlug und erpreßte, waren – so glaube ich heute – ebenso viele Ersatz-Figuren meiner vermißten Mutter. An ihnen, die noch schwächer waren als ich, rächte ich mich dafür, daß mich meine Mutter »im Stich gelassen« hatte. Meine grausamen Wünsche waren nur die Umkehrung meiner ins Leere laufenden Liebeswünsche. Mein sadistisches Ritterspiel fand erst ein Ende, als die Eltern eines Mädchens, das ich wegen Durchbrechens der Barrikade verprügelt hatte, sich bei meiner Großmutter beschwerten. Daraufhin schlug mich diese so windelweich, daß ich es nicht mehr wagte, das Spiel zu wiederholen.
An die Stelle des offenen Schmerzes über den Tod meiner Mutter, den ich mit fünf Jahren in mich reinfraß, traten in der folgenden Zeit immer neue Zwangs- und Symptomhandlungen. Meine Großeltern und Geschwister begannen über meine Zerstreutheit und notorische Vergeßlichkeit zu klagen; tatsächlich war ich ständig auf der Suche nach irgendwelchen Objekten, die ich vergessen, verlegt oder verloren hatte. In dem dumpfen Gefühl, daß ich meine Mutter ja nicht wirklich verloren hatte, daß ich nur äußerlich, nur zum Schein von ihr getrennt lebte, war ich innerlich beständig auf der Suche nach ihr. Meine Großmutter suchte meiner zwanghaften Vergeßlichkeit mit allen möglichen Tricks beizukommen, z. B. indem sie meine Handschuhe an einem langen, dicken Wollfaden, der mir rund um die Schultern und durch beide Ärmel lief, festnähte. Aber das nützte nicht viel: Wenn ich meine derart befestigten Handschuhe nicht mehr verlieren konnte, verlor ich eben anderes, so z. B. meine Mütze oder mein Spielzeug. Im unentwegten, scheinbar absichtslosen Verlust von Dingen, die für mich oder die Familie von Bedeutung waren – so verlor ich einmal auf dem Weg zum Lebensmittelhändler zu meinem größten Entsetzen die Weihnachtsmarken für die ganze Familie –, wiederholte ich zwanghaft den Verlust meines ersten Liebesobjektes. Das Ereignis, worüber ich kein Wort, keinen

Schrei, keine Träne verloren hatte, bestimmte eben darum fast alle meine Handlungen und Äußerungen.
Ich verlor aber nicht nur mir lieb gewordene Gegenstände, sondern manchmal sogar ihre Namen aus dem Gedächtnis. Ja, es gab Momente, da mir das Mittel versagte, mit dem sich Kinder die Welt aneignen: die Sprache. Meine Sprechhemmung setzte bei ganz bestimmten Wörtern ein, vor allem bei Wörtern mit dem Anfangsbuchstaben »M«, von wo sie sich dann auf andere, ähnlich klingende Wörter übertrug. Das Ursprungswort aber, vor dem ich zwanghaft immer wieder scheiterte, war das Wort »Mam«, vor dem ich zurückschreckte wie ein scheues Pferd.
Mit fünf oder sechs Jahren entwickelte ich einen neuen, sonderbaren Tick: Nach dem Abendessen, wenn meine Großeltern und Geschwister in die Küche gingen, um abzuwaschen, kroch ich, von niemandem beobachtet, unter einen Stuhl und fing wie ein Wahnsinniger an zu schaukeln; den Kopf wälzte ich so lange zwischen den Stuhlbeinen hin und her, bis sich die Zimmerdecke über mir drehte. Das von mir selbst erzeugte Schwindelgefühl versetzte mich in eine Art Trance, die zugleich lust- und qualvoll war, bis ich nach fünf bis zehn Minuten so erschöpft und gerädert war, daß ich aufhören mußte. Diese zwanghafte Schaukelbewegung war eine symbolische Suchbewegung, wie man sie oft bei Waisenkindern findet. Die Psychopathologie kennt sie unter dem Stichwort des »Hospitalismus«. Ihr Vorbild ist die natürliche Suchbewegung von Säuglingen, die die Mutterbrust suchen. Ich wollte offenbar wieder zum Säugling werden, wollte wieder zurück an die Mutterbrust, zurück in die Wiege, aus der mich die alliierten Tiefflieger zu früh herausbombardiert hatten.
Zum Trauma wurde der »Tod« meiner Mutter für mich, das fünfjährige Kind, dadurch, daß ich ihn nicht auf eine natürliche Weise verarbeiten konnte. Das Trauma bestand weniger darin, daß meine Mutter tot, sondern daß sie tot und *zugleich* lebendig, daß sie unter der Erde und zugleich »im Himmel«, daß sie fern von uns und zugleich »unter uns« war; daß ich also Grund zum Trauern und zugleich keinen Grund zum Trauern hatte. Schon

mit fünf Jahren war ich ein vollkommen gestörtes Kind, weil ich diesen Widerspruch nicht lösen, nicht bewältigen konnte. Ich wollte vor Schmerz losheulen und durfte / konnte doch nicht losheulen; ich wollte um meine tote Mutter trauern und durfte / brauchte doch nicht um sie zu trauern.

Warum aber mußte mein Vater aus dem Tod seiner Frau ein mystisches Rätsel machen? Warum konnte er uns Kindern nicht einfach sagen: »Eure Mutter ist an Gelbsucht gestorben. Sie ist tot, für immer und ewig tot. Das ist schlimm für mich und für euch, aber – es ist so!« Ich glaube, nach dem Zusammenbruch des Dritten Reiches hatte mein aus französischer Gefangenschaft heimgekehrter Vater selbst so wenig Vertrauen zum Leben, daß er sich von seiner geliebten toten Frau nicht mehr trennen konnte. Ohne die mystisch-religiöse Lüge: »Mam ist noch unter uns, ja, sie kommt wieder zur Welt«, hätte er es wohl selbst kaum ausgehalten in einem Land, das so gründlich zerstört war, daß es in der Tat ein leichtes war, den Tod mit dem Leben zu verwechseln. Denn die Überlebenden des faschistischen Raubkrieges, der 55 Millionen Menschen das Leben gekostet hatte, waren den Toten selber so ähnlich geworden, daß die Toten dagegen vergleichsweise lebendig erschienen. Unsere aus Krieg, Gefangenschaft und Internierungslagern heimgekehrten Väter und Großväter waren selbst so kaputt, daß einem die Toten dagegen geradezu heil und gesund vorkamen.

Unser Haus in der Alpspitzstraße in Grainau war ein regelrechtes Irrenhaus, ein Spukhaus: Da war die Frau Dorneich mit einer Hasenscharte im Gesicht, die, wenn sie sprach, aussah wie eine zuckende Wunde; ihr Mann jagte sie, wenn er einen seiner Jähzornanfälle bekam, aus dem Keller auf den Hof und warf ihr, wenn er sie nicht erwischte, sein Glasauge nach. Manchmal rannte ich voller Entsetzen auf den Hof, um das Glasauge von Herrn Dorneich im Kies zu suchen. Oft mußte unsere Großmutter den Arzt holen, weil Frau Dorneich einen epileptischen Anfall bekommen hatte und zuckend und stöhnend, von ihrem Mann an Armen und Beinen festgehalten oder angeschnallt auf ihrer Pritsche im Keller lag. Dann war da ein älterer, alleinstehender Mann, ein Rußlandheimkehrer, der auch im Keller wohnte und mit seinem Holzbein immer über den Hof schlurfte; gebannt starrte ich hinter dem Verandafenster auf die geschlängelte Spur, die er im Kies hinterließ. Dieser Keller, über dem wir wohnten, war für mich der Inbegriff von Gewalt, Wahnsinn und Züchtigung. Immer wenn ich in die Hose gemacht hatte (ich war mit vier Jahren noch nicht richtig »sauber«), schleppte mich unsere aus der Ostzone geflüchtete Kinderfrau in den Keller, stellte mich in eine Ecke mit dem Gesicht zur Wand – wie zu einer Hinrichtung –. Fast alle Hausbewohner und Nachbarn, mit denen ich als Kind zu tun hatte, benahmen sich so, als hätten auch sie ihre Mütter verloren, d. h. als rächten sie sich unter- und aneinander dafür, daß sie von ihrem geliebten Führern im Stich gelassen worden waren. Vielleicht habe ich mich als Kind auch deswegen so an meine »tote« Mama geklammert, um nicht an den Lebenden bzw. Überlebenden irre zu werden.

Dieses mystisch-spiritistische Bewußtsein, das den Toten eine größere Macht und Realität verlieh als den Lebenden, verwirrte aber nicht nur mir den Kopf, sondern auch die Köpfe der Erwachsenen. So wie ich glaubte, meine Mutter sei nicht wirklich tot, sie sei »noch unter uns«, so glaubten insgeheim auch viele Nazis, die den Zusammenbruch des »Tausendjährigen Reiches« nicht verwinden konnten, der »Führer« sei nicht wirklich tot, er sei »noch unter uns«. Die Totenstille, die damals in unserem Haus herrschte, weil man um einen »Toten«, der nur zum Schein begraben worden war, nicht wirklich trauern mußte, herrschte auch im westlichen Nachkriegs-Deutschland, in dem ebenfalls ein Toter nur zum Schein begraben worden war. Da man sich weder hier noch dort von seinen Toten wirklich getrennt hatte, gab es auch nirgends eine echte Trauer. Diese »Unfähigkeit zu trauern« (A. Mitscherlich) war die Unfähigkeit einer ganzen Generation, sich von ihrer braunen Vergangenheit zu lösen; sie suchte vielmehr jede offene, öffentliche Kundgebung von Schmerz und Trauer möglichst zu unterdrücken, um nicht unter dem Leichenberg ihrer Schuldgefühle zusammenzubrechen, und schirmte sich gegen ihre blutige und blutjunge Vergangenheit durch eine kollektive Verdrängungsaktion ab, indem sie sich in einen ebenso hektischen wie heroischen Wiederaufbau flüchtete.

Die künstliche Totenstille, die allenthalben im Lande herrschte, war aber zugleich die heimtückische Stille derer, die sich vier Jahre lang *scheintot* gestellt hatten, um sich wiederum an die Schalthebel der Macht zu schleichen. So formierten sich die Alt-PGs, nachdem sie das Hakenkreuz mit dem christlichen Kreuz vertauscht hatten, schon wieder in aller Freiheit zur stärksten der Parteien; die alten »Wehrwirtschaftsführer« und Kriegsgewinnler, die mit Hitlers »totalem Krieg« das bombigste Geschäft dieses Jahrhunderts gemacht hatten, saßen bald wieder an der Spitze ihrer zum Schein entflochtenen Konzerne; und die ehemaligen Nazi-Richter übernahmen, nach einem eiligen Bekenntnis zu »Freiheit und democracy«, bald wieder den Vorsitz in den Gerichten der »neuen« Republik und sorgten, gleich zu Beginn der Adenauer- und McCarthy-Ära, dafür, daß die »Volksfeinde«, die Kommunisten und Antifaschisten, Berufs- und Parteien-Verbot erhielten. Die Restauration, die hinter dem Rücken der Bevölkerung und mit klammheimlicher Unterstützung der angloamerikanischen Siegermächte im Gange war, hatte allerdings einen mystischen Zug. Wer da »wieder zur Welt gekommen«, wer da »wieder unter uns« war, waren diejenigen, die Deutschland in zwei Weltkriegen zur Ader gelassen hatten. Die fixe Idee der Wiedergeburt, der »Reinkarnation«, von der mein Vater und ich besessen waren, erscheint mir im nachhinein gleichsam als unfreiwillig-ironische Paraphrase, als bewußtlose metaphysische Widerspiegelung der allerdings fixen »Wiedergeburt« jener braunen Vampire, die nun freilich, im Bonner Schummerlicht, ein demokratisches Keep-smiling aufsetzten.

Zwar war mein Vater nie Mitglied der NSDAP gewesen und hatte sich – zum Glück für die Familie – vor dem Kriegsdienst lange Zeit drücken können, da er als angesehener Dirigent und

Komponist »u. k.-gestellt« war; dennoch schien auch ihm die nationalsozialistische Mythenbildung im Verein mit der Anthroposophie den Kopf verdreht zu haben. Die familiäre Katastrophe suchte er in ähnlichen Begriffen zu verarbeiten bzw. zu rationalisieren wie die gesellschaftliche Katastrophe: Für den Sieg wie für den Zusammenbruch des Faschismus machte er eine »höhere Fügung«, eine Art »Vorsehung« verantwortlich, genau wie für den »Tod« seiner ersten Frau. Ja, selbst in dem ungeheuren Leid und der ungeheuren Schuld, die das zusammengebrochene Dritte Reich den Nachkriegsdeutschen aufgebürdet hatte, sah er noch eine »höhere Fügung« am Werk, eine schicksalhafte Bedingung und notwendige Voraussetzung einer höheren Kultur. Diese masochistisch-protestantische Haltung, die aus jeder Not eine höhere Tugend zu machen verstand, war eine der Formen, in der viele Nachkriegsdeutsche den Zusammenbruch zu verarbeiten suchten; um mit dem profanen Trümmerfeld des »Tausendjährigen Reiches« fertig zu werden, mußte es religiös überhöht, in ein apokalyptisches Weltgericht verklärt werden, damit selbst noch das Sinnlose einen Sinn erhielt.

Auch ich mußte diesen historischen Trümmerhaufen, in den ich hineingeboren wurde, schon als Fünfjähriger mystifizieren und ästhetisieren, um ihn überhaupt verarbeiten zu können; mußte mir satt vorkommen von Mahlzeiten, die in Wirklichkeit kärglich und rationiert waren; mußte mir geliebt vorkommen von einer Mutter, die in Wirklichkeit tot, und von einem Vater, der (aus beruflichen Gründen) nur selten da war. Diese halbirren Kriegs-Invaliden, die unser Haus bevölkerten, mußte ich schon zu ganzen und heilen Menschen zurechtstilisieren, um nicht selber an ihnen irre zu werden. Meine Verhaltensstörungen mußte ich, seit ich denken konnte, schon zu außergewöhnlichen und interessanten Charaktereigenschaften verklären, um mir nicht selbst als Kretin vorzukommen. Diesen ganzen historischen Trümmerhaufen mußte ich schon zu meinem höchstpersönlichen Spielplatz ernennen, wenn ich nicht mehr zurückkriechen konnte in den Mutterschoß, der mich zwischen Bomben und

Granaten verloren hatte. Bereits mit fünf Jahren war ich ein vollkommen mystisches Kind, weil ich diese gespenstische, spukhafte Nachkriegs-Realität überhaupt nicht als Realität annehmen konnte; »aneignen« konnte ich sie mir durch einen gleichsam magischen Vorgang, indem ich sie nach dem Vorbild meines Vaters schlechterdings auf den Kopf stellte: das Tote für lebendig, das Kaputte für ganz, das Sinnlose für sinnvoll und das Katastrophale für das eigentlich Normale hielt.

2. Der kleine Franz K.(annitverstan)

An den langen und kalten Winterabenden in Grainau suchten meine Schwester und ich unseren schwerhörigen, oft angetrunkenen Großvater manchmal dadurch in Stimmung zu bringen, daß wir – der eine von rechts, der andere von links – im Chor brüllten: »Zicke-Zacke-Heil-Heil-Heil! Zicke-Zacke-Heil-Heil-Heil!« Mit diesem preußisch variierten Hitler-Gruß, den ich irgendwo aufgeschnappt hatte, erweckten wir unseren Großvater tatsächlich aus seiner Säufer-Apathie und brachten ihn in Stimmung, allerdings in eine andere, als wir in unserer Unschuld ahnen konnten. Denn nach mehrmaliger Wiederholung unseres »Erweckungs-Rufs« fing er am ganzen Körper zu zittern an, sein Gesicht lief rot an, und mit vor Jähzorn bibbernder Stimme schrie er: »Wenn ihr nicht gleich aufhört, könnt ihr was erleben!« Wir aber, erst recht neugierig geworden, ließen nicht lokker und brüllten ihm weiter die Ohren voll: »Zicke-Zacke-Heil-Heil-Heil!«, bis er uns mit seinen wuchtigen Händen links und rechts ins Gesicht schlug und wir, in einer merkwürdigen Mischung aus Schmerz und Belustigung, auf den Teppich taumelten. Oftmals wiederholten wir, trotz der Schläge, dieses Spiel, weil wir dahinterkommen wollten, warum unser Großvater auf unsere kindlich-freche Frage »Zicke-Zacke-Heil-Heil-Heil!« wie ein Wahnsinniger reagierte. Wir konnten ja nicht ahnen, daß unser Großvater PG und wie unsere Großmutter, die noch in

den letzten Stunden des Dritten Reiches dem »Führer« ihren letzten Goldschmuck geopfert hatte, begeisterter Hitler-Anhänger gewesen war.
Erst zwanzig Jahre später habe ich begriffen, warum für diese geschlagene (Nazi)Generation, die uns erzogen hat, im Prinzip jedes Kind zur Bedrohung wurde: Weil Kinder mit der ihnen eigenen, sprichwörtlichen Unschuld und mit dem ihnen eigenen Forschungstrieb alles anfassen, alles betasten und beriechen; Granathülsen unter den Trümmern hervorwühlen, mit Krücken Steckenpferd spielen, weggeworfene Ordensspangen und Abzeichen hinter der Hecke vorziehen und zu all dem noch Fragen stellen; grauenhaft einfache Fragen: Wie das heiße, wo das herkomme, wozu das gut sei usw. Ja, da konnten unsere Väter und Großväter (auch wenn sie sonst vielleicht liebe Menschen waren) nur zuschlagen, um uns Fragen auszutreiben, die sie selber nicht beantworten konnten oder wollten, um nicht unter dem bleiernen Gewicht ihrer eigenen Antworten zusammenzubrechen. Und weil die Siegermächte ihnen zudem keine Zeit und keine Möglichkeit ließen, ihre in Haß und Selbsthaß umgeschlagene Liebe zu den alten Nazi-Idolen zu verarbeiten, entwickelten sie einen irrationalen und neurotischen Haß auf alles und jedes, was sie irgendwie an ihre Vergangenheit erinnerte.
Von meinem fünften, sechsten Lebensjahr an war ich ein ziemlich verstocktes, schwerblütiges, grüblerisches und intellektuell zurückgebliebenes Kind; was meine Eltern und Großeltern auf mein »angeborenes Phlegma«, auf meinen »schwerblütigen und melancholischen Charakter« zurückführten. Erst als Erwachsener habe ich die psycho-sozialen Ursachen meiner kindlichen Renitenz begriffen: Da mir so viele entscheidende Fragen nicht beantwortet wurden, habe ich schließlich aufgehört, überhaupt Fragen zu stellen: So die Frage, wo meine Mutter geblieben, ob sie noch einmal wiederkomme oder für immer »verreist« sei; warum mein gütiger und fürsorglicher Vater, der am Wochenende oft mit zwei vollen Sirupeimern vor der Tür stand, manchmal so jähzornige Anfälle bekam; warum mich meine Kinder-

frau mit dem Gesicht zur Wand stellte, wenn ich in die Hose gemacht hatte; warum mein Großvater sich so besoff und dann rührselig oder jähzornig wurde; warum Herr Dorneich seiner Frau oft sein Glasauge nachwarf und diese sich plötzlich schreiend und zuckend am Boden wälzte, als sei sie vom Teufel besessen usw. – Da fast jede zweite Frage mittelbar oder unmittelbar einen wunden Punkt dieser körperlichen oder seelischen Kriegsinvaliden berührte, die das Personal meiner Kindheit bildeten, und ungeahnt heftige Reaktionen auslösen konnte, hüllte ich mich schließlich in ein ängstliches Schweigen, das ich aber periodisch durch schier endlose Selbstgespräche und durch ein meine Geschwister enervierendes Geplapper durchbrach. Die mir durch das irrationale Gesamtverhalten meiner nächsten Umwelt auferlegte Frage-Hemmung hatte ich bald so verinnerlicht, daß ich vor den Fragepronomen – warum, wozu, woher? – eine regelrechte Phobie bekam. Schließlich geriet ich nicht nur bei den Wörtern, die mit »M«, sondern auch bei denen, die mit »W« begannen, regelmäßig ins Stottern. In gewissem Sinne weigerte ich mich, sprechen zu lernen, weil ich so oft am Fragen und vor allem am *Widersprechen* gehindert worden bin.

Ich glaube heute, diese Fragehemmung, die mir als Kind oktroyiert wurde, war kein individueller, vielmehr ein generationsspezifischer Defekt. Eben weil sich diese Kriegsgeneration, die unsere Kindheit geprägt hat, so schuldig fühlte, vermochte oft schon eine ganz naive Frage von uns Kindern sie so in Panik zu versetzen, als stünde sie vor dem Nürnberger Gerichtshof. Unsere Lust zu fragen, unsere kindliche Frage- und Widerspruchs-Bereitschaft wurde von Anfang an gebremst, weil, ließ man unserer Wißbegierde erst einmal freien Lauf, sie sich wie ein Lauffeuer ausbreiten und früher oder später an den Hauptnerv ihrer Verdrängungen, der Verdrängung ihrer Nazi-Vergangenheit, rühren konnte. Dies ist, meiner Meinung nach, der Hauptgrund für die oft beschriebene »Glashaus-Atmosphäre«, die die meisten (klein)bürgerlichen Nachkriegsfamilien charakterisiert.

Mit sechs Jahren bekam ich meinen ersten Asthma-Anfall. Ich

spielte gerade unten im Garten, in der Nähe des Gartenzauns, und fing plötzlich an zu schreien, zu japsen und zu röcheln, als sei ich am Ersticken. Mein Spielzeug fiel mir aus der Hand, ich hatte das Gefühl, als drücke mir jemand die Kehle zu. Erst als Großmutter und ein paar Leute vom Haus mir zu Hilfe kamen, mir gut zuredeten und Großmutter meinen Kopf an ihre Brust drückte, kam mir allmählich der Atem wieder.

Mein Vater und meine Großeltern hielten mein Asthma schlicht für »angeboren«, für vererbt; was um so plausibler klang, als tatsächlich mein Vater auch Asthmatiker war. Asthma übertrug sich ihrer Meinung nach ebenso vom Vater auf den Sohn wie Musikalität, wofür ja unsere Familie ebenfalls ein Beweis schien. – Da ich schon früh am Ausdruck meiner kindlichen Ängste, Leiden, Aggressionen und Fragen gehemmt worden bin, suchten meine aufgestauten Gefühle beständig nach einem Ventil. Daß meine Erzieher und Ärzte, die mir in der Folge mit Spritzen und Pillen zuleibe rückten, den psychischen Inhalt dieser Anfälle nicht verstanden, lag vor allem daran, daß dieser sich in einer geradezu entgegengesetzten somatischen Form äußerte; meine emotionale Entladung und »Befreiung« trat ja hier in der Form eines asthmatischen Krampf- und Erstickungs-Anfalls und mein Luft- und Dampfablassen in der Form der größten Atemnot auf. Zugleich waren diese Anfälle verdichtete theatralische Selbstdarstellungen, für die ich ein Publikum suchte. Und in der Tat stampfte ich mir jedesmal, wenn ich einen solchen Anfall bekam, ein Publikum förmlich aus dem Boden: Denn wer Ohren hatte, zu hören, und Augen hatte, zu sehen, eilte herbei, um mir zu helfen, um mich in den Arm zu nehmen und mich zu streicheln. Nie kam ich mir so geliebt vor wie *nach* diesen Anfällen, die mich plötzlich ins Rampenlicht der Familienbühne hinaufkatapultierten und mich in der ganzen Nachbarschaft »berühmt« machten. Gerade weil ich mich so entsetzlich am Boden krümmte und nach Luft schnappte, schaute und hörte mir jedermann zu, tief bewegt und wie bei einer antiken Tragödie von Furcht und Mitleid geschüttelt.

Dennoch war es nicht so, daß ich diese paranoiden Sonderveranstaltungen bewußt inszeniert hätte; sie brachen vielmehr bis zu meinem elften Lebensjahr in ziemlich regelmäßigen Abständen wie Donnerschläge über mich herein. Nächtelang lag ich wach aus Angst, die Anfälle könnten mich im Schlaf überfallen; um die Stellen, wo ich einmal einen Anfall bekommen hatte, z. B. am Gartenzaun, machte ich einen großen Bogen, als seien sie vom Teufel besessen. Nicht lange, und ich entwickelte eine hysterische Angst vor meinem Bett, weil ich nachts einmal einen Anfall bekommen hatte und Liegen überhaupt das Schlimmste war, wenn ich keine Luft mehr bekam. Bald gab es in diesem Haus keinen Ort mehr, um den ich nicht argwöhnisch herumschlich. Die chronische Angst, von diesen »schicksalhaften« Anfällen heimgesucht zu werden, war – neben der bereits erwähnten Frage- und Sprechhemmung – ein Grund dafür, daß ich in der Volksschule an ungeheuren Lern- und Konzentrationsschwierigkeiten litt und von Glück sagen konnte, daß ich nicht hängenblieb. Ich fing sogar nachts zu beten an, weil ich mir davon die Genesung von diesen »teuflischen« Heimsuchungen erhoffte, die ich als »göttliche« Strafe auffaßte für irgendeine ungeheure, mir selbst verborgene Schuld, die ich auf mich geladen haben mußte.

Da unsere Erzieher auf unsere kindlichen Fragen oft so reagierten, als wollten wir sie auf die Anklagebank setzen, schlugen diese Fragen als wortlose Anklagen auf uns selber zurück. Da wir offenbar mit jeder zweiten Frage an das schlechte Gewissen dieser Generation rührten, bekamen wir am Ende selber ein schlechtes Gewissen. So hat diese Kriegsgeneration den Berg ihrer historischen Schuldgefühle auf uns Kinder gewälzt, als wir noch kaum auf den Beinen standen. Es erging uns Nachkriegs-Kindern in gewisser Weise wie Franz K., der von irgendwelchen Richtern, die er nie zu Gesicht bekommt, aus Gründen, die er nie erfährt, schuldig gesprochen wird.

Die Kriegsgeneration aber fühlte sich nicht zuletzt deshalb so schuldig, weil sie die wirklichen gesellschaftlichen Ursachen ihrer Schuld nicht begriff bzw. diese – wenn überhaupt – nur moralisch, nicht politisch zu ergründen suchte. Und die angloamerikanischen Sieger, die als Richter über das besiegte (West)-Deutschland auftraten, hatten offenbar kein Interesse daran, die Deutschen über die wahren politisch-ökonomischen Ursachen des Faschismus aufzuklären und die Macht- und Eigentumsverhältnisse, auf denen jener basiert hatte, grundlegend zu ändern. Da sie im Gegenteil die tatsächlichen Nutznießer des Faschismus ungeschoren und ihnen alsbald eine wahrhaft christliche Absolution zuteil werden ließen – zumal jenen »kapitalen« Sündern, die für den Wiederaufbau nach altem kapitalistischem Muster unabkömmlich waren –, mußte statt dessen das ganze Volk schuldig gesprochen werden. Dieses nahm, opferbereit wie eh und je, am Ende nicht nur die moralische, sondern auch die materielle »Kollektivschuld« seiner Großindustriellen, Großbankiers und Großaktionäre auf sich. In der Währungsreform von 1948 wurden die Ersparnisse der kleinen Leute in grandioser Weise enteignet, d.h. im Verhältnis 1:4 abgewertet, während die deutschen Konzernherren in grandioser Weise exkulpiert wurden, indem ihr gesamtes Sach- und Aktienkapital, sprich: ihre Milliardenprofite aus dem Rüstungsgeschäft, im Verhältnis 1:1 (manchmal sogar im Verhältnis 1:3) »umgestellt« wurden. Statt der Fabriken, Gruben, Patente, Aktien und Banken derer, die in zwölf Jahren Nazi-Herrschaft ihren Reibach gemacht hatten, wurde ihre materielle und moralische Kriegsschuld kollektiviert. Statt der Produktionsmittel derer, die Hitlers Angriffskrieg überhaupt erst ermöglicht hatten, wurde ihr schlechtes Gewissen sozialisiert. Vielleicht ist dies der letzthin politische Grund dafür, daß selbst noch wir Nachkriegskinder uns so schuldig fühlten, als seien wir mit einem Steckbrief um den Hals zur Welt gekommen.

3. Knecht Ruprecht mit dem Glasauge

Schon im ersten Schuljahr beschwerten sich meine Lehrer über die Unordnung und Schlamperei in meinen Schulheften. Meine Schönschreib-Hefte sahen tatsächlich aus, als »seien die Hühner darüber gelaufen«, wie meine Großmutter zu sagen pflegte. Ich schrieb nicht aus angeborenem Ungeschick, sondern eher mutwillig über und unter die vorgeschriebenen Linien, verschmierte die Ränder und kleckste wild mit Tinte herum, als fände ich eine geheime Lust daran, meine eigene (Schön)Schrift bis zur Unkenntlichkeit zu entstellen. Meine halb mutwilligen, halb zwanghaften Kleckereien waren ebenso wie meine asthmatischen Anfälle theatralische »Verstöße gegen die Form«, die mich im gleichen Maße »berühmt« machten; mit dem allerdings entscheidenden Unterschied, daß mir meine wilden Erstickungsanfälle besondere Schonung und Nachsicht, meine wilden Kleckereien dagegen besondere Strafen und Schläge eintrugen. Meine Lehrer, die mir schon mit sieben Jahren den »Sinn für die Form« absprachen, waren sich darin einig, daß man eisern durchgreifen müsse. Darum habe ich in den ersten zwei Schuljahren so viel Dresche und Strafarbeiten bekommen, daß ich mich außer an Dresche und Strafarbeiten an nichts mehr erinnern kann.

Einmal zog mich mein Klassenlehrer aus den hinteren Bänken des Klassenzimmers an den Ohren heraus, zerrte mich vor die Klasse und blätterte mein Schönschreib-Heft, in dem mehr Tintenkleckse als Buchstaben zu sehen waren, vor der ganzen Klasse durch; schwang dann den Rohrstock, um mir auf die ausgestreckten Finger zu hauen; zum Ergötzen meiner Mitschüler aber zog ich die Hand im letzten Augenblick immer weg, bis der Lehrer mir schließlich mit dem wütenden Ausruf: »Der ist nicht nur ein Schmierfink, der ist auch noch feige!« in die Kniekehlen und auf den Hintern schlug und erst aufhörte, als meine Feigheit durch mein Heulen und Wimmern endgültig bewiesen schien. Am angesehensten waren nämlich diejenigen Schüler, die »Haltung bewahrten«, die Hand ausgestreckt hielten und ihr Dut-

zend Schläge einsteckten, ohne eine Miene zu verziehen. Die zur Zeit meiner Einschulung scharenweise wiedereingestellten ehemaligen Nazi-Lehrer (allein in Bayern wurden von 12000 nach 1945 entlassenen Nazi-Lehrern im Jahre 1948/49 wieder 11000 eingestellt) sorgten mit Fleiß dafür, daß die Maxime der Hitler-Jugend: »zäh wie Leder, hart wie Kruppstahl« auch uns, der Nach-Hitler-Jugend, noch ins Fell gebrannt wurde.
Meine Verstöße, ja Verbrechen gegen die Form erregten aber den Zorn nicht nur meiner irdischen, sondern auch meiner himmlischen Erzieher. Am St. Nikolaus-Tag erwartete ich mit bangem Herzen die Ankunft des St.-Nikolaus und seines Knechts Ruprecht. Beim ersten Türklopfen verkroch ich mich in den Rockzipfeln meiner Großmutter; als ich sie dann mitten im Zimmer stehen sah, St. Nikolaus übergroß, mit weißem Bart und roter Kapuze, und Knecht Ruprecht, gebückt, mit Rute und einem Sack, wollte ich nur noch wegrennen. Was mich an diesem Nikolaus so ängstigte, war die Tatsache, daß er humpelte wie jener Rußlandheimkehrer, der im Keller unseres Hauses wohnte. Am meisten aber entsetzte ich mich vor Knecht Ruprecht, der einen so starren und glasigen Blick hatte wie Herr Dorneich aus unserem Keller. Nachdem meine Großmutter mir gut zugeredet hatte, begann jenes Verhör, jene himmlische Inquisition, die mir noch heute Wort für Wort gegenwärtig ist. Der Nikolaus: »Michael, schau mir mal in die Augen! Sag mal, gehorchst du auch immer deinen Eltern und Großeltern?« Ich, ganz verstört: »Ja, ja!« Und wieder der Nikolaus: »Michael, schau mir mal in die Augen! Machst du auch immer deine Schulaufgaben?« Und ich: »Ja, ja!« »Dann«, sagte der Nikolaus, während Knecht Ruprecht mit der Rute ein paarmal durch die Luft peitschte, »zeig mir doch mal deine Schulhefte!« Ich glaubte vor Angst in den Boden zu versinken, während St. Nikolaus mein Schönschreib-Heft durchblätterte; noch heute sehe ich jenes aufgeschlagene Blatt vor mir, auf dem alle Schriftzeichen in einer riesigen schwarzen Tintenlache ertränkt waren. »Das sieht aber schlimm aus«, sagte der Nikolaus mit grollender Stimme, während Knecht Ruprecht

mit geöffnetem Sack auf mich zuging, »wenn das nicht besser wird, steckt dich der Knecht Ruprecht in den Sack!« Heulend verkroch ich mich hinter meine Großmutter. »Michael, versprichst du mir, daß das besser wird?« fragte der Nikolaus, während er mir seine knochige Hand hinstreckte. Ich brachte kein Wort heraus, griff ganz schnell seine Hand und nickte mit dem Kopf. Auch als Knecht Ruprecht den Sack öffnete, und anstatt mich mitzunehmen, Apfelsinen und Schokolade auspackte, kriegte ich noch immer keinen Ton heraus, sondern stand bleich und zitternd vor diesen ausgepackten Herrlichkeiten.
Diese hinkenden Nikoläuse und glasäugigen Knecht Ruprechts, diese kostümierten (Nach)Kriegskrüppel, die anscheinend nicht nur unser Haus und unseren Keller, sondern auch den Himmel bevölkerten, erschienen mir, dem verstörten und verschüchterten Kind, als eine Art himmlischer Gestapo; natürlich wußte ich nicht, was die Gestapo war, doch hatte ich irgendwo einmal aufgeschnappt, daß die Gestapo einen jederzeit abholen könne. Heute begreife ich, warum unsere Lehrer uns so sehr auf Schönschrift gedrillt haben: weil es in dieser gespenstischen Trümmer- und Invaliden-Landschaft, in der wir unsere Kindheit verbrachten, kaum etwas Schönes gab, über das wir hätten schreiben können. In dieser restaurierten Volks-»Schule der Nation« weigerte ich mich, schreiben zu lernen. Die riesigen schwarzen Tintenkleckse in meinen Schulheften waren gewissermaßen meine persönlich veranstaltete Sintflut, in der ich die geschönten Wörter, die mir doch keine Auskunft auf meine kindlichen Fragen zu geben vermochten, mutwillig auslöschte.

4. Das Höllental der Verfolgungsängste

Wenn ich als Kind Aufsehen erregte, dann nicht durch meine besonderen Leistungen, sondern durch meine besonderen Fehlleistungen. Eben weil ich dafür bestraft und geschlagen wurde, kam ich mir irgendwie »bedeutend« vor. Wenn ich mich schon nicht besonders geliebt fühlte, so wollte ich wenigstens verfolgt werden; denn wer verfolgt wird, ist oder hat irgend etwas »Besonderes«; er wird eben nur in der besonderen, negativen Form geliebt, daß er verfolgt wird. Vielleicht ist dies der Grund dafür, daß die Erlebnis- und Erinnerungswelt meiner ersten acht Kinderjahre so sehr von Unfall- und Verfolgungsbildern geprägt ist. Wenn ich versuche, mich an angenehme oder schöne Erlebnisse zu erinnern, die es ja auch gab, dann geht das sonderbarerweise immer nur auf dem Umweg über Katastrophen- und Verfolgungs-Bilder. Meine kindliche Gefühlswelt liest sich wie ein Ensemble von »Bild«-Schlagzeilen, die so aufgemacht sind und so viel Raum beanspruchen, daß dagegen alle erfreulichen Ereignisse kaum noch Gewicht haben, sondern gewissermaßen auf die Innenseiten verbannt und auf Kleinformat reduziert worden sind.

Wenn ich mich z. B. an Murnau zu erinnern suche, an jenes kleine Städtchen am Ufer des Staffelsees, wo unsere Familie oft sonntags bei einer vermögenden alten Dame zu Besuch war, dann fällt mir nicht zuerst ihr schönes großes Haus mit dem riesigen Obstgarten ein, in dem wir Kinder ganze Nachmittage gespielt und von den Obstbäumen genascht haben; sondern zuerst fällt mir ein, wie ich, durch eine lange Koppel reitend, vom Pferd stürzte oder beim Betreten eines Ruderbootes ins Wasser fiel und mich wie ein Ertrinkender am Bootsrand anklammerte. Wenn ich mich an unsere langen, schönen Wanderungen in den Bayrischen Alpen zu erinnern suche, dann fällt mir nicht zuerst jenes wundervolle Bauernfrühstück ein, das wir an einem Sonntagnachmittag auf einer kleinen Alm in zweitausend Meter Höhe mit einem Heißhunger und in einer Hochstimmung verzehrt haben, als hätten wir diesen stolzen Berggipfel einzig um dieser paar harmlosen Eier und Schinken willen erklommen; sondern zuerst fällt mir das »Höllental« ein, jener abschüssige und gefährliche Gebirgspaß, den ich, selbst unter der idiotensicheren Führung meiner Großmutter, nur mit einem Gefühl der Todesangst passierte. Wenn ich mich an unsere schönen Waldspaziergänge zu erinnern suche, dann fallen mir nicht zuerst die spannenden Märchen ein, mit denen mein Vater erfolgreich gegen unsere Müdigkeit ankämpfte; sondern zuerst fällt mir ein, wie mein Bruder Peter beim Beerensammeln in eine mit Moos bedeckte Grube fiel und sich den ganzen Unterschenkel an einem spitzen Ast aufschlitzte, so daß mein Vater ihn auf dem Heimweg Huckepack nehmen mußte, während ich entsetzt auf die endlose Blutspur starrte, die mein Bruder auf dem langen Weg nach Hause hinterließ.

Diese wirklichen oder eingebildeten Bilder des Abstürzens, Hinfallens, Ertrinkens und Erstickens haben sich meinem Gedächtnis tiefer eingeprägt als die seltenen glücklichen Erlebnisse meiner Kindheit. Ich glaube, die besondere Haftbarkeit und Wertigkeit dieser Katastrophen- und Unfallbilder rührt daher, daß sie sowohl Chiffren meines kindlichen Verlassenheitsgefühls als auch Projektionen meiner permanenten Strafangst und Straferwartung waren. Schließlich schlug sich in diesen paranoiden Bildern des Verunglückens meine gesellschaftliche Erfahrung, oder besser: mein atmosphärisches Erleben als Nachkriegskind, sehr präzise nieder: Denn die Überlebenden dieses entsetzlichsten aller Kriege waren ja tatsächlich historisch »verunglückt«, sahen aus und benahmen sich wie Verunglückte und Abgestürzte. War es da ein Wunder, daß mir die Welt vorkam wie eine einzige Grube, in die man fallen, wie ein einziger Steilhang, den man abstürzen, wie ein einziges Loch, in dem man ertrinken, wie ein einziger Unfall, der einem zustoßen mußte?

Die Unfälle und anonymen Feinde, die mir überall aufzulauern schienen, waren Ausgeburten nicht nur meiner persönlichen, sondern auch einer kollektiven Phantasie, Hirngespinste einer historischen Epoche, in der sich ein ganzes Volk vom Weltfeind bedroht sah; für uns Kinder waren das »die Russen«! Das antibolschewistische Feindbild, das der Faschismus in den Köpfen verankert hatte, wurde nach seinem Zusammenbruch durch die kollektiven Straf- und Verfolgungsängste noch potenziert, die sich nun mit dem Bild des Russen als Sieger, Richter und Rächer verbanden. Von den Russen hörte ich schon als Fünfjähriger Greuelgeschichten, die die Grausamkeit der Grimmschen Märchen bei weitem übertrafen. Daß die Russen deutsche Bauern an Scheunentüren nagelten, deutschen Müttern den Bauch aufschlitzten und deutsche Kinder mit der Zunge an Tische und Stühle festnagelten – solche und ähnliche Schauergeschichten verband ich als Kind ganz organisch mit der Vorstellung der »Hölle«, an die meine religiöse Großmutter auch glaubte und die nach meiner Vorstellung ausschließlich mit deutschen Sündern und russischen Teufeln bevölkert sein mußte.

Erst sehr viel später habe ich begriffen, daß die damals überall grassierenden Greuelmärchen über die Russen überwiegend auf Projektionen beruhten; zwar ist es eine unleugbare historische Tatsache, daß die Rote Armee mit der deutschen Zivilbevölkerung nicht gerade zimperlich umgegangen ist – so waren Plünderungen, Lynchjustiz, Vergewaltigungen deutscher Frauen durch russische Soldaten in der ersten Zeit der Besatzung durchaus an der Tagesordnung –; doch hatten viele Nachkriegs-Deutsche ein unausgesprochenes Interesse daran, einzelne Exzesse der sowjetischen Besatzungsmacht ins Unermeßliche und Monströse zu steigern, um dem Antibolschewismus und Antislawismus, um derentwillen sie ja in den Krieg gezogen waren, eine posthume Rechtfertigung zu verschaffen. Und natürlich suchten sie sich von ihren eigenen drückenden Schuldgefühlen zu entlasten, indem sie die Verbrechen, die sie selbst als Soldaten der deutschen Wehrmacht (oder der sog. Sonder- und Einsatzkommandos) an der russischen Zivilbevölkerung während des Krieges verübt hatten, auf die russischen Sieger projizierten, von denen sie nun ein gleiches erwarteten.

Wenn ich mit den Nachbarkindern in unserem großen Garten »Krieg« spielte und wir mit unseren Holzgewehren und Steinschleudern aufeinander losgingen, dann war der Verlierer, der, welcher totgeschossen werden mußte, immer »der Russe«! So gingen wir Kinder als Sieger aus einem gespielten Krieg hervor, den unsere Väter zum Glück im Ernst verloren hatten. Wir spielten »Stalingrad« mit verteilten Rollen, aber so, daß sich der Russe am Ende immer ergeben mußte. Wahrscheinlich lag es an dieser spielerischen Umkehrung der wirklichen Geschichte, daß dieses Spiel auch die grimmige Sympathie der Erwachsenen genoß. So war ich schon mit fünf Jahren, noch bevor ich irgend etwas anderes war, ein perfekter Antikommunist.

Zu den seltenen glücklichen Augenblicken in meiner Kindheit aber zählen jene, da die ganze Familie, meist ein, zwei Tage vor Weihnachten, wie gebannt vor dem riesigen Care-Paket stand, das eine gütige Dame aus Amerika uns jedes Jahr zuschickte. Dieses Care-Paket mit seinen gewaltigen Butter-, Käse- und Hühnchen-Dosen war für mich der Inbegriff des »reichen und gütigen Amerika«. Die einzigen Sätze, die ich damals wirklich in Schönschrift geschrieben habe, waren die Dankesbriefe an jene mythische »Misses Geyer« aus Amerika.

So stellte sich schon in unseren kindlichen Köpfen die Geschichte verkehrt herum dar: Die Russen, die den ungeheuren Blutzoll von ca. 20 Millionen Menschen entrichten mußten, um die Welt vom deutschen Faschismus zu befreien, erschienen uns als teuflische Verfolger; die Amerikaner dagegen als die »gütigsten Onkel« der Welt. Gebannt starrten die Erwachsenen auf das Goldene Kalb von Wallstreets Gnaden, mit dem Herr Marshall und Co. drei Jahre nach Kriegsende auf Deutschlands Trümmerfeldern gastierte. Daß dieses zugleich ein trojanisches Pferd war, das die alten Nazi-Politiker und -Militärs, die alten Nazi-Industriellen und -Bankiers, die alten Nazi-Richter und -Beamten in sich barg und auf ihr demokratisches Comeback vorbereitete, merkten sie nicht. Um so weniger wir Kinder.

5. Der Hamlet-Komplex

In mancher Hinsicht erging es dieser geschlagenen Kriegsgeneration wie jenen »falschen Propheten« aus dem 20. Danteschen Höllenkreis, denen zur Strafe dafür, daß sie sich und die

Menschheit mit falschen Vorstellungen über die Zukunft betrogen hatten, der Kopf *verkehrt* herum aufgesetzt wurde. Zur Strafe dafür, daß sie für das Hirngespinst des »Tausendjährigen Reiches« Hitlers »totalen Krieg« mitgemacht hatten, schien auch unseren Vätern und Müttern (ob sie nun aktive PGs oder nur passive Mitläufer waren) der Kopf verkehrt aufgesetzt; und so oft sie auch ihren Blick nach vorne, in die Zukunft richteten, wurde er dennoch, wie an unsichtbaren Fäden, von dem überwältigenden Gefühl einer ungeheuren historischen Schuld wieder zurückgezogen in die Vergangenheit. Ja, ob sie nach rückwärts oder nach vorne schauten, war – genaugenommen – gleichgültig; wo immer sie hinschauten, schauten sie zurück. Da die deutsche Gegenwart der Vergangenheit in wesentlichen Stücken ähnelte, mußten sie unentwegt die Erinnerung an die Vergangenheit verdrängen, um nicht an die Gegenwart, und unentwegt die Gegenwart beschönigen, um nicht an die Vergangenheit erinnert zu werden. Wo sie auch hinsahen, ob zurück oder nach vorne, überall mußten sie beschönigen, verleugnen, entstellen und verdrängen, durften die Toten nicht tot und die von den Toten wiederauferstandenen Ex-Nazis nicht lebendig nennen, um nicht der Wahrheit ins Gesicht sehen zu müssen: daß – jedenfalls im westlichen Teil Deutschlands – das meiste beim alten geblieben war.
Auch wir Kinder schienen – wenngleich aus anderen Gründen – an derselben Kopfverrenkung zu leiden wie unsere Väter; ihre düstere und rätselvolle Vergangenheit hielt auch uns in Bann, gerade weil sie uns zumeist ein Buch mit sieben Siegeln war. Wir lebten in dem dumpfen Gefühl, daß mit dieser ganzen Generation, die so eine hektische »Wiederaufbau«-Betriebsamkeit und »Wirtschaftswunder«-Munterkeit an den Tag legte, irgend etwas nicht stimmte – nicht stimmen konnte. Besonders mulmig wurde uns in jenen Augenblicken, da per Zufall wieder einmal die Vergangenheit eines prominenten Landesvaters oder eines Bonners Politikers ans Licht kam; dann schlug das stereotype Dauerlächeln dieser Generation plötzlich in ein hysterisches,

haß- und angstverzerrtes Grimassieren um, und unser Blick erstarrte vor den Dämonen der Vergangenheit, die da aus den Ritzen der frisch getünchten Wohlstands- und Anstands-Fassade hervorlugten.

Erst im Jahre 1968, als wir aus unserem zwanzigjährigen Dornröschenschlaf erwachten, fingen wir an, die sonderbaren Angstträume, die unseren Schlaf begleitet hatten, und jenes Gefühl der Bodenlosigkeit zu begreifen, das uns befiel, wenn wir zurück in unsere Kindheit blickten. Nun begannen wir auf eigene Faust jene Vergangenheit aufzuarbeiten, die uns als Kinder so viele Rätsel aufgegeben hatte. Dabei fielen wir allerdings aus allen Wolken. Es war, als wenn uns plötzlich der Geist der Väter in Nazi-Uniform erschienen wäre und unsere wirklichen und leibhaftigen Väter, mit denen wir zwanzig Jahre lang brav zu Tisch gesessen, der furchtbarsten kollektiven Verbrechen anklagte, die je eine Generation verübt hat. Und wie Hamlet wußten wir nicht, ob diese »Erscheinung« nur ein Gespenst unserer Einbildung, unseres plötzlich entfesselten Argwohns oder aber eine wirkliche Erscheinung war, die das wahre, nur vor uns verheimlichte Wesen unserer Väter ausdrückte.

Jetzt plötzlich rächte sich das zwanzigjährige grimmige Schweigen, an dem unsere kindlichen Fragen abgeprallt waren; ja, jetzt waren wir bereit, der Stimme des »Geistes«, der braunen Phantomgestalt unserer Väter mehr zu glauben als ihrer leibhaftigen christ-, frei- oder sozialdemokratischen Bürgergestalt. Selbst wenn sie inzwischen *wirklich* gute und überzeugte Demokraten (oder gar Sozialisten) geworden waren – wir glaubten es ihnen nicht mehr, eben weil sie so lange geschwiegen hatten. Da wir erst jetzt, mit zwanzigjähriger Verspätung, dahinterkamen, welchem mörderischen System unsere Eltern und Verwandten Vorschub geleistet hatten, wuchs unser Argwohn nachträglich ins Unermeßliche. Oftmals unterstellten wir ihnen auch Dinge, die durch nichts bewiesen waren. Je argwöhnischer wir aber wurden, je mehr wir »nachbohrten«, um so schweigsamer, verstockter und mißtrauischer wurden sie – ein furchtbarer Zirkel von Verschweigen, Argwohn und Unterstellung, der das Verhältnis beider Generationen tiefgreifend gestört, bisweilen auch – wie in der Zeit der Studentenrevolte – ganz und gar vergiftet hat.

Da unsere Väter und Mütter durch das hartnäckige Sichausschweigen über ihre politische Vergangenheit selbst dafür gesorgt hatten, daß wir sie *nur* als Väter und Mütter – und nicht auch als politische Subjekte – sahen, verfielen wir im Zuge unserer abrupten politischen Emanzipation just ins Gegenteil: Jetzt, in der Retrospektive, sahen wir sie nur noch als politische Subjekte und verurteilten sie für politische Haltungen und Handlungen, die immerhin dreißig Jahre zurücklagen, mit einer Härte, als hätte die »Vorsehung« uns, die Kinder, als Richter über unsere eigenen Erzeuger eingesetzt: eine anmaßende und monströse Rolle, die für beide Seiten nur unglücklich sein konnte. Nicht wenige APO-Revolutionäre sind bei dem entsetzlichen und vergeblichen Versuch, den Sproß vom Stamm zu trennen und – wie Hamlet – auch die Gefühlsbande zu ihren vermeintlichen oder wirklichen Ex-Nazi-Eltern endgültig durchzuschneiden, im Selbstmord oder im Terrorismus gelandet (was nur zwei Seiten derselben Medaille sind).

Es hat den Anschein, als ob erst jetzt, dreißig Jahre danach, die kollektiven Verdrängungen der Kriegs-Generation peu à peu aufbrechen – der »emotionale Durchbruch« (Alexander Mitscherlich), den jüngst die amerikanische Fernseh-Serie »Holocaust« über die Judenverfolgung und Judenvernichtung im Dritten Reich bei vielen älteren Deutschen bewirkt hat, ist dafür ein Indiz. Viele scheinen inzwischen begriffen zu haben, daß das grimmige Sichausschweigen über die Vergangenheit ihnen oft genug die eigenen Kinder entfremdet hat. Aber auch die zweite Generation, die heute Dreißig- bis Vierzigjährigen, scheinen zehn Jahre nach ihrer politischen Revolte, nach ihrem ideologischen »Vatermord«, allmählich zu begreifen, daß es wenig sinnvoll, wenig glückbringend ist, die Hamlet-Rolle weiterzuspielen und ihre eigenen Eltern ad infinitum auf die Anklagebank zu setzen. Vielleicht ist erst jetzt der Zeitpunkt gekommen, sind erst heute die gesellschaftlichen und psychologischen Voraussetzungen dafür gegeben, daß beide Generationen wieder freimütiger miteinander reden und einander helfen können, die eine ihren historischen Schuldkomplex, die andere ihren reaktiven Hamletkomplex abzubauen.

Apokalypse, Politik als Psychose und die Lebemänner des Untergangs

Die Sonne erlischt
Das Land sinkt ins Meer
Vom Himmel stürzen
Die heitern Sterne
Rauch und Feuer
Rasen umher
Hohe Hitze
Steigt himmelan.
(Edda)

Es ist nicht schwer zu erkennen, daß die Unlust- und die Angstträume … ebensosehr Wunscherfüllungen sind wie die glatten Befriedigungsträume.
(Sigmund Freud, Traumdeutung)

A. Die Apokalypse als negative Utopie

1. *Apokalypse now*

Ein Gespenst geht um in Europa: das Gespenst der Apokalypse. Obschon ein klassisches Nachtgespenst, geht es längst auch in unseren Tagträumen und Tagesgesprächen um. In immer neuen Formen und Verkleidungen auftretend – als religiöse Prophetie, als wissenschaftliche Prognose, als chiliastischer Weckruf, als künstlerische Vision, als Trivialmythos oder als schlichter Aberglaube – scheint es seinen prominenten Rivalen, das Gespenst des Kommunismus, nahezu vollständig verdrängt zu haben. Beispiellos ist die Karriere dieses Gespenstes: Binnen weniger Jahre hat es sich vom Souterrain bis in die oberen Etagen der Gesellschaft hochgearbeitet und von all ihren privaten und öffentlichen Lebensäußerungen Besitz ergriffen. Wo man dieser Tage auch hinsieht oder hinhorcht, das Gespenst der Apokalypse ist schier omnipräsent: In den militärischen Planungsstäben wie in der Friedensbewegung, in den Parteizentralen wie am Stammtisch, im Bundeskanzleramt wie im Alternativ-shop der »scene«, im »Club of Rome« wie im »Club Voltaire«, im Feuilleton der *Zeit* wie in der *Bild*-Zeitung, im »Bundesprogramm der Grünen« wie in der *Deutschen Soldatenzeitung*, in Udo Lindenbergs Rockkonzerten wie in Dieter Hildebrands *Scheibenwischer*, in Heiner Müllers dramatischen Endspielen wie in Ruth Berghaus' Neuinszenierungen an der Frankfurter Oper, in Christa Wolfs *Kassandra* wie in Günter Kunerts Endzeit-Gedichten.

Die Apokalypse ist zum Fokus aller Zivilisationsängste, zum Sammelpunkt der verschiedensten weltanschaulichen, religiösen und politischen Strömungen geworden. Sie hat das zuwege gebracht, was kein charismatischer Führer, keine Partei, kein Parteiprogramm bisher vermocht haben: eine ganze Gesellschaft in ihren Bann zu ziehen, nahezu all ihre Mitglieder, gleich welchen sozialen Status, gleich welcher politischen oder religiösen Anschauung, durch eine allen gemeinsame Angst zu binden: die Angst vor der Zukunft. Noch häufiger als das Wort »Wende« ist derzeit das Wort »Ende« vernehmbar. Nicht zufällig gehören Michael Endes Geschichten vom Lande »Phantasien«, das am Ende der Welt liegt und rundum vom Nichts bedroht wird, zu den populärsten Mythen unserer »Endzeit«. »Ende gut, alles schlecht!« – scheint der Wahlspruch der 80er Jahre zu lauten, zumal das Jahr mit der magischen Zahl »1984« soeben angebrochen ist. Wie nie zuvor »blühen« die schwarzen Utopien und die schwarze Romantik, die Philosopheme der Hoffnungslosigkeit und der Vergeblichkeit, die adventistischen und apokalyptischen Stimmungen, in deren Gefolge eine Art Sonnenfinsternis des kollektiven Bewußtseins eingetreten ist.

Der Weltuntergang beherrscht nicht nur die künstlerischen Phantasien und wissenschaftlichen Prognosen, die politischen und religiösen Manifeste, sondern längst auch die Familienplanung und den Katastrophenschutz. Die Abtreibungsrate nimmt in dem Maße zu, wie die Überlebenschancen der Gattung abzunehmen scheinen. Nicht nur in der Eifel, auch in den Vor- und Schrebergärten der kleinen Leute werden Bunker gebaut. Und es wird nicht lange dauern, bis die unterirdischen Stehplätze zu Höchstpreisen auf dem schwarzen Markt verhökert werden.

Vor den Paßämtern stehen die Auswanderer Schlange. In Australien und Kanada werden Grundstücke gekauft und Häuser gebaut. Auch Verteidigungsminister Manfred Wörner, der es sich einfach nicht erklären kann, warum die Deutschen so am Leben hängen, soll bereits für den Ernstfall vorgesorgt haben. Von seiner Villa auf Florida aus wird er dann die Premiere bzw. Derniere des Jahrhundertschauspiels »Euroshima« im amerikanischen Fernsehen mitverfolgen oder per Video mitschneiden können.

Den 22. November 1983, an dem die Mehrheit der Abgeordneten des Deutschen Bundestages (gegen die Stimmen der Mehrheit der SPD und der Grünen) der Stationierung amerikanischer Mittelstreckenraketen auf deutschem Boden zugestimmt haben, wird man dereinst als den schwärzesten Tag in der Geschichte der Bundesrepublik bezeichnen, falls es sie dann noch gibt. Die selbstmörderische Vasallentreue der Bonner Regierungsparteien gegenüber ihren »amerikanischen Freunden« erinnert fatal an jene »Nibelungentreue«, mit der seinerzeit die deutschen Volks- und Parteigenossen dem »Führer« ins Verderben gefolgt sind. Man täte gut daran, die Zustimmung des Deutschen Bundestages zur Raketenstationierung auf den Namen »atomares Ermächtigungsgesetz« zu taufen! Denn genau darum handelt es sich: um die »freiwillige Souveränitätsaufgabe« (Günter Anders)[1] einer demokratisch gewählten Regierung, die mit Beschluß vom 22. November 1983 die Entscheidung über Krieg und Frieden – und damit über Leben und Tod des deutschen Volkes – in das Ermessen eines amerikanischen Präsidenten gestellt hat, der gegenüber der Sowjetunion Drohungen ausspricht, die von Adolf Hitler stammen könnten. Zum Beispiel diese: »In einem künftigen Raketenkrieg handelt es sich darum, dem sowjetischen Huhn den Kopf abzuschlagen« oder »Es gilt, den Kommunismus zu erledigen.«[2] Nur kommt der neue »Führer« eben diesmal aus Übersee, und die Bundesrepublik stellt in seiner militärischen Einkreisungs- und Offensiv-Strategie gegenüber der Sowjetunion die am weitesten gen Osten vorgeschobene Raketenbasis der USA dar. Worin unterscheidet sich eigentlich Hitlers Vision von 1938: »Endkampf gegen die jüdisch-bolschewistische Weltverschwörung« von Reagans apokalyptischer Vision von 1983: »Kampf des Guten gegen das Böse«, wobei er erst kürzlich Moskau zum »Zentrum des Bösen in der Welt« erklärte? Nur dadurch, daß das antisemitische Element im paranoiden Weltbild des US-Präsidenten keine Rolle mehr spielt. Und daß sich der »Führer« aus Übersee noch den Luxus einer demokratischen Öffentlichkeit und einer scheinbar noch funktionsfähigen Mehr-Parteien-Demokratie leisten kann und leisten muß, will er nicht mit seinem deutschen »Bruder im Geiste« verwechselt werden. Solange ein Faschist nämlich im demokratischen Schafspelz daherkommt, wird er, wie man sieht, weder von Christ- noch von Frei- noch von Sozialdemokraten erkannt.

Seit dem 22. November scheinen die überall umgehenden apokalyptischen Ängste einem neuen Höhepunkt zuzutreiben. Die »Evangelische Akademie Hofgeismar« kündigt soeben eine Tagung mit dem sinnreichen Titel »Freizeit in der Endzeit« an. Nach der Morgenandacht gibt es das Referat »Treffpunkt Friedensmeditation – Ansatzpunkte für apokalyptische Ängste und Hoffnungen«. Ein theologischer Beitrag dieses Seminars lautet: »Apokalyptisches Erbe – apokalyptische Gegenwart«. Pflichtlektüre für jeden Tagungsteilnehmer ist die »Apokalypse des Johannes«.

Auch in den deutschen Buchhandlungen stapeln sich mittlerweile die Endzeit-Bücher. Wo sich die Bibliophilie mit der Katastrophilie paart, füllt die Lektüre über den Weltuntergang oft schon ein halbes IKEA-Regal. In der neuen deutschen Untergangs-Literatur hat inzwischen eine deutliche Akzentverschiebung stattgefunden. Die »avanciertesten« Autoren haben den Atomschlag in der Phantasie längst hinter sich.

Sie beschäftigen sich vor allem mit dem »Tag danach«, mit den Problemen des Überlebens in einer zerstörten und radioaktiv verseuchten Welt. So etwa Udo Rabsch in seinem Roman *Julius oder der Schwarze Sommer*[3], Matthias Horx in dem Roman *Glückliche Reise*[4] und Anton Andreas Guha in seinem fiktiven *Tagebuch aus dem 3. Weltkrieg* mit dem endgültigen Titel *Ende*[5]. Daß mitten im zerbröckelnden Wohlstand eine neue Trümmer- und Ruinen-Literatur gedeiht, klingt wie eine verspätete Absage an jene Generation, die inmitten Ruinen vom Wohlstand träumte.

Der aus den USA importierte Untergangs-Boom hat längst auch die deutschen Kinos ergriffen. Filme wie *Apokalypse now, Malevil, Atomic café, War Games* und *The Day After* sind zu regelrechten cineastischen Knüllern geworden. Der »Tag danach« wurde inzwischen von 70 Millionen Amerikanern gesehen, nachdem ihn die Herren des Pentagons gelinde zensiert haben, und verspricht, in der BRD die Einspielquoten der Romy-Schneider-Filme um ein Vielfaches zu übertreffen. Das Geschäft mit der Zukunftslosigkeit hat, wie man sieht, Zukunft. Und wo sich die Lust am Untergang mit dem Geschäftssinn paart, da scheint die Zukunft allemal gesichert. Die amerikanische Fernsehgesellschaft ABC, die »The Day After« produziert hat, wird man schon jetzt zu den Kriegsgewinnlern rechnen dürfen.

Obwohl von trivialer Hollywood-Machart, kommt diesem Film immerhin das Verdienst zu, die US-Bürger erstmals in aller bildhafter Ausschweifung mit der Möglichkeit eines Atomkrieges konfrontiert zu haben, der sich – entgegen den Äußerungen des amerikanischen Außenministers – eben nicht »auf Europa begrenzen« läßt, sondern auch das Mutter-»Land der unbegrenzten Möglichkeiten« in eine atomare Wüste verwandeln kann. Dies mag immerhin ein produktiver Schock für unsere »amerikanischen Freunde« gewesen sein. Aufschlußreich ist *The Day After* auch in anderer Hinsicht. Er sagt nämlich viel über das Selbstverständnis der Amerikaner aus und demonstriert zugleich einen Grundzug, der den meisten Untergangsvisionen heute eigen ist: die enge Nachbarschaft von Idyll und Katastrophe, von Kitsch und Apokalypse.

Vor demAtomschlag führt uns der Film durch die kleine Stadt Lawrence im Staate Kansas, ein wahrhaftes Disneyland amerikanischer Lebensart: überall gepflegte Villen, blühende Gärten, heile Familien, ungetrübtes Nachbarschaftsleben. So glücklich wie die Mustangs, die auf den Weiden grasen, scheinen auch die »football« spielenden Boys, die verliebten pausbackigen Girls, die an Güte und Rechtschaffenheit unübertrefflichen Daddys and Mams zu sein. Auch der schwarze GI, den seine weißen Kameraden wie ihresgleichen behandeln, steht für die Harmonie und den inneren Frieden dieser amerikanischen Kleinstadt ein, in der es keine Rassendiskriminierung mehr zu geben scheint. Mitten in dieses Idyll, das kein Wässerchen trüben kann, schlägt plötzlich die Nachricht ein, daß die Warschauer-Pakt-Truppen in West-Berlin einmarschiert sind. Wenig später sieht man aus den Silos von Kansas die ersten Minuteman-Raketen in den Himmel steigen.
Mit anderen Worten: Diese guten, diese prächtigen Amerikaner kommen an die Atombombe wie die Jungfrau zum Kinde. Nichts im Wesen dieser vergoldeten Kleinstadt-Atmosphäre entspricht dem destruktiven der Bombe. Sie fällt buchstäblich vom Himmel und trifft die unschuldigen Sprößlinge eines vermeintlichen Paradieses, in dem es weder Gewalttätigkeit noch Rassenunterschiede, weder Ausbeutung noch Armut, weder Alkoholismus noch Drogensucht, weder Prostitution noch Psychosen gibt. Dieses Schwarz-Weiß-Raster von Idyll und Katastrophe zeigt, wie perfekt die Verdrängungsmechanismen der amerikanischen Gesellschaft funktionieren, die die höchste Kriminalitäts- und Psychosenrate in der westlichen Welt hat. Alles Zerstörerische, alle Gewalt und Brutalität in ihren alltäglichen Verkehrsformen wird auf die Bombe projiziert, alles Krankhafte und Tödliche in ihrem Innern verleugnet, um dann als alles vernichtender Dämon in Gestalt der sowjetischen Atomraketen »wiederzukehren«. Auch am »Tag danach« bleiben die Überlebenden, die in den radioaktiv verseuchten Trümmerfeldern mit dem Wiederaufbau beginnen, blind für die in-

nergesellschaftlichen Ursachen der Katastrophe. Insofern stellt dieser Film das getreue Manifest einer Nation dar, die sich selber nicht kennt (noch kennen will) und dennoch, in ungebrochener Anmaßung, behauptet, »the first Nation of the World« zu sein.

Zwar gründet sich die Vision des Weltuntergangs heute in erster Linie auf die Vorstellung eines Atomkrieges, der durch die NATO-Vorrüstung und die Kanonenboot-Politik der Reagan-Administration allerdings in bedrohliche Nähe gerückt ist; doch verknüpfen sich die apokalyptischen Phantasien mittlerweile mit nahezu allen ökologischen und sozialen Krisen, wirklichen oder bloß eingebildeten Katastrophen, politischen und militärischen Detonationen, sei es im eigenen Land, sei es in fernen Weltgegenden: mit den Giftskandalen (Seveso u. a.) wie mit den AKW-Unfällen (Harrisburg u. a.), mit dem Waldsterben wie mit dem Aussterben ganzer Tier- und Pflanzengattungen, mit dem möglichen Umkippen der Ozonschicht wie mit der Schreckvorstellung des Abschmelzens der antarktischen Polkappen (siehe den neuesten Wissenschaftsbericht »Global 2000«), mit der unaufhaltsamen Bevölkerungsexplosion wie mit der Hungerkatastrophe in der Dritten Welt, mit dem Terrorismus wie mit dem Orwellschen Überwachungsstaat, mit der zunehmenden Arbeitslosigkeit wie mit der ansteigenen Kriminalität usw. usf. Die Vorstellung, daß das »ganze System« einem unvermeidlichen Zusammenbruch zutreibt und eines Tages kollabiert, ist wohl zur populärsten Vorstellung unserer Zeit geworden.

Man hüte sich jedoch davor, diese massenhaft umgehende apokalyptische Phantasie politisch oder moralisch schulmeistern zu wollen, wie es unter Linken oft zu geschehen pflegt. Hans Magnus Enzensberger, dem ich ansonsten kaum zustimme, hat durchaus recht, wenn er feststellt, daß »die linke Theorie für den Umgang mit dieser Art von (negativer) Utopie ... nicht besonders gut gerüstet ist« und daß sie dazu neigt, die Katastrophen- und Untergangsvisionen ihrer Zeit als »bloße Lügen« zu verstehen und auf sie mit »Durchhalteparolen und Abwehrgesten« zu reagieren.[6] Freuds *Traumdeutung*[7] zufolge stellt fast jeder Alptraum einen verkappten, verschlüsselten Wunschtraum dar. Die betreffenden Wünsche werden vom Ich und vom Wachbewußtsein jedoch als so bedrohlich empfunden, daß sie der Zensur unterliegen und nur mehr in der angstvollen Form ihres Gegenteils zugelassen werden. Genau hier hat eine materialistische Analyse der heute umgehenden Untergangs-Phantasien anzusetzen. Vor aller Kritik handelt es sich darum, den ursprünglichen, verdrängten Wunschgehalt hinter der apokalyptischen Verschalung sichtbar zu machen.

2. *Die apokalyptische Vision als Widerspiegelung einer epochalen Krise*

»Nichts glauben freilich Zeitgenossen abergläubischer, als daß ihre Zeit keine Epoche sei unter den besonderen Bedingungen sozialer und geistiger Widersprüche, sondern ein politisch pervertiertes Jüngstes Gericht; daß sie kein Übergang sei, sondern ein Abgrund; daß sie keine Verwandlung sei, sondern ein Untergang«, schreibt der Bloch-Schüler Joachim Schumacher in seinem (erst kürzlich wiederentdeckten) Werk *Die Angst vor dem Chaos. Über die falsche Apokalypse des Bürgertums.*[8]
Die Apokalypse ist eine der ältesten Vorstellungen der Menschheit und begleitet ihre Geschichte, seit es eine schriftliche Überlieferung gibt. Kein Schöpfungsmythos, gleich welcher Religion und welchen Kulturkreises, der nicht zugleich seine mythische Negation, kein Paradies und kein Millenium, das nicht zugleich die Vorstellung vom Weltenende und Weltuntergang enthielte. Die Geschichte der Apokalypse im Wechsel der historischen Gezeiten, die Beschreibung ihrer zahllosen Imaginationen und Begründungen von der Antike bis zum Mittelalter, von der Neuzeit bis zur Jetztzeit würde ganze Bibliotheken füllen. In welchen Gestalten und Verkleidungen die Apokalypse historisch auch immer aufgetreten ist, immer war und ist sie, wie Schumacher nachweist, Ausdruck eines bevorstehenden

oder bereits stattfindenden gesellschaftlichen Umbruchs, eines krisenhaften und daher Angst erzeugenden geschichtlichen Wandels, der von den betroffenen Menschen, Klassen und Völkern als »Untergang« erlebt und visioniert wird.
Bevor die Römer das hellenische Reich eroberten, visionierten die Griechen den Zusammenbruch des antiken Götterhimmels, der ihnen jede Hoffnung auf ein Leben nach dem Tode genommen hatte, als universales Weltenende. Das nachhellenische Zeitalter war von Todesfurcht, von tief pessimistischen und nihilistischen Stimmungen geprägt; in das religiöse und ideelle Vakuum stieß dann das Christentum als humane Tröster-Religion vor und gab, vermittels seiner neuen Jenseits-Vorstellungen und Unsterblichkeitsmythen, dem beginnenden, frühmittelalterlichen Bewußtsein jene Geborgenheit zurück, die dem antiken in der Zeit der Diadochenkämpfe abhanden gekommen war. Doch auch das Christentum ging von Anfang an mit apokalyptischen Vorstellungen um (vgl. die berühmte Apokalypse des Johannes). Krieg, Bürgerkrieg und Pest erschienen dem Menschen des Mittelalters als Geißel des göttlichen Strafgerichts. Schumacher: »Im elften Jahrhundert ging es wie ein Schauer durch die Welt der Christenheit. Plötzlich war auch die bebaute Erde keine Gottes mehr, sondern des Teufels. Auf Grund der inneren unverstandenen Zwistigkeiten (zwischen Land und Stadt, Klerus und Staat) und fürchterlicher Invasionskriege, Hungersnöte und allgemeiner Rechtlosigkeit verbreitete sich die Furcht vor dem Jüngsten Gericht, eine wahre Chaosangst vor dem unmittelbar bevorstehenden Untergang der Welt.«[9]
Dem Aufbruch in das neue wissenschaftliche Zeitalter und in die Selbstbewußtheit der Renaissance ging gleichfalls eine tiefe Glaubens- und Sinnkrise voraus. Die Religionskriege, erst recht der Dreißigjährige Krieg mit seinen »apokalyptischen Reitern« in Gestalt jener zahllosen Söldnerheere, die das »Heilige Römische Reich Deutscher Nation« in Schutt und Asche legten, wurde als katastrophaler Zusammenbruch nicht nur der

bisherigen Weltordnung, sondern der Welt überhaupt empfunden. Desgleichen löste der Schock der bürgerlichen Revolution (erst in England, dann in Frankreich) bei vielen Vertretern des niedergehenden Adels und des Klerus apokalyptische Schuldprojektionen und Rachephantasien aus, die nicht selten als Einschüchterungsmittel gegen die aufständischen Klassen eingesetzt wurden. Es gibt wohl in der Geschichte der europäischen Revolutionen keine herrschende Klasse, die nicht ohne die sentimentalische und pathetische Gebärde abgetreten wäre, daß mit ihr zugleich der Staat, das Abendland, ja, die ganze Welt unterginge.

Das Paradebeispiel für solche säkularisierten Untergangsphilosophien liefert Osswald Spengler in seinem Buch *Der Untergang des Abendlandes*, eine zur Philosophie erhobene kollektive Rachephantasie, mit der die deutschen Junker und Militärs und die konservative Geisteselite die Niederlage des deutschen Imperialismus im Ersten Weltkrieg zu kompensieren suchte. Schumacher: »Deutschland hatte soeben den Untergang seines zweiten Kaiserreiches erlebt. Nun war das Bedürfnis denkbar groß, den Untergang einer noch halbfeudalen deutschen Beamten- und Militärkaste nicht nur etwa als Untergang der deutschen Zivilisation zu sehen, nein, das ganze Abendland sollte mit ihr fallen. Oder sogar: die ganze westliche Demokratie der ›Sieger‹ erweicht und zerfällt zuerst, während dem eisernen Preußen-Deutschland noch eine triumphale Rache- und Ehrenrunde zusteht ... Bei Spengler ging das Abendland unter, weil die Ausbeuter Deutschlands zeitweise von außen und innen bedroht waren. Bei Hitler geht gleich die ganze Welt unter, falls Hitler untergehen sollte ... Kurz, jede ernstliche Bewegung in die Zukunft, in den Sozialismus hinein, wird von der abtretenden Klasse als ›Chaos‹ (und ›Untergang‹) erlebt und suggeriert.«[10]

Der Zusammenbruch des »Dritten Reiches« löste eine apokalyptische Flutwelle aus, die ebensosehr mit revanchistischen Rache-Phantasien gegenüber den Siegermächten wie mit kollektiven Schuld- und Strafphantasien (bezüglich der deutschen Verbrechen) aufgeladen war. Bis in die 50er Jahre hinein war der Wiederaufbau des zerstörten Landes von Untergangs-Phantasien durchwirkt, wie in der frühen Nachkriegsliteratur nachweisbar ist; hinzu kam, daß durch den Abwurf der Atombomben auf Hiroshima und Nagasaki die technische Möglichkeit der atomaren Menschheitsvernichtung zum erstenmal offenbar geworden war. Das beschwörende apokalyptische Pathos der Antiatombewegung der 50er Jahre bezeugt, wie tief den Menschen der Nachkriegszeit der Atom-Schock und die Angst vor einem dritten Weltkrieg in den Gliedern saß. Man lese nur die Schriften und Stücke von Hans Henny Jahn, vor allem sein (derzeit viel gespieltes) Stück *Trümmer des Gewissens*, das wie eine Vorwegnahme der heutigen Atomproblematik mitsamt ihren geschichtsphilosophischen und wissenschaftsethischen Implikationen erscheint.[11] Die im Wiederaufbau und Wirtschaftswunder kollektiv verdrängten (Todes)Ängste kehrten erst Ende der siebziger Jahre, dafür mit um so größerer Heftigkeit, wieder, als die NATO die »Nachrüstung« beschloß.

In der katastrophischen Zeitstimmung drückt sich zugleich die tiefe Verunsicherung und uneingestandene Ratlosigkeit einer Generation aus, die bis in die 60er Jahre hinein geglaubt hat, ein wirklich funktionsfähiges und dauerhaftes Gemeinwesen (nach altem kapitalistischem Muster) aufgebaut zu haben, und die nun mit einer nicht abreißenden Katastrophen-Bilanz konfrontiert wird. Nicht genug damit: Das väterliche Aufbauwerk samt dem dazugehörigen Wertsystem wird oft sogar von den eigenen Kindern und Kindeskindern negiert.[12] Nicht allein die »No-Future«- und »Null-Bock«-Generation, auch die ihrer Väter und Großväter macht, so scheint mir, derzeit eine mehr oder weniger verdeckte kollektive Depression durch, die die katastrophische Zeitstimmung verstärkt.

Viele der bisher gültigen Orientierungen, der Zukunfts-, Versorgungs-, Sicherheits- und Demokratievorstellungen, die bis-

lang Vertrauen und politische Identität der Bürger gestiftet haben, sind, quer durch alle Generationen, ins Wanken geraten. Zuvörderst der Glaube an die Schutzfunktion der repräsentativen Demokratie gegen autoritärstaatliche und militaristische (Fehl)Entwicklungen. Die parlamentarische Demokratie der Bundesrepublik spiegelt ja schon lange nicht mehr das politische Meinungsspektrum innerhalb der Gesamtbevölkerung wider, wie gerade am 22. November 1983 erschreckend deutlich geworden ist. Demoskopischen Umfragen zufolge haben zwischen 60 und 70 Prozent der Bundesbürger die Raketenstationierung abgelehnt. Trotzdem wurde sie von der Mehrheit der Bundestagsabgeordneten gegen die Mehrheit des Volkes beschlossen. Da nimmt es nicht wunder, daß das Vertrauen in die Funktionsfähigkeit der repräsentativen Demokratie schwindet, zumal die etablierten Parteien die von der Verfassung her gegebenen Möglichkeiten der plebiszitären Mitentscheidung (Referendum, Volksentscheid) gerade in dieser Schicksalsfrage der Nation systematisch blockiert haben. Viele Bürger stellen heute zu Recht die Frage, was eine Demokratie noch wert sei, unter deren vermeintlicher Schirmherrschaft sich eine militärische und nukleare Aufrüstung vollzieht, mit der verglichen Hitlers Aufrüstung nach 1933 sich wie ein Kinderspiel ausnimmt. Tatsächlich ähnelt die bundesrepublikanische Demokratie zunehmend der Büchse der Pandora, die – von außen wunderschön – in ihrem Innern tödliche Gifte birgt.
Daß die weitverbreiteten Kriegsängste und apokalyptischen Visionen Folge des Vertrauensschwunds in viele, bislang gültige Wertvorstellungen ist, beweist eine wissenschaftliche Studie, die die Friedensforscherin Ute Volmberg jüngst publiziert hat. Wie Frau Volmberg nachweist, zeigen Endzeitstimmungen wie die gegenwärtige den Zusammenbruch von Orientierungen an, die Angst im Leben des einzelnen binden konnten: angefangen von der Idee des Sozialstaates, des unbegrenzten Wachstums, der Naturbeherrschung, der Verfügung über die Technik, der Garantierbarkeit von Arbeit bis zur Friedenssicherung durch

Abschreckung. Der Zusammenbruch solcher bedeutender Vorstellungen, die zuvor, ob zu Recht oder Unrecht, von großen Mehrheiten geglaubt worden seien, erzeuge Angst, Verwirrung, Hilflosigkeit und enttäuschte Hoffnungen ... Während die einen ihre Angst verleugneten und auf der Illusion der Abschreckung sowie der Vernunft der Großmächte beharren, die durch die waffentechnische und strategische Entwicklung schon jetzt in Frage gestellt sei, flüchteten die anderen in apokalyptische Visionen.[13]

Zwar pflegen sich die apokalyptischen Visionen primär an der Atombedrohung und den nicht abreißenden Umwelt- und Giftskandalen festzumachen; doch signalisieren sie eine viel umfassendere Krise: die Krise unseres gesamten, auf Wachstum und Weiterrüstung programmierten (Profit)Wirtschaftssystems samt seinen politischen Organisationsformen und dem dazugehörigen Werte-Überbau. Sie sind mithin Ausdruck eines gesellschaftlichen Umbruchs, einer »Umwertung der Werte« (Nietzsche) in buchstäblich jeder Lebenssphäre.

3. Der Todestrieb als verspäteter Wandlungsimpuls

Die Untergangs- und Todesbilder unserer Zeit spiegeln zugleich die realgeschichtliche Tendenz im Verhältnis beider atomar gerüsteter Supermächte wider. Die bedrohliche Zuspitzung im Ost-West-Verhältnis führt immer mehr Menschen und Wissenschaftler heute zu der Annahme, daß unserer industriellen Zivilisation, ja, der Geschichte überhaupt, ein »Todestrieb« innewohne. Wenn auch primär ökonomische Profitinteressen (seitens der USA) und politisch-militärische Abschreckungskalküle (seitens beider Supermächte) den Rüstungswettlauf in Gang gesetzt haben, so hat sich dieser doch in einer Weise verselbständigt, die auf eine latente Selbstmordbereitschaft beider Systeme schließen läßt. Obwohl jede Seite weiß, daß die Atomwaffen, die zur Abschreckung des Gegners dienen, niemals eingesetzt werden dürfen, will sie nicht selbst vernichtet werden, läuft die Rüstungsspirale weiter; wodurch die Gefahr des Aus-

bruchs eines Atomkrieges, und sei es nur durch eine technische Fehlanzeige in den Frühwarnsystemen, objektiv wächst.
Zur Erklärung dieser tödlichen Selbstgefährdung beider Systeme im Namen einer vermeintlich rationalen Abschreckungs-Doktrin reichen die Kategorien des dialektischen und historischen Materialismus nicht mehr aus. Selbst »gestandene« Materialisten, die bislang gewohnt waren, die Geschichte, vor allem die des Ost-West-Konflikts, mit den (in vieler Hinsicht noch immer gültigen) Marxschen Kategorien und der Leninschen Imperialismus-Theorie[14] zu analysieren, sehen sich inzwischen genötigt, Erklärungshilfen bei der Psychoanalyse und der Sozialpathologie zu suchen. So sucht etwa Anton Andreas Guha in seiner hervorragenden wissenschaftlichen Studie »Der Tod in der Grauzone. Ist Europa noch zu verteidigen?«[15] das paranoid verselbständigte Denken westlicher (und z. T. auch östlicher) Abschreckungspolitiker mit Hilfe der Adlerschen Psychose-Theorie zu erklären. Der marxistische Soziologe und Sozialisationsforscher Wilfried Gottschalch greift sogar auf die (unter Linken gemeinhin verpönte) Freudsche Todestrieb-Hypothese zurück: »Den längsten Widerstand habe ich gegen die Annahme eines ›Todestriebes‹ geleistet, der, wie ich meine, mit der Maßlosigkeit des menschlichen Narzißmus identisch ist. Wie anders als mit Freuds Lehre vom Todestrieb soll ich mir die Unaufhaltsamkeit, mit der die Menschen heute ihrem kollektiven Untergang zutreiben, erklären?« schreibt Gottschalch in einem fiktiven Brief zum hundertsten Geburtstag von Karl Marx.[16]
Trotz der mörderischen Zuspitzung des Ost-West-Konflikts sehe ich keinen Grund, auf das Freudsche Konstrukt des »Todestriebes« zurückzugreifen, der angeblich in der »Triebnatur des Menschen« begründet liegt. Die meisten Menschen meiner näheren oder ferneren Bekanntschaft wollen, soweit ich sehe, leben und überleben. Und der Mann auf der Straße, der Arbeitslose in der Kneipe, die Hausfrau im Supermarkt wollen es auch. Zwar stimme ich mit Gottschalch und Guha darin über-

ein, daß die herrschende Politik, vor allem die »Sicherheitspolitik«, einen zunehmend wahnhaften, ja, *psychotischen* Charakter angenommen hat. Im Unterschied zu den Vertretern der Todestrieb-Hypothese jedoch, die heute unter den Apokalyptikern aller Couleur zu finden sind, ist für mich der Todestrieb – sei es eines einzelnen Menschen, sei es bestimmter Gruppen und Klassen innerhalb einer Sozietät – keine anthropologische Triebkonstante, die in der »Triebnatur des Menschen« oder im »Wesen der Geschichte« beschlossen läge, sondern selbst ein (lebens)geschichtliches Produkt: das blinde Ergebnis der *Verhinderung* von Entwicklung.

Beide Protagonisten des Ost-West-Konflikts sind insofern Selbstmordkandidaten vergleichbar, als jeder die Werkzeuge, die er zur Ausführung seiner Tat benötigt, schon bereitgestellt hat. Unklar ist nur, ob und unter dem Druck welcher Ereignisse sie von ihnen Gebrauch machen werden. Das ängstliche Starren auf die Mordwerkzeuge, mit denen sich beide vorerst noch gegenseitig in Schach halten, hat uns, wie mir scheint, den Blick für das verstellt, was seit geraumer Zeit im *Innern* der beiden Kandidaten vorgeht. Um dies ansatzweise zu verstehen, kann der Vergleich mit dem individuellen Selbstmörder sehr dienlich sein.

Der Selbstmordtheorie des englischen Psychoanalytikers James Hillmann zufolge liegt jedem Selbstmordwunsch ›eigentlich‹ die Sehnsucht nach einem *anderen* Leben bzw. nach einer radikalen *Änderung* des eigenen Lebens zugrunde. So gesehen, stellt der Selbstmordwunsch eine negative Utopie dar. Wie Hillmann an Fallbeispielen erläutert, besitzt fast jeder Selbstmordkandidat ein falsches Bild von sich selbst, das zu einem unverzichtbaren Bestandteil seiner Identität geworden ist. Dieses falsche Selbstbild, dem oft ein »Feindbild« bezüglich eines anderen geliebtgehaßten Menschen korrespondiert, ist so stark »besetzt«, daß der Kandidat eher bereit ist, sich von seinem Leben als von seiner Lebenslüge zu trennen. Fast zwangsläufig stellt sich der Todeswunsch ein, wenn jene schmerzhaften Veränderungen des eigenen Lebens ausgeblieben sind, die notwendig gewesen wären, um entweder dieses (Wunsch)Bild zu verwirklichen oder aber es fallenzulassen. Dieser Auffassung zufolge wäre der Selbstmörder also ein Mensch, der deshalb sterben will, weil er im Leben nicht zu »sterben« verstanden hat. Hillmann: »Der Selbstmord ist der Drang nach eiliger Wandlung. Er ist nicht ein verfrühter Tod ..., sondern die späte Reaktion eines hinausgezögerten Lebens, das sich in seinen verschiedenen Phasen keiner Wandlung unterzogen hat. Es möchte jetzt und hier und vollständig sterben, weil es seine früheren Todeskrisen zu erleben versäumt hat.«[17] All diese versäumten »Todeskrisen« kulminieren dann bis zu einem Punkt, da der Veränderungswunsch nur noch als radikale Negation bzw. Vernichtung des eigenen Lebens vorstellbar scheint.

Diese Sicht auf den Selbstmörder läßt sich auch auf eine Sozietät, auf eine Zivilisation übertragen, die eine zunehmende Bereitschaft zur Selbstvernichtung erkennen läßt: eine Tendenz, die sich mittlerweile auch in den katastrophilen Sehnsüchten mancher ihrer Mitglieder auszudrücken scheint, wie Adolf Muschg[18] jüngst diagnostiziert hat.

Die heute grassierenden Untergangsbilder sind die chiffrierte Widerspiegelung zweier Gesellschaftssysteme, die sich zwar ideologisch bis aufs Messer bekriegen, sich jedoch darin ähnlich sind, daß sie vor ihren inneren Krisen und historisch überfälligen Strukturveränderungen immer geflüchtet sind, alle notwendigen sozialen und politischen Veränderungen versäumt oder unterdrückt haben, die notwendig gewesen wären, um ihren Mitgliedern ein Leben in Freiheit und Gleichheit, in Friede und Sicherheit zu gewährleisten – und die nun, angesichts ihrer geschichtlichen Unterlassungssünden eine latente Bereitschaft zum Untergang entwickeln. Die apokalyptischen Angst-, Straf- und Wunschphantasien, die in der westlichen Hemisphäre allerdings ungleich virulenter sind als in der östlichen, sind die uneingestandenen Kapitulationserklärungen zweier Systeme, *die sich Veränderung nur noch als Untergang vorstellen können.*

Wie die Todesphantasien des individuellen Selbstmordkandidaten, so drücken auch die apokalyptischen Untergangsvisionen (und latenten Untergangswünsche) einen blinden und verspäteten (kollektiven) Wandlungsimpuls aus. James Hillmann: »Wenn der Selbstmord ein Wandlungsimpuls ist, dann könnte die heutige Konstellierung des Massenmords durch die Atombombe den Schluß zulassen, daß die kollektive Psyche dadurch nach einer Erneuerung strebt, daß sie sich von allen historischen Gebundenheiten und dem Gewicht ihrer materiellen Anhäufungen zu befreien sucht. In einer Welt, in der die materiellen Dinge und das physische Leben in überwältigender Weise vorherrschen, wo die Güter das ›Gute‹ geworden sind, in dieser Welt wird natürlich das, was sie uns, die wir daran gebunden sind, zerstört, zum ›Bösen‹. Könnte jedoch dieses ›Böse‹ nicht auch in gewissem Sinn ein verkleidetes ›Gutes‹ sein, das uns zeigen will, wie prekär und relativ unsere üblichen Wertmaßstäbe geworden sind? Die Bedrohung durch die Bombe läßt uns im Schatten des Todes leben. Wenn sie uns der Todeserfahrung näher bringt, so muß das nicht heißen, daß auch der konkrete Massenselbstmord näher gerückt ist. *Wo man sich an das Leben festsaugt, nimmt der Selbstmord den zwanghaften Drang zum ›Supertöten‹ an.* Wo aber mit dem kollektiven Tod gelebt wird – wie in den Konzentrationslagern oder im Krieg –, da ist der Selbstmord selten. Worauf es ankommt, ist dies: Je immanenter die Todeserfahrung, um so größer die Möglichkeit der Wandlung ... Was geschehen muß, falls der konkrete Selbstmord nicht erfolgt, ist eine Wandlung der kollektiven Psyche.«[19] Und – so möchte ich hinzufügen – eine Wandlung jener gesellschaftlichen Verhältnisse, in denen die Güter das »Gute« geworden sind; die strukturelle Erneuerung einer Zivilisation, die deshalb einen »zwanghaften Drang zum Supertöten« entwickelt, weil sie *ihre eigenen, »inneren Todeskrisen« ständig versäumt und unterdrückt hat.*

Es ist im Rahmen dieses Aufsatzes leider nicht Raum, dieses soziologisierte Selbstmordtheorem für die führenden Gesellschaften des Ostens wie des Westens (einschließlich der Bundesrepublik Deutschland) zu spezifizieren und die geschichtliche Entstehung ihrer jeweiligen falschen bzw. gefälschten staatlichen Identitäten (samt den dazugehörigen Feindbildern) en détail auszuführen. Ich habe dies in einer eigenen, umfangreichen Arbeit versucht, die demnächst erscheinen wird. Ich muß mich daher hier mit einigen Hinweisen begnügen.

Die gigantische militärische und atomare Aufrüstung der USA gilt keineswegs nur der »Abschreckung« der Sowjetunion, wie gemeinhin angenommen wird, sondern vor allem der »Eindämmung« des (vermeintlich) sowjetischen Einflusses auf die nationalen Befreiungsbewegungen in den Ländern der Dritten Welt, die die ökonomische und militärische Basis des US-Imperialismus zu unterminieren drohen. Und doch geht es nicht allein um die Sicherung der amerikanischen Profitinteressen in den Ländern Mittel- und Lateinamerikas, Afrikas, Asiens und des Nahen Ostens (wie die Linke allzuleicht schematisiert); es geht auch – und zunehmend mehr – um die Verteidigung des »Überbaus«, d. h. der zutiefst angeschlagenen US-amerikanischen Mythologien, die für den inneren Bestand und Zusammenhalt des Imperiums von fundamentaler Bedeutung sind. Auf dem Mythos von »freedom and democracy« gründet bekanntlich das Sendungsbewußtsein und der Führungsanspruch der amerikanischen Nation. Vor allem durch den Vietnamkrieg und die Watergate-Affäre ist dieser Mythos erschüttert worden. Auch ein anderer amerikanischer Mythos ist ins Wanken geraten: der vom »amerikanischen Wohlstand«. Infolge der Reaganschen Hochrüstungspolitik nimmt die Arbeitslosen- und Inflationsrate in den USA bedrohliche Auswüchse an. Durch die rigorose Kürzung sämtlicher Sozialetats – manche wurden vollständig gestrichen – rutschen immer mehr, auch weiße Amerikaner unter die Armutsgrenze. Bereits im zweiten Jahr der Reagan-Regierung lebten rund 35 Millionen Amerikaner in Armut.[20] Je mehr aber die Mythen vom »freien und demokratischen Amerika« und vom »amerikanischen Wohlstand« durch die politische und militärische Unterdrückung in den Ländern der Dritten Welt und die rapide Verarmung im eigenen Land demontiert werden, um so fanatischer müssen sie nach innen und außen verteidigt werden. Hier hat der Reagansche Kreuzzugsgedanke seinen eigentlichen massenpsychologischen Ansatzpunkt. Das antisowjetische Feindbild dient vornehmlich der projektiven Abwehr und Kompensation der immer drückender werdenden nationalen Schuld- und Inferioritätsgefühle. Wenn es innerhalb der Vereinigten Staaten nicht zu grundlegenden sozialen und politischen Reformen kommt, im Zuge derer auch das angemaßte und falsche Selbstbild der amerikanischen Nation revidiert wird, dann allerdings muß man sich auf das Schlimmste gefaßt machen. Denn es steht zu fürchten, daß die mit Ronald Reagan zur Macht gelangte chauvinistischste und aggressivste Fraktion der amerikanischen Bourgeoisie[21] eher die Welt, zuvörderst Europa, in ein atomares Schlachtfeld verwandeln wird, als daß sie gewillt wäre, von der *konstitutiven Lebenslüge ihres Systems* Abschied zu nehmen: nämlich der, *daß die USA der Hort von Freiheit und Gerechtigkeit, von Demokratie und Frieden sei.*

Aber auch die führende Weltmacht der östlichen Hemisphäre befindet sich heute in einer akuten wirtschaftlichen, politischen und ideologischen Krise. Die Wirtschaftsbilanzen des sowjetischen Systems sind katastrophaler denn je. Anfang der achtziger Jahre hat die Sowjetunion die schwerste Versorgungskrise seit dem Ende des Zweiten Weltkrieges durchgemacht.[22] Ihre chronische Wirtschaftsmisere entspringt sowohl der unerträglichen Belastung durch die sowjetische Hochrüstung als auch den immanenten Stagnationsproblemen des »asiatischen Kommunismus«. Zugleich hat der Aufstand der polnischen Arbeiterklasse im Sommer 1980 die sowjetische Staats- und Parteiführung (und die von ihr abhängige polnische KP) in die schwerste Legitimationskrise ihrer bisherigen Geschichte gestürzt. Daß das polnische Proletariat gegen seinen eigenen Staat in den Streik tritt und nicht etwa für die Rückkehr zum Kapitalismus, sondern für einen freiheitlichen Sozialismus kämpft, dieser einzigartige, durch Jaruzelskis Militärdiktatur in letzter Minute verhinderte »Tigersprung in der Geschichte« (Walter Benjamin) der Warschauer-Pakt-Staaten, hat den politischen Alleinvertretungsanspruch der regierenden Kommunisten zutiefst verunsichert. Je gefährdeter aber die Systemlüge vom »real existierenden Sozialismus« angesichts der sich verschlechternden Wirtschaftslage und der realen politischen Unterdrükkung in den zwangsbefreundeten »sozialistischen Bruderländern« ist, um so hartnäckiger muß sie nach innen und außen verteidigt werden; zumal dann, wenn der innere Bestand des sowjetischen Imperiums infolge eines politischen Aufstandes wie in Polen bedroht ist. Es sind daher nicht bloß ihre Staatsgrenzen, die die Sowjetunion gegen westliche Imperialisten und Invasoren mit allen Mitteln verteidigen will; auf dem Spiel steht ebensosehr ihre staatserhaltende Mythologie, das gefälschte Etikett vom »real existierenden Sozialismus«, mit dem die Macht der etatistischen Bürokratie steht und fällt. Sollte sich das sowjetische System weiterhin als unfähig zu Reformen erweisen, in deren Verlauf auch das falsche Selbstverständnis und der politische Alleinvertretungsanspruch der regierenden Kommunisten revidiert werden, dann muß man auch östlicherseits das Schlimmste befürchten; besonders für den Fall, daß sich, infolge der andauernden politischen und militärischen Provokationen seitens der Pentagon-»Falken« auch im Kreml wieder die Falken (vom Schlage Stalins) durchsetzen sollten. Diese würden – so steht zu fürchten – das Riesenreich durch eine fortgesetzte Nachrüstung eher in den wirtschaftlichen Ruin treiben oder dem Staatsbankrott durch einen militärischen Amoklauf zuvorzukommen suchen, als daß sie gewillt wären, von der *konstitutiven Lebenslüge ihres Systems Abschied zu nehmen:* nämlich der, daß *die UdSSR eine sozialistische oder gar kommunistische Gesellschaft sei.*

Vor dem geschichtlichen Hintergrund zweier Industriezivilisationen, die beide gewillt scheinen, nicht nur ihre jeweiligen Imperien, sondern auch ihre staatserhaltenden Mythologien, ihre gefälschten politischen Identitäten, um jeden Preis, und sei es um den der Selbstvernichtung, zu verteidigen, erweisen sich die heute umgehenden Untergangsängste (und -sehnsüchte) als umgekippte Erlösungsträume, ja, als *negative Utopien*. Weder hat die westlich-christliche Zivilisation den »Geist der Bergpredigt« noch die östlich-»kommunistische« den originären »Geist der Kommune« verwirklicht. Und nun sucht jede der jeweils anderen den Teufel auszutreiben, der in ihr selber steckt. Die in beiden Zivilisationen unerfüllt gebliebene Sehnsucht nach Freiheit, Gleichheit und Gerechtigkeit kann sich daher nur noch Ausdruck ex negativo verschaffen: als Wunsch nach »Befreiung« von der Zivilisation schlechthin, nach einem »gleichen« und »gerechten« Schicksal für alle: im Untergang. Die Vision des Weltuntergangs stellt sich westlicherseits als pervertierte christliche Eschatologie, östlicherseits als pervertierter kommunistischer Erlösungstraum dar. Und so erkennen wir im Gespenst der Apokalypse den schwarzen Zwillingsbruder, den düsteren Doppelgänger jenes anderen Gespenstes wieder, das immer noch, weil nie erlöst, als Wunschtraum in Europa umgeht.

B. Zur Kritik der apokalyptischen Redeweise

1. »Nichts geht mehr!« Oder die falsche Apokalypse des Bürgertums

Wenn auch die Apokalypse insofern eine negative Utopie darstellt, als der Weltuntergang alle Menschen wieder »gleich« macht, so kann es uns doch nicht gleichgültig sein, wer die apokalyptische Drohung für sich in Anspruch nimmt. Es stellt sich nämlich die Frage, ob hinter den verbreiteten Untergangs-Visionen nicht auch bestimmte, gut getarnte, bewußt oder unbewußt gehandhabte *Interessen* stecken. In einer Zeit, da jedermann die »Endzeit« im Munde führt, wird es Zeit, die apoka-

lyptische Redeweise genauer zu untersuchen und auf ihre verschwiegenen Funktionen abzuklopfen. Auf den ersten Blick scheint es zwar keinen Unterschied zu machen, ob Vertreter der Friedensbewegung oder eine Partei wie die »Grünen« mit Untergangsvorstellungen operieren oder ob gewisse Professoren, Theologen, Publizisten, Feuilletonisten, Lyriker, TV-Matadoren usw. nicht müde werden, das nahende Weltende zu beschwören. (Die religiösen Fanatiker und Adventisten lassen wir hier beiseite, denn die können nicht anders.) Auf den zweiten Blick jedoch ist der Unterschied ein sehr erheblicher: Während die »Grünen« und Friedensbewegten die Beschwörung der Katastrophe mit dem konkreten Votum für eine andere und alternative Politik verbinden, hat man bei jener anderen Spezies von Untergangs-Aposteln den Eindruck, daß sie nur deshalb sämtliche Register des Katastrophismus und der Zukunftsangst ziehen, damit sich in Zukunft nichts oder jedenfalls nichts Entscheidendes ändert. Während erstere mit Protestkundgebungen, gewaltfreien Demonstrationen und Blockaden amerikanischer Raketenstützpunkte aktiv gegen ihre Zukunftsängste angehen und dabei einiges aufs Spiel setzen, pflegen letztere von hoch dotierten Lehrstühlen, gut gepolsterten Redaktionssesseln und gesicherten Lebensstellungen aus eine Ohnmachts- und Vergeblichkeitserklärung nach der anderen abzugeben und die medialen Multiplikatoren mit ihrem moribunden »Nichts geht mehr!«-Geschrei zu erfüllen. Diesen professionellen Kassandras – und sie sitzen heute mit Vorliebe an den Schaltstellen der liberalen Öffentlichkeit – ist der *Katastrophismus längst zum Ideologie-Ersatz bzw. zur Ersatz-Religion* geworden.
Zwar wirken sie gegenüber den neokonservativen Gesundbetern und technokratischen (Fort)Schrittmachern, die die Gefahren ihrer fortgesetzten Wachstums- und Rüstungspolitik systematisch verdrängen und verleugnen, auf den ersten Blick wie kritische Störenfriede; zumal ihre düsteren Prophetien von den christdemokratischen Berufsverdrängern, Militärplanern und »Sicherheits«-Politikern als Ärgernis und »zersetzendes Ge-

rede« empfunden werden. In Wirklichkeit jedoch erweisen sie sich als unfreiwillige Erfüllungsgehilfen derer, die sie angeblich bekämpfen. Ununterbrochen spielen sie auf der Klaviatur des Pessimismus und der schwarzen Utopien, schüren sie die Atomkriegs- und Untergangsängste ihrer Klientel, um jeden vitalen und radikalen Veränderungswillen einzuschüchtern und sämtliche Utopien und alternativen Projekte, einschließlich des Projekts »Sozialismus«, abzurüsten. Diese Leute betreiben die »falsche Apokalypse des Bürgertums«, die Joachim Schuhmacher für seine Zeit so charakterisiert hat. »Das heutige Bürgertum ... stiert auf Schwarz, auf Abgrund und Chaos, und sieht im Morgenrot nur Flammen des Untergangs. Da sieht es rot und rechnet von nun an nur noch mit motorisierten Divisionen ... (Sein) Pessimismus heißt, die asiatische Schlange und den Status quo anbeten. Es ist bequemer.«[23]

Woran erkennt man diese »falschen Propheten« der Apokalypse? Vor allem daran, daß sie nichts anderes als diese im Munde führen; daß sie sich besonders öffentlichkeitswirksame Angst-, Betroffenheits- und Verzweiflungsposen zugelegt haben und bei den schlichteren Gemütern, die noch immer den kleinen Sorgen und Freuden ihres Alltags nachgehen, den ehrfurchtgebietenden Eindruck erwecken, als seien sie buchstäblich Tag und Nacht, Stunde um Stunde von tiefster Sorge und Angst um das »Schicksal der Menschheit« erfüllt. Wo immer diese schwarzen Scheinheiligen hinkommen bzw. an die Öffentlichkeit treten, verbreiten sie die immer gleiche Begräbnisstimmung und haben für jeden, der noch nicht ganz die Hoffnung verloren hat oder für konkrete politische Änderungen plädiert, nur ein müdes Lächeln und bedauerndes Achselzukken übrig. Dabei weiß jeder aus eigener Erfahrung, daß es unmöglich ist, sich Tag für Tag, Stunde um Stunde der gleichen Sorge, der gleichen Trauer, der gleichen Verzweiflung hinzugeben. Diese Titanen der Sorge jedoch, diese Goliathe der Depression, diese Dauerabonnenten in Sachen »Menschheitsverzweiflung« scheinen jeden Trost für immer begraben zu haben.

Und nicht wenige dieser »Untröstlichen« stehen fast im Geruch der Heiligkeit, wobei ihre Heiligenlegenden mit Vorliebe von unseren liberalen und linksliberalen Feuilletons verbreitet werden.

Auch wenn sie glauben, mit ihrer pauschalen Absage an Fortschritt, Aufklärung und soziale Veränderungsdialektik Sand im Getriebe einer (selbst)mörderischen Fortschrittsmaschine zu sein, so liefern sie ihr doch in einem ganz anderen Sinne wieder das weltanschauliche Schmieröl. Das einzige Credo dieser düsteren Biedermänner ist für gewöhnlich ein zum Weltgeist erhobener Misanthropismus und Geschichts-Nihilismus. Und die auf beiden Seiten aufgetürmten atomaren Overkillraten scheinen ihre zynische Philosophie zu bestätigen. »Die Bombe«, pflegen sie zu sagen, »ist das wahre Wesen der Menschheit. Sie ist das konsequente Endprodukt unserer Zivilisation. Vor ihr werden alle Utopien und Menschheitsträume zunichte. Sie ist das getreue Spiegelbild des ›Homo sapiens‹ und seiner glorreichen Zivilisation. Was wollt ihr also noch? Geht nach Hause und laßt alle Hoffnung fahren!«

Es gehört zur Methodik dieser Strategen der Demoralisierung, die akuten Bedrohungen unserer Zivilisation von der konkreten politisch-ökologisch-militärischen Ebene auf die anthropologische und metapsychologische Ebene zu verlagern und den mörderischen, gleichwohl *geschichtlichen* Systemkonflikt zwischen den atomaren Supermächten in die »menschliche Natur« zurückzuprojizieren. Ein Beispiel für dieses – mit beträchtlicher Resonanz betriebene – Verfahren bietet der Münsteraner Philosophieprofessor Ulrich Horstmann in seinem Buch *Das Untier – Konturen einer Philosophie der Menschenflucht.*[24] Für Horstmann ist dieses »Untier« selbstredend der Mensch, »der Mensch an sich«; auch wenn dieses aller geschichtlichen Bestimmungen entkleidete »Wesen« ein papiernes Gespenst ist, das mit Vorliebe in den Gehirnwindungen deutscher Philosophieprofessoren, Feuilletonisten und Lyriker nistet. Aus der Geschichte der Klassenkämpfe macht Horstmann denn auch eine universale Unheilsgeschichte des »Raub- und Untiers«, dessen zivilisatorisches Werk von Anfang an auf das Ende, die Selbstvernichtung, ausgewesen sei. Selbst die kurzen friedlichen Phasen in der Geschichte der Menschheit erscheinen diesem deutschen Provinz-Zyniker nur als trügerische Tarnung ihres Selbstzerstörungstriebes: »Hinter der Fassade des Friedenswillens und der endlosen Waffenstillstände gibt es eine heimliche Übereinkunft: daß wir ein Ende machen müssen mit uns und unseresgleichen.« Als Kronzeugen seiner nekrophilen Universalgeschichte führt Horstmann mit Vorliebe E. M. Cioran an, dessen sarkastische, zum Teil recht geistreiche Aphorismen hier zu allerletzten Weltweisheiten aufgeblasen werden. Z. B. dieser: »Indem die Natur den Menschen zuließ, hat sie viel mehr als einen Rechenfehler begangen: ein Attentat auf sich selbst.« Die Menschheitsgeschichte als demiurgischer Mißgriff, als dämonologisches Attentat auf die Schöpfung! Und dieser parareligiöse Schwulst, dieser schwarze Kitsch geistert nun als der Weisheit letzter Schluß durch unsere Feuilletons! Leute wie Horstmann erinnern mich an jene Sekten aus dem Spätmittelalter, die zwar den Glauben an Gott, den Erlöser, verloren hatten, nicht aber an seinen Widersacher, den Satan, in dem sie das einzige Wirkungsprinzip der Geschichte erblickten. Und so kommt Horstmann zu dem Schluß, daß wir den atomaren Holocaust nicht etwa fürchten, sondern begrüßen sollen, weil er uns »endlich erlöst«. Unklar ist nur, ob wir es hier mit dem schwarzen Manifest eines enttäuschten Gottsuchers oder mit der neuen Bürgerschreck-Philosophie eines Biedermannes zu tun haben, der seiner Zeit, vor allem dem *Zeit*-Feuilleton,[25] imponieren will.

Die schlechte Anthropologisierung und obskure Ontologisierung einer sich katastrophisch zuspitzenden geschichtlichen Situation wird – mit einigem Erfolg – auch von »seriösen« Literaten, Lyrikern und Feuilletonisten betrieben. Nicht selten hat man den Eindruck, daß diese Leute geradezu süchtig nach Katastrophen aller Art sind, in denen sie eine Bestätigung ihres

moribunden Lebensgefühls erblicken; und daß sie fast mit Entzugserscheinungen reagieren, wenn eine erwartete Katastrophe wider Erwarten ausgeblieben ist.
Wer Gelegenheit hat, diese – nicht selten verbeamteten und lebensversicherten – »Kassandras« aus der Nähe und privatim zu besichtigen, der staunt, wie gut sie sich mit dem Weltuntergang als Dauergast einzurichten verstehen. Zumeist logieren sie in stilvollen Altbauwohnungen, Bel Etagen oder restaurierten Bauernhäusern, die mit Antikmöbeln bestückt sind. Obwohl sie notorisch Klage über die Luftverschmutzung und die Autoabgase führen, sind sie zumeist Besitzer von Zweitwagen, Marke Peugeot, Audi oder Volvo. Darunter machen sie es nicht. In vielen Fällen besitzen sie auch noch ein Landhaus in der Toskana, im Tessin oder in der Lüneburger Heide, wo die »Luft noch sauber und das Trinkwasser noch unverdorben ist«. Auch pflegt das nahende Weltenende ihrer mittelfristigen Ferienplanung nicht den geringsten Abbruch zu tun. Ihre Plätze bei der Lufthansa und ihre Hotelreservationen auf Mallorca oder den Kanarischen Inseln sind auf Monate voraus gebucht. Übrigens hat ihre Menschheitsverzweiflung auch ihren Appetit nicht im geringsten geschmälert. Auf Partys und Empfängen zeigen sie gewöhnlich den erlesensten Geschmack, und der notorische Small-Talk über das bevorstehende »Finis mundi« findet gewöhnlich vor einem mit Krabben-Cocktails und Elsässer Weinen geschmückten Büfett statt.
Es ist schon erstaunlich, wie gut sich Wohlleben und Apokalypse, gesunder Appetit und Hoffnungslosigkeit heute miteinander vertragen! Was gibt es auch Schöneres als Hoffnungslosigkeit? Hoffnung verpflichtet nämlich (wie der Adel) und kann, wenn es an ihre Verwirklichung geht, ausgesprochen unbequem werden; jedenfalls zu Veränderungen nötigen, die womöglich die eigenen Pfründe, den eigenen (und nicht bloß geistigen) Besitzstand gefährden. Darum gilt, in Abwandlung eines Brecht-Zitates, für diese gutsituierten Lebemänner des Weltuntergangs: »Nur wer ohne Hoffnung lebt, lebt angenehm!«

2. *Die Apokalypse als Gleichmacher und die neue Friedensinnerlichkeit*

Nicht nur unsere sauerstoffarmen Seen und Flüsse, auch unsere Gedanken und Phantasien sind vom »Umkippen« bedroht – und in vielen Fällen bereits umgekippt. Die apokalyptische Redeweise hat zu einem Reduktionismus des politischen Denkens geführt, der erschreckend ist; bis in die Reihen der »Grünen« und Friedensbewegten hinein. »Leben« und »Friede« heißen die zentralen Losungen jenes politischen oder vielmehr existentialistischen Sparprogramms, das inzwischen Hunderttausende, ja, Millionen Menschen auf die Straßen führt. Freilich klingen diese an sich selbstverständlichen Forderungen in den Ohren gewisser Politiker und Militärs heute fast schon revolutionär. Die Mehrheit der Friedensbewegten will »nur« – was angesichts der Gefahr eines dritten Weltkrieges allerdings schon ungeheuer viel ist – die Abrüstung der Blöcke und Frieden auf einer Erde, die ihnen schon längst nicht mehr gehört. Von einer strukturellen Veränderung oder gar Umwälzung jener politisch-ökonomischen Verhältnisse, die Krise, Aufrüstung und Krieg immer wieder aufs neue erzeugen, ist schon längst nicht mehr die Rede, allenfalls noch bei den grünen Fundamentalisten. Hatte vor fünfzehn Jahren eine intellektuelle und politische Avantgarde den – vielleicht hochgestochenen – Ehrgeiz, die sozialdemokratisch zugekleisterten Widersprüche dieser Gesellschaft aufzubrechen und durch eine sozialistische Transformation zu überwinden, so erscheint den meisten Pazifisten und Intellektuellen heute der faule Friede in einer sozialdemokratischen Republik von Flicks, Essers und Amerongens Gnaden schon fast wie eine ferne Utopie am Horizont. An die Stelle der großen alternativen Projekte ist ein unendlich bescheidener defensiver Existentialismus getreten: ein Existentialismus des schieren Überlebens. Aber geht es wirklich nur noch ums »Leben« und ums »Überleben«?

Das apokalyptische Denken, das ja in Wirklichkeit ein parareligiöses ist, hat jedoch nicht nur unsere politischen Wünsche,

Ansprüche und Utopien auf ein Minimum zurückgeschraubt, es hat auch das politische Unterscheidungs- und Differenzierungsvermögen nachhaltig beeinträchtigt. Die apokalyptische Angstvision hat jene Eigenschaft, die Marx einst dem Gelde zuschrieb: sie stiftet scheinbare Gleichheit zwischen an sich Ungleichem, ebnet mithin alle Unterschiede ein. In dem universellen Bedrohungsszenarium, das sie entwirft, sind die Feinde und Feindbilder im Prinzip austauschbar. Die apokalyptische Münze verwandelt alles einander an, verkuppelt die unvereinbarsten Gegensätze, stiftet überall falsche und trügerische Gleichheitszeichen: Reagan = Andropow, US-Imperialismus = Sowjetimperialismus, Pershing 2 = SS 20 usw.
Daß die UdSSR aufgrund ihres geschichtlichen Invasionstraumas (Rußlandfeldzug Napoleons 1812, Intervention der weißen Konterrevolutionsarmeen aus 14 europäischen Ländern 1919, Überfall der Hitlerarmeen 1941) und infolge ihrer nahezu vollständigen militärischen Einkreisung[26] (360 US-Militärbasen rund um das sowjetische Territorium) ungleich mehr Grund und Berechtigung hat, sich von den USA bedroht zu fühlen als diese umgekehrt von der Sowjetunion; daß der sowjetische Einmarsch in Afghanistan die erste militärische Intervention der UdSSR nach 1945 außerhalb ihres eigenen Machtbereichs darstellt, während die USA im gleichen Zeitraum in Dutzenden von Ländern militärisch und politisch interveniert haben (in Korea, in Vietnam, im Kongo, in der Dominikanischen Republik, in Guatemala, in Chile, im Libanon usw., zuletzt in Grenada); daß der Rüstungsexport der USA doppelt so hoch ist wie der der UdSSR[27]; daß die amerikanischen Waffen primär dazu dienen, die US-abhängigen Militärregime und Folterdiktaturen in den Ländern der Dritten Welt zu stützen, während die sowjetischen Waffen vor allem den sozialen und nationalen Befreiungsbewegungen in diesen Ländern zugute kommen; daß die USA eine klassische Vorrüstungs-Nation ist, während die UdSSR eine klassische Nachrüstungs-Nation ist, welcher der Rüstungswettlauf durch einen militärisch und technologisch

stets überlegenen Gegner[28] historisch aufgezwungen worden ist; daß die sowjetische Rüstungsindustrie weitgehend dem Primat der Politik unterliegt und daher eher kontrollierbar ist, während mit Reagans Machtantritt die Vertreter des »Militärisch-Industriellen Komplexes« direkt die Staatsmacht übernommen haben; daß an der US-Rüstung alle großen US-Konzerne und Hunderttausende von Aktionären verdienen, während die sowjetische Rüstungsindustrie keine Gewinnabschöpfungsmaschine darstellt, vielmehr für die gesamte Volkswirtschaft eine unerträgliche Belastung darstellt (und mit ursächlich für ihre chronische Depression ist); daß auch Atomraketen mit der gleichen Anzahl von Sprengköpfen mitnichten einander gleich sind, weil die Bereitschaft, sie gegebenenfalls einzusetzen, im Weißen Haus und im Pentagon nachweislich größer ist als im Kreml und, und, und – all diese »feinen Unterschiede« zwischen beiden atomaren Supermächten, die die westliche »Nachrüstungs«-Propaganda systematisch verschleiert hat, sind im apokalyptischen Bewußtsein der meisten Zeitgenossen, auch der pazifistischen, längst eingeebnet oder werden, wo sie sich hin und wieder Gehör verschaffen, als »quantités négligeables« behandelt. Denn in der Nacht der Apokalypse sind alle Katzen grau!

Da unsere Apokalyptiker erstens keine Unterschiede mehr machen, sondern gewohnt sind, beide Supermächte über den gleichen imperialistischen und atomaren Leisten zu schlagen, und da sie zweitens die polit-ökonomischen Gesetzmäßigkeiten nicht kennen (oder nicht mehr kennen wollen), die zu Imperialismus, Aufrüstung und Krieg führen, bleibt ihnen auch nichts anderes übrig, als an die »Friedfertigkeit« der Menschen, vor allem der verantwortlichen Politiker und Militärs zu appellieren. Das Problem der Abrüstung wird von seinen komplexen politisch-ökonomisch-militärischen Interessenlagen gelöst und in ein ehtisches bzw. religiöses, d. h. in ein *Gesinnungs*-Problem verwandelt. An die Stelle einer differenzierten Analyse und eines klaren Katalogs politischer Nah- und Fernziele, tritt

dann die neue christliche Friedensinnerlichkeit, der moralisierende Appell zur »Einkehr« und »Umkehr zum Leben«. Aus dieser parareligiösen Bußfertigkeit beziehen auch einige Widerstandsformen der Friedensbewegung, etwa das »Friedensfasten«, ihr Pathos.
Und doch dokumentiert die neue Friedensinnerlichkeit, wo sie des materialistischen Rüstzeugs entbehrt, nur ihre eigene Ohnmacht und Hilflosigkeit vor der Geschichte. So fordert etwa Franz Alt,[29] dieser tapfere »Friedensstörer« in den Reihen des christlich-konservativen Aufrüstungslagers, die »Umkehr der Herzen«, da wir alle »bereits psychisch atomar verseucht« seien, und die »Rückkehr zum Geist der Bergpredigt« – statt die politische Kontrolle über den »Militärisch-Industriellen Komplex« und die Expropriation der Rüstungsprofiteure. Der friedliche und sympathische »Geist der Bergpredigt« hat nämlich noch keinen christlichen Kapitalisten, Bankier oder Aktionär daran gehindert, sein Geld dort anzulegen, wo es sich am schnellsten vermehrt: in der Rüstungsindustrie. Aber laut Alts Friedensfibel steht ja die Alternative: Kapitalismus oder Sozialismus nicht mehr zur Debatte, da es »primär ums Überleben geht«. Für diese entschiedene Klarstellung werden ihm selbst diejenigen dankbar sein, die ihn wegen seines engagierten Pazifismus aus dem Amt jagen wollen.
Nicht allein die christlichen Pazifisten neigen dazu, die Abrüstungs- und Friedensproblematik als eine Frage der seelischen Hygiene aufzufassen. Die fatale Verinnerlichung und Gleichmacherei vermittels einer neuen »Wir sind die Bombe«-Metaphysik wird inzwischen auch von vielen pazifistischen Laien betrieben. Selbst der intelligente und gebildete Peter Sloterdijk, dessen *Kritik der zynischen Vernunft* ein in vieler Hinsicht bemerkenswertes Werk darstellt, verfällt streckenweise diesem kruden atomaren Existentialismus. So heißt es etwa in dem Kapitel »Bombenmeditationen«, das sich bestens als Sonntagsphilosophie für jene Herrenzyniker eignet, die Sloterdijk ansonsten so scharfsinnig demaskiert: »Die Bombe ist keine Spur bö-

ser als die Wirklichkeit und um kein Haar destruktiver als wir. Sie ist nur unsere Entfaltung, eine materielle Darstellung unseres Wesens. Sie ist bereits als Vollkommenes verkörpert, während wir im Verhältnis zu ihr noch gespalten sind. Angesichts einer solchen Maschine sind nicht strategische Erwägungen am Platz, sondern ein großes Hinhorchen. Die Bombe fordert von uns weder Kampf noch Resignation, sondern Selbsterfahrung. Wir sind sie.«[30]

Die Erfindung und Konstruktion der Atombombe war nur innerhalb einer technischen Zivilisation möglich, die ein rein instrumentelles Verhältnis zu Mensch und Natur hat und auf der imperialen Unterwerfung der Erde gründet. Sie drückt also nicht die »materielle Darstellung unseres Wesens«, sondern das »Wesen« der Imperialismen aus, dessen brutalste und aggressivste Erscheinungsform heute der US-Imperialismus darstellt. Wir wollen doch nicht vergessen, daß es die Amerikaner waren, die zum erstenmal in der Geschichte die A-Bombe eingesetzt haben. (Freilich hätte der deutsche Imperialismus unter Hitler von dieser Möglichkeit auch Gebrauch gemacht, wenn die V-Waffen rechtzeitig fertig geworden wären.) Es gilt heute unter Historikern als erwiesen, daß der Abwurf der Atombomben auf Hiroshima und Nagasaki weniger den Japanern und der Beschleunigung ihrer (ohnehin besiegelten) Niederlage galt, sondern von Präsident Truman und seinem Beraterstab als »Test« und offenkundige Drohung gegen die Sowjetunion angesehen worden war.[31] Bekanntlich haben US-Senatoren auch während des Korea-Krieges mit dem Einsatz der A-Bombe gedroht; und höchstwahrscheinlich hätten sie ihre Drohung wahr gemacht, wenn die Sowjetunion inzwischen nicht auch über die A-Bombe verfügt hätte. Seither gehört – leider! – die Drohung mit der Atombombe auch zum »Wesen« der sowjetischen Abschreckungspolitik; doch drückt sich darin keineswegs ihr genuines, vielmehr ein ihr historisch aufgezwungenes Wesen aus, welches das geschichtliche Resultat einer von den USA ausgehenden atomaren Erpressungspolitik ist. Sloterdijks chicer Appell an unsere Selbsterfahrung: daß wir das in der Bombe verkörperte Wesen in uns selbst entdecken mögen, verwischt nicht nur die qualitative Differenz zwischen Vorrüstungs- und Nachrüstungsnationen, sondern auch den »Wesens«-Unterschied zwischen den Betreibern der atomaren Hochrüstungspolitik und ihren Gegnern im eigenen Lande. Am Ende freilich kann es uns allen gleich sein, ob wir von einer »wesentlichen« oder einer »unwesentlichen«, einer Vorrüstungs- oder einer Nachrüstungsbombe getroffen werden; liegt es doch im »Wesen« der Bombe, daß sie, egal aus welcher Richtung sie kommt, die Lebewesen vernichtet.

Ulrich Greiner fährt in der *Zeit* auf derselben obskuren Verinnerlichungs-Schiene, wenn er, auf Sloterdijk Bezug nehmend, die Unfähigkeit der Rüstungsgegner beklagt, sich selbst als das größte Friedenshindernis zu begreifen: »Die Teufel (für die Friedensbewegung) heißen Reagan und Weinberger. Von den Teufeln in ihrer eigenen Brust weiß sie nichts. Die Wurzeln allen Unheils sieht sie in den Militärs, in der Rüstungsindustrie, in den Politikern.« Aber – so mahnt der feuilletonistische Kanzelprediger – »der Krieg beginnt in uns selbst«, und kein Friede auf Erden wird sein, wenn wir nicht endlich erkennen, »daß wir die Bombe sind«.[32]

Im Grunde haben wir es hier mit einer pazifistischen Neuauflage der alten »Kollektivschuld«-These zu tun, die schon damals die Nachkriegsdeutschen daran gehindert hat, die gebotenen politischen Konsequenzen aus zwölf Jahren NS-Diktatur, Krieg und Zusammenbruch zu ziehen. Die »Seele des Menschen« wird zur eigentlichen Giftmülldeponie erklärt und alle Gewalt, auch die der Bombe, in die Mördergrube des menschlichen Herzens verlagert. Also heißt es zuerst unsere Seelen entgiften und unsere Herzen abrüsten, bevor wir berechtigt sind, die Zufahrtswege zu amerikanischen Raketendepots zu blokkieren. Und wehe dem, der nur ein Quentchen Gewalt, eine Spur von Aggression und Feindseligkeit – und sei es gegen die knüppelnde Staatsgewalt – in sich selber entdeckt! Solche »bösen Buben« sind nämlich nicht besser als die amerikanischen Militärplaner und Rüstungsindustriellen. – So lautet der eigentliche Text dieser bombastischen Innerlichkeit, hinter der unschwer der warnende Zeigefinger liberaler Ordnungshüter zu erkennen ist. Sollte sich dieser zur Staatsschutz-Philosophie pervertierte »Geist der Bergpredigt« (Jesus hat bekanntlich die Händler mit Gewalt aus dem Tempel getrieben) hierzulande durchsetzen, dann wird sehr bald nicht die Bundesrepublik, sondern die Friedensbewegung »abgerüstet« sein. Da lobe ich mir den Schriftsteller Günter Grass,[33] der sich nicht aufs Abstellgleis der neuen Friedensinnerlichkeit abschieben läßt, vielmehr die gebotenen politischen Konsequenzen aus der Raketenstationierung zieht, indem er zur Wehrdienstverweigerung, zum Boykott einer Bundeswehr aufruft, die längst zum integrierten Bestandteil der militärischen Offensivstrategie der NATO geworden ist (siehe den »Air-Land-Battle-200«-Plan).[34]

3. Die Apokalypse und der Eurozentrismus

»Was könnte einer der Schriftsteller gedacht haben, die da im Juni aus Afrika, Asien, Arabien oder Lateinamerika zum Interlit nach Köln aufbrachen? Könnte er gedacht haben, diese quadrados, diese Westdeutschen sacken unser Kupfer, unser Gold, unsere Früchte für Spottpreise ein, sie lassen sich bei uns ihre Kleider für Hungerlöhne nähen und ihre Fernseher für Gotteslohn bauen, ihre Regierung ist seit dreißig Jahren an der Seite unserer schlimmsten Unterdrücker zu finden, ob sie nun Reagan, Botha oder Duvalier heißen, und jetzt spielen sie sich auch noch als Friedensengel auf, machen sich einen weißen Fuß vor der Welt, und wir müssen zu ihnen fahren und gute Miene zu dem Spiel machen, und unsere Länder bluten sich weiß. Könnte er beim Anblick der Schaufenster in Köln gedacht haben, soll Friede sein, damit die in Ruhe so weitermachen können? Könnte er gedacht haben, daß die amerikanischen Mittelstreckenraketen nur der konsequenteste Ausdruck einer Sache sind, die uns in anderer Form Liebesblicke aus dem Schaufenster zuwirft? Könnte er, als er uns sah, gedacht haben, wie vereinbaren die das, gegen diese Raketen zu sein und gleichzeitig für diese Schaufenster?« (Gerd Fuchs)[35]

Für Unruhe und Ärger auf dem dritten internationalen Schriftstellertreffen in Köln (Interlit 82) sorgte denn auch ein libanesischer Delegierter, als er meinte, die Ängste der Mitteleuropäer betreffs eines atomaren Weltkrieges seien sicher berechtigt, aber die Menschen seiner Region und der gesamten Dritten Welt hätten andere Sorgen – Krieg zum Beispiel, Seuchen, Hunger. Ihm sekundierte ein Kollege aus der Sahel-Zone. Wenn nicht sofort etwas geschähe, explodierte in Afrika das, was man die zweite Atombombe nenne, verhungerten mindestens ebenso viele Menschen, wie bei einem Atomschlag in Europa umkämen. Ngugi wa Thiong'o aus Kenia brachte es schließlich auf den Begriff: »Get off our backs! Geht endlich von unserem Rücken herunter, ihr Weißen!«

Es scheint, als habe die unheilige Allianz von Pershing 2 und SS 20 den längst totgeglaubten Eurozentrismus wieder zum Leben erweckt, freilich in weniger angreifbarer Form als früher: nämlich als Eurozentrismus der (Untergangs-)Angst und der grandiosen Opferrolle, auf die wir Europäer uns um so lieber kaprizieren, als sie uns unsere wirkliche (wenn auch verschleierte, weil bloß ökonomisch vermittelte) Täter- und Ausbeuterrolle gegenüber den Ländern der Dritten Welt vergessen macht. Unsere Atomkriegs-Ängste, so real auch immer sie begründet sein mögen, haben eine deutliche Entlastungs- und Verdrängungsfunktion gegenüber dem realen Untergang, der tagtäglich in den Elendsquartieren Afrikas, Lateinamerikas und Asiens stattfindet, und gegenüber den politischen »Querelen«, die sich vor der eigenen Haustür abspielen. Bürgerkriege wie der in Mittelamerika und sog. konventionelle Kriege wie der zwischen Iran und Irak verblassen angesichts des möglichen nuklearen Holocausts zu harmlosen Scharmützeln, auch wenn sie Hunderttausende von Toten fordern und, ganz nebenbei, eine ökologische

Katastrophe auslösen. Alles, was unterhalb der Atomschwelle liegt, bleibt sozusagen außen vor.
Angesichts der Tatsache, daß etwa 600 bis 800 Millionen Menschen in den Entwicklungsländern chronisch unterernährt sind, 50 bis 70 Millionen allein im Jahr 1981 verhungerten und im Jahr 1990 ca. eine Milliarde Hunger leiden werden,[36] haftet den Untergangsängsten der Europäer und Amerikaner allerdings etwas Luxuriöses und Parasitäres an. Es ist, als wollten die westlichen Industrienationen die Todesschreie derer, welche die Opfer ihres Wirtschaftssystems sind, dadurch überhören, daß sie nun selber lauthals zu jammern und zu klagen anfangen.
Allein die US-Monopole ziehen heute nahezu die Hälfte ihrer Profite aus dem Kapitalexport (in die Länder der Dritten Welt). Und auch die bundesrepublikanischen Unternehmen investieren immer mehr im Ausland, mit Vorliebe in den Billiglohnländern Südeuropas, Lateinamerikas und neuerdings auch Asiens. Einer wirtschaftswissenschaftlichen Studie aus dem Jahr 1982 zufolge haben alle ausländischen Unternehmen, die im Untersuchungsjahr ihr Kapital in der BRD angelegt haben, mit Verlusten, alle bundesrepublikanischen Unternehmungen dagegen, die ihre Geschäfte im Ausland, vor allem in den Entwicklungsländern getätigt haben, mit beträchtlichen Gewinnen abgeschlossen. Den größten Reibach machen derzeit die deutschen Rüstungsexporteure. Bekanntlich hat sich die Bundesrepublik in den letzten Jahren zum fünftgrößten Waffenexporteur der Welt gemausert. 1980 wurden mit Genehmigung der Bundesregierung 2,18 Milliarden DM Rüstungsgüter exportiert, davon 30 Prozent in Staaten der NATO und 70 Prozent in Staaten der Dritten Welt.[37] Diese Zahlen sind noch weit untertrieben, denn es ist kein Geheimnis, daß deutsche Rüstungsfirmen Kriegsgüter aller Art exportieren, die als »Zivilgüter« deklariert werden und daher gar keiner Genehmigung bedürfen. Dank der Tatsache, daß die gesetzlichen Bestimmungen für den Rüstungsexport in sog. Spannungsgebiete sukzessive gelockert worden sind[38] – F. J. Strauß plädiert für ihre völlige Aufhebung –, gibt

es heute kaum noch einen konventionellen Krieg, an dem nicht auch deutsche Waffen beteiligt sind.
Über der politischen Auseinandersetzung um die NATO-»Nachrüstung« ist die Tatsache allgemein in Vergessenheit geraten, daß die Länder der Dritten Welt die eigentlichen, die Hauptleidtragenden der Aufrüstung sind. Denn es sind nicht bloß unsere Steuergelder, es ist vor allem der den armen Bevölkerungen Lateinamerikas, Afrikas und Asiens abgepreßte Mehrwert, der dann »zu Hause« in riesige Waffenarsenale verwandelt wird, wovon ein großer Teil wiederum gewinnbringend an die Militär- und Folterdiktaturen der Dritten Welt verschachert werden. Obwohl die Herren des Weißen Hauses und des Pentagons eigentlich wissen, daß »Rüstung« und »Entwicklung« einander ausschließen und sich die Lage der Menschen in den Entwicklungsländern drastisch verschlechtert, hat sich der US-Rüstungsexport mit dem Machtantritt Reagans sogar verdoppelt. Im Jahr 1982 ist er auf rund 25–30 Milliarden Dollar angestiegen.[39] Wenn unserer Zivilisation eine mörderische und selbstmörderische Tendenz innewohnt, dann liegt diese vor allem in jenem tödlichen Mißverständnis unseres westlichen Begriffs von (Gewerbe-)»Freiheit« begründet, der es erlaubt, daß das »Geschäft mit dem Tod« inzwischen zum blühendsten Geschäftszweig der westlichen Industrienationen geworden ist.
Noch bevor die exportierten Waffen zum Einsatz kommen, haben sie schon getötet: und zwar all jene Menschen in den Ländern der Dritten Welt, die nicht hätten verhungern oder an heilbaren Krankheiten hätten krepieren müssen, wenn ihre korrupten Regierungen, die in den meisten Fällen Marionetten-Regierungen der USA sind, Getreide statt Granaten, Butter statt Munition, Medikamente statt Maschinengewehre, Traktoren statt Panzer eingekauft hätten. Jene Konzernherren, Politiker und Militärs aber, die mit dem Verkauf dieser Waffen nicht nur Rekordgewinne erzielen, sondern auch jene sozialen und politischen Verhältnisse stabilisieren helfen, die für den Hunger und das Elend in der Dritten Welt verantwortlich sind, sind die

wahren Schreibtischtäter, die Eichmanns von heute. Diese Herren predigen nicht den Untergang, sie vollstrecken ihn Tag für Tag, aus der sicheren Distanz ihrer Konzern-Etagen, ihrer ministeriellen Amtsstuben und militärischen Planungsbüros und werden dafür allerorten noch als »Biedermänner« und »Demokraten« anerkannt.

Von diesem Blickwinkel aus betrachtet, erweisen sich die heute umgehenden Untergangsvisionen als kollektiv verschobene Strafphantasien und Strafängste einer Zivilisation, die nicht bloß den Aufstand der vergewaltigten Natur und Biosphäre, sondern erst recht den Aufstand und die Rache jener Völker zu fürchten hat, auf deren alltäglichen Hungertoten unser westlicher Wohlstand und unsere Hochrüstung gedeihen. Hierbei werden wieder einmal nur die Ängste und Schuldgefühle sozialisiert, nicht dagegen die Monopolprofite derer, die mit dem Elend der Dritten Welt ihr Geschäft machen. Vor allem die in den Vereinigten Staaten angebrochene Endzeit-Hysterie deutet auf die verdrängten Schuldgefühle und (unbewußten) Strafbedürfnisse einer Gesellschaft hin, die »eigentlich« längst weiß (auch wenn ihre Machthaber es niemals zugeben werden), daß ihr blitzblankes Firmenschild mit der Aufschrift »Freedom and democracy« nur noch die Fassade für die blutigste Unterdrükkung und Ausbeutung in den Ländern der Dritten Welt darstellt. Vom Ausmaß der amerikanischen Hochrüstung läßt sich auf das Ausmaß des Reichtums schließen, der gegen die Armen in der Welt verteidigt werden soll. Doch auch für die bigotte amerikanische Upper Class, deren Wahlspruch noch immer lautet: »In God we trust« (Trust!), gilt das gute alte Bibelwort: »Eher kömmt ein Kamel durch ein Nadelöhr, denn ein Reicher in das Himmelreich!«

Epilog

Wie J. Schumacher nachweist, gab und gibt es keine epochale Krise oder Erschütterung in der Geschichte der Menschheit, die nicht mit apokalyptischen Bildern gebannt, überhöht, verteufelt oder vorangetrieben worden wäre. Wo immer ein Staat oder eine Kultur sich im Niedergang befand, erzeugte sie fatalistische und apokalyptische Weltbilder. Wo immer eine alte Überbau- oder Gesellschaftsformation mit einer neuen schwanger ging, wurden ihre Geburtswehen zuerst als Untergangs- und Todesängste vernehmbar. Wo immer sich in der Geschichte eine radikale »Umwertung der Werte« vollzog, stellte und stellt sich die Apokalypse als Begleitmusik ein.
Verglichen mit allen früheren Krisen der Menschheit, scheint die heutige allerdings ungleich bedrohlicher zu sein. Die »Umwertung der Werte« treibt im Atomzeitalter nämlich auf die endgültige Negation zu; wird doch im Prinzip selbst derjenige Wert negiert, der in allen bisherigen Wertordnungen obenan stand: das *Leben* der Gattung. Das ist ein geschichtliches Novum. In allen früheren Werthierarchien war das Leben als Wert sakrosankt, und nur die Adjektive davor waren geschichtlichen Wandlungen unterworfen. Das Mittelalter faßte das diesseitige Leben als Vorstufe zum jenseitigen auf. Renaissance und Aufklärung sahen in einem humanen und nach den Regeln der Vernunft bestimmten Leben Sinn und Zweck des menschlichen Daseins. Der Sozialismus vertraute (und vertraut) auf das »Prinzip Solidarität« als Antrieb eines sozial bestimmten Lebens. Das Atomzeitalter aber verneint im Prinzip das Leben selbst; es ist daher das mephistophelische Zeitalter schlechthin. »Denn alles, was entsteht / ist wert, daß es zugrunde geht!« – dies scheint der eigentliche und einzige Text zu sein, den die Atombombe in ihrer zerstörerischen Allmacht, in ihrer negativen Gottähnlichkeit für die Menschheit bereithält. – Ist es wirklich ihr einziger Text, wie so viele Zeitgenossen meinen?
Wenn die Apokalypse ihrem Wesen nach eine »negative Uto-

pie« darstellt und ihr, wenngleich ihr selbst unbewußt, ein Wandlungsimpuls innewohnt, dann ist vielleicht auch der geschichtliche Umschlagspunkt nicht fern, da der ursprüngliche Wunschtraum in dem kollektiven Alptraum dechiffriert, wiedererkannt und in jenen politischen Text zurückübersetzt wird, der allen Revolutionen der Neuzeit – von der Französischen bis zur Oktoberrevolution – Pate gestanden hat und doch von allen verraten, vergessen oder bis zur Unkenntlichkeit verstümmelt wurde. Dieser nie eingelöste Text, der wie ein Palimpsest *hinter* der Atomdrohung steht, lautet in Kurzfassung: Freiheit, Gleichheit, Brüderlichkeit! Die heutige Menschheit ist insofern einem Erstkläßler vergleichbar, als sie die einzelnen Worte dieses Textes zwar buchstabieren und aussprechen kann, aber den *Sinn* des *ganzen* Textes noch immer nicht erfaßt hat. Die westliche Welt hat vielleicht eine Ahnung davon, was »Freiheit« und »Gleichheit« bedeuten; doch das Wort »Brüderlichkeit« ist für sie noch immer ein Fremdwort. Die östliche Welt hat vielleicht eine Vorstellung von »Gleichheit« und »Brüderlichkeit«, doch scheint ihr der Sinn für die »Freiheit« völlig zu fehlen. Die Zukunft der Menschheit hängt jedoch vom Verständnis und Einlösen des *ganzen* Textes ab. Wenn sie das Klassenziel nicht erreicht, dann allerdings besteht die Gefahr, daß die Bombe ihr eine letzte blutige Lektion erteilt und den ganzen Text ex negativo an ihr exekutiert: als »Befreiung« von aller Zivilisation, als »gleiches« Schicksal und »brüderliches« Einswerden im Untergang.

Die Atombedrohung stellt die zivilisierte Welt, auch ihre jeweiligen Machteliten, vor die unbedingte Alternative: entweder blindlings ihrem eigenen Untergang zuzusteuern oder aber die ökonomischen, politischen, ethischen, moralischen und seelischen Grundlagen ihres bisherigen Zusammen-*Lebens* sowie das Verhältnis der Völker zueinander, vor allem das der westlichen Industrienationen zu den Ländern der Dritten Welt, von Grund auf zu verändern und zu erneuern. Die unter dem Gesetz Mephistos stehende Industriezivilisation wird heute zu einem radikaleren Umdenken gezwungen als je zuvor in der Geschichte. So gesehen, könnte sich die Atomdrohung als Schrittmacher der Weltgeschichte erweisen, mit dem verglichen alle bisherigen sozialen, politischen und geistesgeschichtlichen Umwälzungen nur Trippelschritte gewesen sind.

Anmerkungen

1 Vgl. Günter Anders' Preisrede zur Verleihung des Theodor Adorno-Preises der Stadt Frankfurt a. M. 1983.
2 Zitiert nach *Frankfurter Rundschau*, April 1983.
3 Udo Rabsch, *Julius oder der schwarze Sommer*, Konkursbuch-Verlag 1983.
4 Matthias Horx, *Glückliche Reise*, Berlin 1983.
5 Anton Andreas Guha, *Ende. Tagebuch aus dem 3. Weltkrieg*, Königstein/Ts. 1983.
6 Hans Magnus Enzensberger, »Zwei Randbemerkungen zum Weltuntergang«, in: H. M. E., *Politische Brosamen*, Frankfurt a. Main 1983. S. 230/231.
7 Vgl. hierzu Sigmund Freud, *Die Traumdeutung*, Frankfurt a. Main 1961, S. 141 und S. 454.
8 Joachim Schumacher, *Die Angst vor dem Chaos. Über die falsche Apokalypse des Bürgertums*, Frankfurt a. Main 1972, S. 15.
9 J. Schumacher, a. a. O., S. 38.
10 J. Schumacher, a. a. O., S. 59.
11 Vgl. Hans Henny Jahn, »Der Mensch im Atomzeitalter«, in: H. H. J. *Werke und Tagebücher in sieben Bänden*, Bd. 7, Hamburg 1974.
12 Vgl. hierzu das Erfolgsstück *Strafmündig* von Gerd Heidenreich, Fischer-Theaterverlag, Frankfurt a. Main 1983.
13 Zit. nach *Frankfurter Rundschau* vom 1. 11. 1983.
14 W. I. Lenin, »Der Imperialismus als höchstes Stadium des Kapitalismus«, in: *Ausgewählte Werke*, Dietz Verlag Berlin 1966, Bd. 1.
15 Anton Andreas Guha, *Der Tod in der Grauzone. Ist Europa noch zu verteidigen?*, Frankfurt a. Main, 1980.

16 Willfried Gottschalch, »Nachrichten für einen Verschollenen. Briefe an Karl Marx von Wilfried Gottschalch u. a.«, in: *Freibeuter* 15, Berlin 1983.
17 James Hillmann, *Selbstmord und seelische Wandlung*, Zürich 1966, S. 59.
18 Adolf Muschg, Heimweh nach dem Ende, in: *Frankfurter Rundschau* vom 30. April 1983.
19 James Hillmann, a. a. O., S. 56.
20 Vgl. hierzu *Der Spiegel*, Nr. 34 / 1983 und Nr. 20 / 1983.
21 Vgl. hierzu Michael Naumann, *Amerika liegt in Kalifornien. Wo Reagans Macht herkommt*, Reinbek bei Hamburg 1983.
22 Vgl. hierzu *Der Spiegel*, Nr. 44 / 1980 und Nr. 43 / 1980.
23 Joachim Schumacher, a. a. O., S. 48 und S. 144.
24 Ulrich Horstmann, *Das Untier – Konturen einer Philosophie der Menschenflucht*, Medusa-Verlag, 1983.
25 Vgl. Ulrich Greiners Eloge auf Horstmanns Buch in *Die Zeit* vom 17. Juni 1983, Nr. 25.
26 Vgl. hierzu *Der Spiegel*, Nr. 15, 11.4.1983.
27 Vgl. hierzu Anton Andreas Guha, »Rüstung und Rüstungsexport«, in: Brzoska / Guha / Wellmann, *Das Geschäft mit dem Tod*, Frankfurt a. Main 1982.
28 Vgl. hierzu Anton Andreas Guha, *Der Tod in der Grauzone. Ist Europa noch zu verteidigen?*, a. a. O., S. 67.
29 Franz Alt, *Frieden ist möglich*, München 1983.
30 Peter Sloterdijk, *Kritik der zynischen Vernunft*, Frankfurt a. Main 1983, S. 259.
31 Vgl. hierzu Anton Andreas Guha, *Rüstung und Rüstungsexport*, a. a. O., S. 70.
32 Ulrich Greiner, »Der Krieg in uns. Über einige Naivitäten in der Friedensdiskussion«, in *Die Zeit*, Nr. 25, 17.6.1983.
33 Vgl. das Schriftstellertreffen in Heilbronn vom 17.12.83.
34 Vgl. hierzu Jan-Philipp Sendker: »Ein wehrbereites Volk«, in *Konkret*, Dezember 83.
35 Gerd Fuchs, »Wenn schon Solidarität, dann auch bei Tisch«, in: *Literatur Konkret*, 1982 / 1983.
36 Nach Angaben von Anton Andreas Guha, *Rüstung und Rüstungsexport*, a. a. O., S. 91.
37 Nach Angaben von A. A. Guha, a. a. O., S. 53.

38 Vgl. hierzu Michael Brzoska, »Die bundesdeutsche Rüstungsindustrie«, in: Brzoska/Guha/Wellmann, *Das Geschäft mit dem Tod*, a. a. O., S. 39ff.
39 Nach Angaben von A. A. Guha, *Rüstung und Rüstungsexport*, a. a. O., S. 91.

Die Intellektuellen und der Katastrophismus: Krise oder Wende der deutschen Aufklärer?

Wenn Freiheit überhaupt irgend etwas bedeutet,
dann das Recht, den Menschen das zu sagen,
was sie nicht hören wollen.
(George Orwell)

Der Winterstorch in Langengeisling

Jetzt, da die Nebel fallen
da jetzt die Kälte kommt
seh ich dich gern auf dem Dach
einbeiniges Prinzip Hoffnung
(Heinar Kipphardt)

A. Ende der Aufklärung oder Verklärung der Wende?

»Was könnten die Gründe, die Motive, die Anlässe und Skrupel für eine Apathie sein, welche die bundesrepublikanischen Intellektuellen zum Schweigen gebracht haben?« fragte Wolfram Schütte besorgt als Auftakt zu der in der *Frankfurter Rundschau* geführten Diskussion vom Juli bis August 1981 »Schweigen die Intellektuellen?«.

Eine einfache Gegenfrage: Schweigen die Intellektuellen denn wirklich? Es wäre ja eine durchaus respektable Haltung, daß sie schweigen, wenn sie nichts mehr zu sagen haben; im Sinne des alten lateinischen Sprichworts: »Si tacuisses, philosophus mansisses!« Mir scheint indessen, das genaue Gegenteil ist der Fall: Mit einer noch nie dagewesenen Beredsamkeit setzen uns die intellektuellen Trendliner des öffentlichen Bewußtseins – darunter viele, die sich ehemals als »linke« und »sozialistische« Intellektuelle verstanden haben – heute auseinander, warum es ihnen die Sprache verschlagen hat, warum sie ihre Träume und

Utopien verloren haben und an kein »Prinzip Hoffnung« mehr glauben. An die Stelle der kritischen Gesellschaftstheorie ist eine öffentliche und schier universale Larmoyanz, an die Stelle des politischen Bewußtseins eine Bewußtseinsverdüsterung getreten, die nicht weniger besorgniserregend scheint als das, was sie augenscheinlich ausgelöst hat: die epochale Krise einer industriellen Zivilisation, deren aufs Technische verkürzter Wissenschaftsbegriff und Fortschrittsglaube auf dem besten Wege ist, Natur und urbane Umwelt für alle Zeiten zu ruinieren; deren wissenschaftliche Intelligenz sich vor allem in der Erfindung und Konstruktion immer perfekterer Tötungsmaschinen beweist und deren politische »Vernunft« sich im Wahnsinn des atomaren Abschreckungssystems selbst ad absurdum führt.

Und so pflegen denn auch die Intellektuellen ihre Abkehr von den Ideen der Aufklärung, von Fortschrittsglaube und kritischer (Sozial-)Wissenschaft mit dem Argument zu begründen, daß diese nur mehr destruktiven Zwecken dienen. Die heute umgehende Kritik an der wissenschaftlichen Vernunft ist allerdings so neu nicht, wie sie sich gebärdet. Max Horkheimer hat sie in seiner *Kritik der instrumentellen Vernunft* längst vorweggenommen. Vor allem das naturwissenschaftliche Denken, das sich schon im 19. Jahrhundert von den Human- und Geisteswissenschaften löste, hat sich einem skrupellosen Fortschrittsbegriff verschrieben und feiert seither in allen Gattungen repressiver und destruktiver Technologien – von der Atombombe bis zur Raketentechnik, von der chemischen Keule bis zum Nervengas, von der Genmanipulation bis zu den modernen Techniken elektronischer Supervision – seine düsteren Triumphe. Aber auch die modernen Sozialwissenschaften, ja selbst die kritischen Emanzipationstheorien, einschließlich des Marxismus, haben zu diesem generellen Vertrauensschwund in die Ideen der Aufklärung nolens volens beigetragen; sind doch in ihrem Namen Verbrechen begangen worden – etwa im stalinistischen Rußland oder im Kambodscha der Roten Khmer –, die die Ziele der Aufklärung und der sozialen Emanzipation geradewegs in ihr Gegenteil verkehrt haben. Auch die zahlreichen Rückschläge in den Volksrepubliken des »asiatischen Kommunismus« – der dubiose Schauprozeß der KP China gegen die maoistische »Viererbande«, Boat People in Vietnam, die neuen Indochina-Kriege u. a. – haben das Vertrauen vieler Linksintellektueller in die sozialistischen Experimente mehr oder weniger gebrochen. Und die ohnehin spärlichen Sympathien, die jene bislang noch der Sowjetunion als politischer Schutzmacht der Befreiungsbewegungen in den Ländern der Dritten Welt – weniger dem sowjetischen System selbst – entgegenbrachten, scheinen durch den sowjetischen Einmarsch in Afghanistan und die politische Zerschlagung der polnischen »Solidaritäts«- und Gewerkschaftsbewegung vielerorts ins gerade Gegenteil umgeschlagen zu sein.

Die NATO-»Nachrüstung«, die das »Gleichgewicht des Schreckens« weiterhin zuungunsten der Sowjetunion destabilisiert hat; die gefährliche Kanonenboot-Politik des gegenwärtigen amerikanischen Präsidenten-Darstellers, die die Welt an den Rand eines dritten Weltkrieges zu bringen droht; der nach der »Bonner Wende« eingetretene verschärfte Rechtstrend in der deutschen Innen- und Außenpolitik, die offenkundigen Tendenzen zum Atom- und Observierungsstaat, die nicht abreißenden Umwelt- und Giftskandale sowie die restaurativen Entwicklungen in einigen Ländern des »real existierenden Sozialismus« haben unter den intellektuellen Aufklärern eine desolate, fatalistische, teilweise sogar nihilistische Bewußtseinslage geschaffen. Und so kommt zu all den politischen und ökologischen Katastrophen noch eine weitere hinzu: eine Art *Bewußtseins-Katastrophe*, ein katastrophisches Lebensgefühl, das – wie ein Säurebad – mit den historisch überholten technokratischen Fortschritts- und Aufklärungsbegriffen zugleich auch das Geschichtsbewußtsein, die sozialen Utopien und weithin auch das politische Engagement der Intellektuellen zersetzt hat.

Angesichts der sich häufenden Krisen- und Katastrophenmeldungen scheint der auf verlorenem Posten zu stehen, der versucht, dieser Zeitstimmung zu widersprechen. Zu viele Fakten scheinen gegen ihn zu sprechen. Widersprechen möchte ich auch weniger dem katastrophischen Zeitgeist als solchem – gegen kollektive Ängste ist Einspruch kaum möglich –, vielmehr jenen sich mehrenden Intellektuellen und Ex-Aufklärern hierzulande, die sich ihm opportunistisch angepaßt und im Zuge oder schon lange vor der Bonner Wende auch ihr Bewußtsein entsprechend *gewendet* haben. Widersprechen möchte ich jenen intellektuellen Wortführern, die aufgrund ihres Wissens- und Bildungsprivilegs sowohl die gesellschaftlichen Ursachen jener Krisen und Katastrophen, von denen sich die Allgemeinheit bedroht fühlt, als auch mögliche Strategien zu ihrer Überwindung eigentlich kennen (oder kennen müßten) und heute doch so tun, als wüßten sie von nichts. Widersprechen möchte ich vor allem jenen wendigen Geistern, die heute ihre politischen Testamente so gut verkaufen wie früher ihre linken Manifeste und Pamphlete und nun, unter dem Beifall der maßgeblichen Feuilletons, die Totenglocke für alle jene sozialen und politischen Ideen läuten, für die sie einst selber eingetreten sind. Denn unter dem Motto »Ende der Aufklärung« vollzieht sich landauf, landab die Verklärung einer Wende, die auf die Demontage dessen abzielt, was Immanuel Kant als das klassische Ziel der Aufklärung bezeichnet hat: den »Ausgang des Menschen aus seiner selbst verschuldeten Unmündigkeit«.

1. Tabula rasa oder wie man das Kind mit dem Bad ausschüttet

Es hieße, den Einfluß der großen Politik freilich überschätzen, wollte man die Bewußtseins-Wende vieler ehemals linker Aufklärer als unmittelbare Folge der Bonner Wende interpretieren. Schon lange vor dem offiziell eingeleiteten Rechtstrend in der Bonner Republik haben viele deutsche Intellektuellen den Ideen und Zielen der Aufklärung und der sozialen Emanzipation die Gefolgschaft aufgekündigt. Nachdem schon Mitte der

70er Jahre Frankreichs nouveaux philosophes, einstige Söhne des Pariser Mai, ihren höchsteigenen politischen Bankrott, den Bankrott des Linksextremismus, zur »Neuen Philosophie« verklärt hatten (vgl. André Glucksmann *Die Meisterdenker*[1]), beeilten sich ihre intellektuellen Ableger in der Bundesrepublik, die posthume Philosophie des Neuen Irrationalismus auch fürs deutsche Leserpublikum aufzubereiten. Seither haben die ideologischen Bestattungsanzeigen im deutschen Buch- und Zeitschriftenwald kein Ende genommen. Zahllose »progressive« Intellektuelle formierten sich zu einer großen Trauergemeinde, die mit düsteren Gebärden von allem Abschied nahm, worin sie einst ihre Hoffnungen gesetzt hatten. Da wurde Abschied vom »Internationalismus« und all jenen Utopien genommen, die man an die Befreiungsbewegungen in den Ländern der Dritten Welt geknüpft hatte (vgl. Enzensbergers umjubelten Aufsatz »Eurozentrismus wider Willen«[2]); da wurde in unzähligen Variationen der Sozialismus, Kommunismus und Marxismus verabschiedet (vgl. André Gorz' *Abschied vom Proletariat. Jenseits des Sozialismus*[3]); die Kondolationen der deutschen Genossen ließen nicht lange auf sich warten. Da wurden en gros alle politischen Ideen, Begriffe und Utopien bestattet, die einst den Elan der Protestbewegung von 1968 gespeist hatten (vgl. Michael Rutschkys Buch *Erfahrungshunger*[4]). Allein die Liste der ideologischen Leichenbestatter aus den Reihen der ehemaligen Protestbewegung würde mehrere Seiten füllen. Ab Mitte der 70er Jahre arbeiteten zahllose Intellektuelle, Schriftsteller, Professoren, Feuilletonisten und Künstler mit konjunkturbewußtem Eifer an der Demontage ihrer eigenen Vergangenheit. Wer angesichts dieses nicht abreißenden Bestattungs-Zeremoniells noch an gewissen Positionen der Kritischen Theorie und des Marxismus festhielt, kam sich unweigerlich als intellektueller Ladenhüter vor, wo doch einzig die ideologischen Totengräber das Sagen zu haben schienen.

Inzwischen ist der denunziatorische Ekel an nahezu allen Positionen der Aufklärung und der linken Gesellschaftstheorie –

natürlich immer unter Berufung auf die eingangs aufgeführte Krisen- und Katastrophenbilanz – zur vorherrschenden Bewußtseinslage im deutschen Kulturbetrieb und im zeitgenössischen Feuilletonismus geworden. So höhnt man jetzt, wie inzwischen sogar *Der Spiegel*[5] moniert, in den sich »liberal« und »linksliberal« gebärdenden Feuilletons jener kritischen Gesellschaftsanalysen, mit denen man sich Jahre zuvor einen Namen gemacht hatte. Denunziert werden vor allem theoretische Anstrengungen, die die uns umgebenden Bedrohungen in ihren je spezifischen politökonomischen Ursachen zu begreifen suchen, statt sich, wie es unter Intellektuellen Mode geworden ist, im allgemeinen nihilistischen Geraune oder im apokalyptischen Nebel zu verlieren. Und es ist kein Zufall, daß die Ressentiments gegen die kritische Gesellschaftstheorie und den Marxismus am heftigsten bei denen sind, die mit ihrer Hilfe seinerzeit ihren Ruf als progressive Intellektuelle, Publizisten und Professoren befestigt haben. So schüttelt sich neuerdings der »progressive« Literaturprofessor Jörg Drews in der *Zeit* vor dem »zur Gräulichkeit vergifteten Theoriebaum« und findet das »Handwerk der Ideologiekritik« ebenso verwerflich wie diese »totalitäre Besserwisserei, die ›Dialektik‹ heißt«.[6] Nun, mit solch kernigen Widerrufen erkauft sich der Literaturprofessor immerhin einen gut bezahlten Platz an der *ZEIT*genössischen Sonnenfinsternis. Und so hört man denn unsere *wendigen* Intellektuellen im Chorus deklamieren: Die marxistische Gesellschaftstheorie sei angesichts der atomaren Aufrüstung beider Supermächte, des drohenden ökologischen Kollapses, des sich verschärfenden Nord-Süd-Konflikts (was eine vornehme Umschreibung für die Ausbeutung der Dritten Welt durch den US-Imperialismus ist) und vor allem angesichts der politischen Unterdrückung in den Ländern des »real existierenden Sozialismus« historisch überholt, der Sozialismus habe auf der ganzen Linie versagt! Wer hat denn hier eigentlich versagt? Die empirischen Begriffe der marxistischen Wirtschafts- und Gesellschaftswissenschaft oder diejenigen, die sich ihrer schnellstens zu entledigen suchen, um den Anschluß an die neue Trendwende nicht zu verpassen? Als ob die Marxsche Kapitalismuskritik schon deswegen überholt sei, weil unsere intellektuellen Modisten sie nicht mehr »chic« finden! Hat die Wirtschaft, vor allem die Rüstungswirtschaft, etwa aufgehört, nach dem Profitprinzip zu funktionieren, bloß weil unsere Intellektuellen sich neuerdings mehr für die »nationale Frage« und den »Neuen Irrationalismus« interessieren? Was ist denn der »Neue Irrationalismus« letztlich anderes als die Widerspiegelung einer Produktionsweise, deren einzelne (Betriebs-)Teile zwar äußerst rationell organisiert sind, die als Ganzes jedoch immer irrationaler und destruktiver wird, eben *weil* ihr oberstes Gesetz das der Profitmaximierung ist! Die jetzt bei Gottfried Benn, Martin Heidegger oder Ernst Jünger, bei André Breton oder André Glucksmann, beim »pensée sauvage« des Claude Lévy-Strauss oder bei den buddhistischen Mythen (und Baghwan-Sekten) den neuen Seelenkitzel oder einfach nur Unterschlupf suchen, brauchen nur einmal den Wirtschaftsteil der *FAZ*, das *BÖRSENBLATT* oder das Manager-Magazin *CAPITAL* aufzuschlagen, um sich von der ungebrochenen Aktualität der Marxschen Kategorien zu überzeugen. Da ist nur von Lohn, Preis, Profit, Renditen, Zinsen, Dividenden, Kapital- und Aktienbewegungen, Kapitalkonzentrationen und -fusionen, kurzum: von all jenen Warenkategorien die Rede, die angeblich unsere »ach so komplex und undurchschaubar gewordene Wirklichkeit« nicht mehr erfassen können. Da wird den Kapitalanlegern frank und frei das Rüstungsgeschäft als das zukunftsträchtigste und gewinnbringendste angepriesen und die Solidarität mit der Regierung Reagan aufs wärmste empfohlen, weil diese wieder für Stabilität auf den internationalen Geld- und Devisenmärkten gesorgt habe. Die »Capital«-treuen Wirtschaftsjournalisten jedenfalls wissen, was sie an Marx haben; im Gegensatz zu jenen Linksintellektuellen a. D., die jetzt wieder an den Stilblüten des Feuilletons ihre gepflegte Melancholie und ihre Weltuntergangsstimmungen zu nähren suchen.

Auf meinem Schreibtisch liegt der neueste Essayband von Hans Magnus Enzensberger, daneben eine Untersuchung von Michael Brzoska[7] über die deutsche Rüstungsindustrie. Demnach lag die »Eigenkapitalrente«, sprich: die Profitrate der deutschen Rüstungsaktiengesellschaften, zwischen 1970 und 1977 bei durchschnittlich 43 Prozent, während die der zivilen Aktiengesellschaften durchschnittlich 29 Prozent betrug. Wer wundert sich noch bei diesen Verhältnissen, daß das anlagehungrige Kapital mit Vorliebe in den Rüstungssektor strebt, diesem wahrhaften Eldorado, diesem Midasreich der westlichen Industriegesellschaften? Selbst dem deutschen Kleinaktionär winkt bei Chrysler, General Motors oder der General Electric Company derzeit eine *halb*jährliche Rendite von 20 bis 25 Prozent, wie mir jüngst ein Frankfurter Börsenmakler versichert hat. Und da lese ich bei dem ehemaligen *Kursbuch*-Herausgeber und Kapitalismuskritiker Hans Magnus Enzensberger: »Die Wirtschaft weiß nicht, was sie tut«, sie betreibe eine »Blinde-Kuh-Ökonomie«.[8] »Die« Wirtschaft hat noch nie so gut wie jetzt gewußt, was sie tun muß, um in kürzester Zeit und bei minimalem Risiko Rekordgewinne zu erzielen. Und wie gut ihr die »Bonner Wende«, im Sinne der rapiden »Umverteilung von unten nach oben«, bekommen ist, beweist die jüngste Erhebung des Statistischen Bundesamtes in Wiesbaden bezüglich der Verteilung des Bruttosozialprodukts. »Während die Bruttoeinkommen der Arbeiter und Angestellten gegenüber 1982 nur um 1,5 Prozent wuchsen, errechnet das Bundesamt für die Bruttoeinkommen aus Unternehmertätigkeit und Vermögen einen Anstieg um 11,9 Prozent.«[9] Nach Abzug der Steuern und Sozialabgaben falle das Plus in der Lohntüte sogar noch geringer aus. Und bei der derzeitigen Teuerungsrate von durchschnittlich 3 Prozent bedeutet dieses Plus in Wahrheit ein Minus, ein weiteres Absinken der Realeinkommen. – Steckt hinter diesen Zahlen, diesen harten Fakten der kapitalistischen Umverteilung etwa kein System, keine Logik, keine »Gesetzmäßigkeit des Kapitals«, wie uns Enzensberger neuerdings weismachen will?

Wenn sich herausstellen sollte, daß »die« Wirtschaft tatsächlich »nicht weiß, was sie tut« und genauso im dunkeln tappt wie ihr ehemaliger linker Kritiker, dann bin ich bereit, wieder an den Klapperstorch zu glauben.
Der ungeheure Verschleiß auf dem intellektuellen Ideen-Markt hierzulande beweist immerhin eines: daß das kapitalistische Verwertungsprinzip, die »geplante Obsolenz«, längst auch die Sphäre der intellektuellen Produktion erfaßt und korrumpiert hat. »Altes raus, Neues rein!« heißt die Devise in der industriellen Produktion wie in der Kultur- und Bewußtseinsindustrie. Die Folge ist ein zunehmender Gebrauchswertschwund, ein permanenter Verschleiß von soziologischen, politischen, ästhetischen etc. Ideen und Theorien, deren Haltbarkeit kaum mehr die durchschnittliche Lebensdauer einer Waschmaschine erreichen; eine intellektuelle Wegwerf-Kultur, an der freilich nur diejenigen erfolgreich partizipieren können, die ihre geistige, politische etc. Identität im Rhythmus der Konjunktur auszuwechseln bereit sind, d.h. den Selbstverrat per Profession betreiben. Sowenig wie die Partner-»Beziehungen« haben heute die politischen Haltungen und Überzeugungen Bestand: Liebe für einen Tag, eine Meinung haben für einen Tag. Jene intellektuellen Freaks, die für den Marxismus heute nur noch ein müdes Achselzucken übrig haben, beweisen daher nur eins: daß sie das kapitalistische Innovations- und Verramschungsprinzip selbst *verinnerlicht* haben.
In Deutschland, hat Bert Brecht einmal gesagt, gibt es eigentlich nur zwei Arten von Menschen: Pfaffen und Pfaffengegner! Ja, manche deutsche Intellektuelle bringen sogar das Kunststück fertig, beides zugleich zu sein, wenn auch zu verschiedenen Zeiten. Haben viele der einstigen Polit-Rebellen dem Marxismus seinerzeit als unfehlbarem, pfäffischem Dogma gehuldigt, so sind sie, nach dem Einsturz ihrer revolutionären Omnipotenzträume, just ins Gegenteil verfallen, nämlich zu Anti-Pfaffen, zu notorischen Gegnern derselben Heilslehre geworden, als die sie den Marxismus seinerzeit mißverstanden haben.

Von einer dogmatisch überzogenen These sind sie bloß in die platte und reaktionäre Antithese verfallen: erst die unkritisch-gläubige Bejahung der für absolut gehaltenen Wahrheiten des Marxismus – dann deren ebenso unkritische Rundumverwerfung, mit dem Ergebnis, daß viele ehemals linke Intellektuelle, Schriftsteller und Professoren nun wieder beim kruden Antikommunismus ihrer (einst so verachteten) Väter angekommen sind. Man fragt sich, wozu sie vor fünfzehn Jahren überhaupt ausgezogen und aufgebrochen sind, wenn sie zuletzt doch wieder »heim ins Reich« der väterlichen Vorurteile kehren.
Das amerikanische »Reeducation«-Programm, dem die Kriegsväter nach 1945 unterzogen worden sind, hat offenbar eine Langzeitwirkung gehabt; die Zwangsvorstellung, daß man nur ein »guter Demokrat« sein könne, wenn man auch ein strammer Antikommunist ist, hat sich sogar ihren aufmüpfigen, ehemals linken Töchtern und Söhnen vererbt.
Natürlich muß man den klassischen Marxismus heute mit kritischen Augen betrachten. Gerade die marxistische Methodik verlangt ja, daß man diese auch auf das eigene Denken anwendet. Aus heutiger Sicht haben manche marxistische Theorien und Prognosen nur mehr historischen Charakter. Angesichts der Tatsache, daß die progressiven Kräfte heute vor allem aus den Mittelschichten kommen, wie an der sozialen Zusammensetzung der ökologischen und der Friedensbewegung ablesbar ist, ist der missionarische Begriff vom Proletariat als »revolutionäres Subjekt« gewiß überholt; obgleich ohne die traditionelle Arbeiter- und Gewerkschaftsbewegung keine wirklich einschneidenden gesellschaftlichen Veränderungen zu erwarten sind. Auch die Marxsche Verelendungstheorie kann heute nur noch in abgewandelter Form aufrechterhalten werden, sofern man sie auf den Weltmarkt als Ganzes und die tatsächlich verelendeten Völker der Dritten Welt bezieht. Angesichts der destruktiven Auswirkungen heutiger Technologien kann auch der Marxsche Fortschrittsoptimismus, das Vertrauen darauf, daß die Entwicklung der Produktivkräfte gleichsam von selbst die

bestehenden Produktions- und Eigentumsverhältnisse sprengt, von uns Heutigen kaum mehr geteilt werden. Mit Fragezeichen zu versehen ist gleichfalls die Marxsche Staatstheorie, in dem das demokratische Element ausgesprochen unterbelichtet ist. Das Konzept der Einheitspartei und der »Diktatur des Proletariats« ist durch die Geschichte des Stalinismus und der Volksrepubliken in der asiatischen Zone, in der jegliche demokratische Traditionen und Freiheitsrechte fehlen, hinreichend kompromittiert worden und hat für den westeuropäischen Weg zum Sozialismus jede Vorbildfunktion verloren.

Dennoch ist die Marxsche Kritik der Politischen Ökonomie des Kapitals bis heute von ungebrochener Aktualität; kein alternatives oder sozialistisches Wirtschafts- und Gesellschaftsmodell wird ohne sie auskommen können. Desgleichen erweist sich der marxistische Ansatz für die Kritik des »asiatischen Kommunismus« als unverzichtbar. Nur im Rückgriff auf die späten Rußlandanalysen von Marx und Engels (die bis heute weder in der russisch-sowjetischen Marx-Engels-Ausgabe noch im MEW-Gesamtwerk der DDR zu finden sind) und im Rückgriff auf die Marxsche Theorie der »halb-asiatischen Produktionsweise« mit ihren sich über die Jahrhunderte erhaltenden despotisch-bürokratischen Herrschaftsformen lassen sich die immanenten Strukturmerkmale und Stagnationsprobleme der Gesellschaften in der asiatischen Zone und das ihnen aufgeklebte Etikett »Real existierender Sozialismus« erklären. (Vgl. hierzu Rudi Dutschkes *Versuch, Lenin auf die Füße zu stellen*[10] und Rudolf Bahros *Die Alternative*[11].)

Doch anstatt die intellektuelle Anstrengung zu unternehmen, die theoretische Spreu vom Weizen zu trennen und zu untersuchen, was am klassischen Marxismus historisch und überholt und was an ihm noch immer gültig und aktuell ist, haben die meisten Intellektuellen (meiner Generation) »den« Marxismus pauschal über Bord geworfen. Statt ihn als Steinbruch zu benutzen, die besten und brauchbarsten Theorie-Elemente aufzunehmen und weiterzuentwickeln und gerade aus der Kritik der

»Real existierenden Sozialismen« zu lernen, welche Fehler und Irrtümer die sozialistische Bewegung des Westens nicht wiederholen darf, haben sie, in guter deutscher Tradition, das Kind mit dem Bade ausgeschüttet und »tabula rasa« gemacht.
Nun, da sie ihr eigenes kritisches und analytisches Instrumentarium erfolgreich demontiert, ihr besseres Wissen mitsamt ihren Utopien (unter dem Beifall der maßgeblichen Feuilletons) begraben haben, stehen sie mit leeren Händen da und haben auch der neuen Protestgeneration, den »Grünen«, den »Alternativen«, den Antiatomgegnern, den Hausbesetzern und der Friedensbewegung kaum etwas zu sagen. Eine produktive Vermischung zwischen dem Ideengut der alten sozialistischen und der neuen ökologischen und pazifistischen Protestbewegung hat hierzulande kaum – oder nur in sehr geringem Maße – stattgefunden. Die z. T. erschreckende Dogmatisierung der marxistischen Theorie durch die selbsternannten studentischen Kader der frühen siebziger Jahre sowie die im Zuge der »Tendenzwende« eröffnete ideologische Gegenoffensive haben vielmehr dazu geführt, daß sich die nächste Protestgeneration vom Marxismus mehr oder weniger abgewendet hat. Dabei hätte und hat sie ihn bitter nötig, wenn sie nicht auf bewährte sozialdemokratische Weise wiedervereinnahmt werden soll.
Bei näherem Hinsehen nämlich stehen fast alle aktuellen Krisen und Bedrohungen, unter denen die Allgemeinheit leidet, in einem erkennbaren politökonomischen Ursachenzusammenhang, den zu analysieren und mit politischen Mitteln anzugehen ohne Rekurs auf das Instrumentarium des wissenschaftlichen Sozialismus kaum möglich sein wird. Wer von denen, die noch nicht alles vergessen oder verleugnet haben, was sie einmal gelernt haben, wird im Ernst bestreiten wollen: daß die aktuelle Wohnungsmisere, der die jugendlichen Hausbesetzer auf ihre Weise abzuhelfen suchen, ein Auswuchs kapitalistischer Grundstücks- und Wohnungsspekulation ist, die schon unter dem Deckmantel sozialliberaler Wohnbaupolitik frisch-fröhlich gedieh? Daß der horrende Lehrstellenmangel und die zu-

nehmende Jugendarbeitslosigkeit letztlich aus einem ökonomischen System resultieren, das die Bildung und Ausbildung der »Ware Arbeitskraft« zu den »faux frais«, den toten Kosten des Kapitals zählt? Daß die zunehmende Vergiftung und Vernichtung von Natur und urbaner Umwelt der zügellosen Dynamik eines Industrialisierungsprozesses auf der Basis der Profitmaximierung entspringt? Daß die über 2 Millionen Arbeitslosen, die wir heute haben (Ende 1984 werden es 3 Millionen sein), das Ergebnis einer klassischen Überproduktionskrise, bei verschärfter Konkurrenz der nationalen Kapitalien auf dem Weltmarkt sind? Daß die menschheitsgefährdende Nutzung der Atomenergie einzig und allein den Interessen der großen Industrie und der multinationalen Konzerne dient, die ihre Zuwachsraten auch um den Preis der möglichen radioaktiven Verseuchung ganzer Landstriche sichern wollen? Daß die gigantische Aufrüstung der NATO-Länder (und reaktiv auch die des Warschauer Paktes) von den amerikanischen und westeuropäischen Rüstungskonzernen und ihren Lobbys in Parteien, Parlamenten und Medien diktiert wird? Und daß die besitzenden Klassen und ihre politischen Führungseliten in den westlichen Industrienationen den gesellschaftlichen Reichtum und Überschuß (einschließlich derer, die ihn schufen) eher in die Luft zu schießen bereit sind, als ihn *umzuverteilen*?

Da die kritische Intellektuellengeneration (von 1968 und danach) – erst aufgrund der rigiden Dogmatisierung der marxistischen Theorie, sodann durch deren pauschale Verwerfung – als Vermittler politischer Erfahrungen und theoretischer Kenntnisse weitgehend ausgefallen ist (die Ausnahmen jener Linken und Sozialisten, die heute bei den »Grünen« arbeiten, bestätigen nur die Regel), wird die junge Protestgeneration die Marxsche Kapitalismuskritik wieder neu entdecken und sich auf eigene Faust aneignen müssen, wenn sie nicht nur an Symptomen herumkurieren, in »grüner« und »alternativer« Handwerkelei steckenbleiben oder jener neuen Friedensinnerlichkeit erliegen will, die ohne materialistisches Rüstzeug vor den politökono-

mischen Verhältnissen zu kapitulieren droht, die Krise, Aufrüstung und Krieg immer wieder aufs neue erzeugen.
Im übrigen gilt auch für jene wendigen Ex-Aufklärer meiner Generation der gute, alte Marxsche Satz: »Das Sein bestimmt das Bewußtsein.« Sind doch viele von ihnen inzwischen längst etablierte Professoren (oder mindestens Assistenz-Professoren), Redakteure, Schriftsteller, gut bestallte Lehrer, Architekten, Rechtsanwälte, Ärzte etc., mit 4000–6000 Mark Monatsgehalt, abgeschlossener Lebensversicherung, Mittelklasse-Wagen, einer Eigentumswohnung in der Stadt und einer Zweitwohnung auf dem Lande. Nachdem sie im Eiltempo ihre Karrieren nachgeholt und ihre »wilden Apo-Jahre« unter dem beifällig-nachsichtigen Lächeln ihrer Väter unter der Rubrik »Jugendsünden« abgebucht haben, leben sie längst auf der Schokoladenseite des Kapitalismus. Darum finden sie ihn »eigentlich gar nicht mehr so schlimm«. Ein bißchen umweltfreundlicher vielleicht, ein bißchen weniger Rüstung und ein bißcher liberaler als unter dem CSU-Innenminister Zimmermann; dann hätten sie gegen den Kapitalismus eigentlich gar nichts mehr einzuwenden. Zwar verkörpert er nicht die beste aller Welten – zumal wenn man an das Elend der Dritten Welt denkt, auf dem der westliche Wohlstand gedeiht –, aber immerhin: Es läßt sich ganz gut im Kapitalismus leben, besser jedenfalls als im »Realen Sozialismus«: So denken inzwischen viele der ehemals engagierten Sozialisten und Internationalisten; manchmal sprechen sie es auch öffentlich aus.
Dennoch sind sie um nichts mehr besorgt als um ihren »progressiven« Ruf. Dieser ist nämlich längst Teil ihres geistigen Besitzstandes und im Kulturbetrieb allemal ein unverzichtbares Reklamemittel. Selbstverständlich votieren sie für Frieden und Abrüstung, und auf keiner Unterschriftenliste der Friedensbewegung fehlt ihr Name. Obwohl sie kaum eine öffentliche Gelegenheit auslassen, für den Frieden ein- und vor allem aufzutreten, hat ihr Engagement doch eine entschiedene Grenze: und zwar dort, wo sie, die einstigen militanten Regelverletzer, die

Spielregeln des bürgerlichen Anstandes verletzt sehen. Als der Vorsitzende des Deutschen Schriftstellerverbandes, Bernd Engelmann, den diesjährigen Friedenspreisträger des Deutschen Buchhandels, Manès Sperber, der sich in seiner Preisrede für eine vermehrte Atomrüstung gegen die sowjetische Bedrohung aussprach, zur Rückgabe des Friedenspreises aufforderte, ging ein Aufheulen nicht nur durch die deutsche Presse, sondern auch durch viele pazifistische Intellektuellenzirkel des Landes. Und die »progressiven« Literaten der Berliner Szene schrien im Chorus mit Springers *Welt*, *FAZ*, dem *Bayernkurier* und der *ZEIT*: »Halt! Das ist Zensur! Eine unerträgliche Bevormundung! Engelmann will unsere Meinungsfreiheit beschneiden!« Und im Handumdrehen wurde dem VS-Vorsitzenden von dem ehemals linken Schriftsteller Hans Christoph Buch, dem größten Wichtigtuer der Berliner Literatenszene, eine stalinistische Zensoren-Mentalität angehängt. (Prompt wurde Buch, der sich 1968 noch an der Anti-Springer-Kampagne beteiligt hatte, von Günter Zehm in Springers *Welt* als geeigneter Kandidat für den VS-Vorsitz empfohlen.) Dabei hatte Engelmann lediglich vom Recht seiner Meinungsfreiheit Gebrauch gemacht, indem er, im Namen der Mehrheit der VS-Mitglieder, dem Skandal der Verleihung des Friedenspreises an einen entschiedenen Befürworter der atomaren Aufrüstung öffentlich widersprach.
Mehr als über diesen *wirklichen* Skandal ereiferten sich unsere »progressiven« Intellektuellen jedoch über das angeblich skandalöse Verhalten des VS-Vorsitzenden. Und ich erinnere mich gut: Nicht wenige von ihnen haben vor fünfzehn Jahren ihrem berechtigten Zorn darüber gar nicht heftig genug Ausdruck verleihen können, daß die bundesrepublikanische Öffentlichkeit an ein paar während einer Vietnam-Demonstration zu Bruch gegangenen Fensterscheiben mehr Anstoß nahm als an der Tatsache, daß ihre »westliche Schutzmacht« in Vietnam einen verbrecherischen Krieg führte. Aus den »Radikalen« von einst, die durch bewußte Regelverletzung die »repressive Tole-

ranz« (Marcuse) des Systems aufdecken wollten, sind, wie man sieht, »progressive« Biedermänner geworden, die nun sogar einem prominenten Aufrüstungsbefürworter mehr Toleranz als einem engagierten Friedenskämpfer entgegenbringen. Mehr Angst als vor den Atomraketen scheinen sie davor zu haben, daß irgendwer ihre höchst geliebte Meinungsfreiheit beschneiden könnte, und wichtiger als das entschiedene Eintreten für Frieden und Abrüstung ist ihnen allemal die Verteidigung ihrer persönlichen Vorrechte und Freiheiten, auch wenn diese gewiß nicht durch einen VS-Vorsitzenden gefährdet werden, gegen den schon Monate vorher eine wahre Hetzkampagne entfesselt wurde, bloß weil er die Verständigungs- und Entspannungspolitik mit der DDR (und dem Schriftstellerverband der DDR) zu einer Zeit fortzusetzen suchte, da viele unserer wendigen Intellektuellen und Schriftsteller längst wieder auf strammem antikommunistischem Kurs lagen. Wo jedoch ihre Wende-Freiheit eingeengt zu werden droht, da kennen sie kein Pardon, da ruhen und rasten sie nicht, bis ein Mann, der wegen seiner antifaschistischen Haltung immerhin im KZ saß, von seinem Posten zurücktritt.

Auch dies ist ein Aspekt der »Wende« im intellektuellen Klima dieses Landes: daß das Engagement für die »dritte Sache« (B. Brecht) sofort suspendiert und die Fronten unverzüglich gewechselt werden, wo auch nur der Verdacht aufkommt, daß es ans Eingemachte geht.

2. Der neue Konservatismus oder wie man rechts und links vertauscht

Ich möchte im folgenden zwei Formen bzw. Strategien der geistig-politischen Wende skizzieren, die viele ehemals linke und linksliberale Intellektuelle inzwischen vollzogen haben, ohne deswegen den Nimbus des »Progressiven« eingebüßt zu haben. Da sie weder vor sich selbst noch vor der Öffentlichkeit als Anpasser oder Opportunisten dastehen wollen, kommen sie freilich nicht umhin, ihren »Bewußtseinswandel« entsprechend zu begründen. So theoriemüde sie sind, ganz ohne theoretische Hilfskonstruktionen pflegen auch sie nicht auszukommen, wenn sie »ihr Gesicht wahren« wollen.

Neben dem »Neuen Irrationalismus« bzw. der »Neuen (französischen) Philosophie«, in deren Namen schon Mitte der siebziger Jahre ein wahrer Kreuzzug gegen die dialektische Vernunft entfesselt worden ist, gibt es noch eine andere politische und philosophische Plattform, die sich dem stets innovationsbedürftigen Bewußtsein unserer intellektuellen Trendliner als geradezu ideale Drehscheibe anbietet: der neue Konservatismus. Nicht zufällig hat gerade das *Zeit*-Feuilleton die hierzulande geführte Konservatismus-Debatte begierig aufgegriffen; bot sie doch manchen Intellektuellen und Feuilletonisten die günstige Gelegenheit, ihr Bewußtsein zu »wenden«, ohne deswegen ihr linksliberales Image einbüßen zu müssen.

Wie man das macht, führt uns Ulrich Greiner in seinem Artikel mit dem vielsagenden Titel vor: »Links, wo der Daumen rechts ist.«[12] Er setzt sich darin mit »einigen linken Mißverständnissen des ›Spiegel‹« und des ›Spiegel‹-Redakteurs Christian Schultz-Gerstein auseinander. Nachdem er in fünf Sätzen Herbert Marcuse und den Marxismus zum alten Eisen befördert und all jenen »Ignoranz« und »Phantasielosigkeit« bescheinigt hat, die noch einem »nostalgischen Linksbegriff« anhängen (ein Vorwurf, mit dem er meines Erachtens Schulz-Gerstein zu viel Ehre erweist), betreibt er mit Hilfe des Konservatismus-Begriffs ein ideologisches Vexierspiel, das in seiner Unverschämtheit schon wieder verblüffend ist: »Richtig ist, daß sich unter den deutschen Intellektuellen und Schriftstellern seit geraumer Zeit etwas geändert hat. Man ist nicht mehr so links, wie man es einmal war ... Die Veränderung der Begriffe erkennt man schon daran, daß die Grünen dem Wortsinn nach konservativ sind, während die früher sogenannte konservative herrschende Regierung jenem Fortschrittsglauben verhaftet ist, der sein Heil im Wachstum, also in einem inhaltsleeren permanenten Wandel erblickt ... Die Rechten geben sich dynamisch und progressiv.

Sie nehmen den Veränderungsbonus in Anspruch. Und die Linken, die früher progressiv waren und permanente Veränderung wollten, verhalten sich beharrend und konservativ ... Und wenn die Rechten auf Fortschritt und Rationalität pochen, dann muß man sich diesem Begriff von Fortschritt und Rationalität widersetzen, und dann kann es vorkommen, daß man auf Gedankengänge und Argumentationen stößt, die man selber einstmals für irrational und konservativ gehalten hätte. Ob dies dann noch links ist oder Verrat an alten Dogmen, das interessiert wirklich nur die Gesinnungsprüfer der Nation.«

Eine hübsche Volte hat unser ideologischer Zaubermeister da geschlagen: Schwuppdiwupp! Und schon ist aus links rechts und aus rechts links geworden. Die wahren Progressiven sind also heute die Konservativen! So einfach ist das. Verbeugung! Beifall! Vorhang! Wem fiele da noch auf, daß unser feuilletonistischer Trickkünstler mit gezinkten Karten bzw. Begriffen arbeitet! Sein Trick besteht nämlich in der pauschalisierenden und demagogischen Verwendung der Begriffe »progressiv« und »konservativ«; allein dadurch erscheint das alte Links-Rechts-Schema auf den Kopf gestellt und Herr Greiner als Gipfel des »Progressiven«.

Zunächst eine kleine Berichtigung und Erinnerung für gedächtnisschwache Feuilletonisten: Ein großer Teil dessen, wofür sich seinerzeit die Neue Linke eingesetzt hatte, hatte durchaus bewahrenden, also konservativen Charakter. So suchte sie z. B. das Grundgesetz in seiner ursprünglichen Form vor der Demontage durch die Notstandsgesetze zu bewahren. Desgleichen suchte sie das Humboldtsche Bildungsideal gegen die technokratische Hochschulreform und das Prinzip des Selbstbestimmungsrechts der Völker gegen den amerikanischen Napalmkrieg in Vietnam und gegen die militärische Niederschlagung des »Prager Frühlings« durch Sowjetpanzer zu verteidigen. Auch setzte sie sich schon damals für die Erhaltung der alten Baukulturen ein, die skrupellose Stadtsanierer, profitgierige Grundstücksspekulanten und Baulöwen mit dem Abriß bedrohten. Das bewahrende Prinzip gehörte ebensosehr zum politischen Inventar der Neuen Linken wie das subversive Prinzip, die soziale Veränderungsdialektik. Umgekehrt sind jene Kräfte, die sich heute »dynamisch« und »progressiv« geben, d. h. Wirtschaftswachstum und technologischen Fortschritt auf ihre Fahnen geschrieben haben, konservativ in dem Sinne, daß sie die Profitwirtschaft und die privatkapitalistischen Eigentumsverhältnisse zu »bewahren« suchen, der sie ihre Privilegien, ihren Reichtum und ihre politökonomischen Schlüsselpositionen verdanken.

Gleichwohl ist nicht zu leugnen, daß der Konservatismus-Begriff in den letzten fünfzehn Jahren einen gewissen Bedeutungswandel erfahren hat. Durch das Hervortreten der Umwelt- und der Atomproblematik haben sich die Gewichtungen innerhalb des alten Links-Rechts-Schemas verschoben, ohne daß dieses deshalb außer Kraft gesetzt wäre. Allein diesem Umstand verdankt Greiners Vertauschungsmanöver den Anschein des Plausiblen. Die Neue Linke teilte noch – darin lag allerdings ein nostalgisches Element – die zum Teil überholte Leninsche Klassenanalyse und ihren idolatrischen Proletariats-Begriff, desgleichen die Marxsche Vergötzung der Produktivkraftentwicklung. So glaubte die Achtundsechziger-Generation allen Ernstes noch an die menschheitsbeglückende Kraft der Atomenergie. Nun, die »Grünen« haben sie unterdes eines Besseren belehrt. Aber auch diese sind ja keineswegs nur konservativ in dem von Greiner gemeinten Sinne der Bewahrung von Natur, urbaner Umwelt und knapp gewordenen Ressourcen. Eine solche Klassifikation würden sich die grünen Fundamentalisten jedenfalls verbitten; wissen sie doch längst – oder werden es noch früh genug erfahren –, daß ohne *Systemveränderungen* (wie die Neue Linke sich seinerzeit ausdrückte) kein einziges der von ihnen beschworenen Übel abgestellt werden kann.

Hätte sich Greiner wenigstens Erhard Epplers klärende Unterscheidung zwischen »Wert- und Strukturkonservativen« zu eigen gemacht, dann wäre ihm der feuilletonistische Hokuspokus mit den Wörtern »progressiv« und »konservativ« nicht so leicht von der Hand gegangen. Eppler: »Wer auch nur den Wert unvergifteter Nahrung bewahren will, muß sich mit der Machtstruktur des Bündnisses zwischen Bauernverband und chemischer Industrie anlegen. Wer den Wert menschlicher Freiheit bewahren will, darf die Entscheidung über technische Innovation nicht ökonomischen Mechanismen überlassen. Wer den Wert des Friedens erhalten will, muß gegen die Strukturen des militärisch-industriellen Komplexes angehen ... Naiver Fortschrittsglaube wird zur strukturkonservativen Waffe, der Wille zum Bewahren nimmt revolutionäre Formen an.«[13]

Dies ist die Dialektik an der Sache, die den Bedeutungswandel des Begriffs »konservativ« in historisch angemessener Form ausdrückt. Eine Politik des bloßen Bewahrens wird überhaupt nichts ausrichten, geschweige denn bewahren, wenn sie nicht die gegebenen Systemstrukturen *progressiv* zu verändern sucht. Vor dieser gedanklichen und politischen Konsequenz indessen drücken sich unsere »progressiven« Intellektuellen vom Schlage Greiners notorisch herum. Dem technokratischen Fortschrittsbegriff unserer industriellen Zivilisation parieren sie mit einem pauschalen Fortschrittspessimismus und einem statischen Konservatismus-Begriff, der nicht nur die destruktiven Aspekte des technischen Fortschritts, sondern auch das Fortschreiten in Richtung auf radikale Strukturveränderungen verhindern soll. Der mörderischen »Rationalität« des industriellen Wachstums und des Rüstungswettlaufs wissen sie nichts anderes als einen ebenso ohnmächtigen wie politisch gefährlichen Irrationalismus entgegenzusetzen, *anstatt auf der höheren Rationalität einer gesamtgesellschaftlich planenden Vernunft zu bestehen*, die allein die entfesselten Destruktionskräfte wieder in den Griff bekommen könnte. Doch solche Gedanken wagen unsere wendigen Intellektuellen kaum noch zu denken, geschweige denn auszusprechen, aus Angst, von ihren Brötchengebern zurückgepfiffen zu werden und ihrer Pfründe, z. B. ihrer ganzseitigen *Zeit*-Artikel, verlustig zu gehen.

Es sind daher auch nicht die »linken Gewißheiten«, die an sich »zerbröckelt« sind, wie Greiner behauptet, als sei das ein Naturgesetz, wobei er sich auf einen so fragwürdigen Gewährsmann wie H. M. Enzensberger und einige andere »linke Schriftsteller« beruft, die »in ihren letzten Büchern vom Zweifel an alten Überzeugungen befallen sind und grüblerisch ihre Ratlosigkeit dokumentieren«[14]; solche, oft bloß gut gespielte »Ratlosigkeit« entspringt vielmehr der instinktiven »Gewißheit« jener wendigen Leute, die genau wissen, daß man mit linken Auffassungen heute keine Karriere mehr machen kann; schon gar nicht in einem Kulturbetrieb, in dem der Theorie-Ekel, der Aufklärungs-Verdruß und die Denunziation der dialektischen Vernunft ebenso zum vorherrschenden Gestus geworden sind wie die reziproke Begeisterung für den Neuen Irrationalismus und die Verherrlichung des Wahns. (Vgl. hierzu meine Kritik von Werner Herzogs Film »Fitzcarraldo«, in diesem Band S. 289.) Konservativ in einem wirklich progressiven Sinne zu sein, heißt heute auch: die Bestände der kritischen Gesellschaftstheorie vor der Verramschung durch einen Feuilletonismus zu bewahren, der sich um so »progressiver« gebärdet, je morbider und korrupter er wird.

3. »Ende der Konsequenz« oder konsequente Wende? Über Hans Magnus Enzensberger

Eine andere, ungleich elegantere Wende-Technik führt uns der ehemalige Trendliner der »Neuen Linken« Hans Magnus Enzensberger in seiner jüngsten Essay-Sammlung *Politische Brosamen*[15] vor. Enzensbergers Aufsätze, die fast alle im *Kursbuch* oder in *Transatlantic* erschienen sind, scheinen mir exemplarisch für das Politikverständnis eines Großteils heutiger »progressiver« Intellektueller zu sein. Mit der gleichen Gewitztheit, mit der Enzensberger vor fünfzehn Jahren die deutschen Intellektuellen von der Notwendigkeit des politischen (oder gar revolutionären) Engagements zu überzeugen suchte, sucht er sie nun vom schieren Gegenteil zu überzeugen. *Politische Bro-*

samen stellt denn auch eine komplette Fibel für jene zahlreichen Ex-Linken und Linksintellektuellen a. D. dar, die für ihre politischen Enttäuschungen, ihre Rückzüge und ihr eigenes Versagen die passenden Rationalisierungen, die probate Weltanschauung benötigen. Hans Magnus liefert sie ihnen frei ins Haus. Das deutsche Feuilleton hat es dankbar vermerkt und dem heimgekehrten verlorenen Sohn seine »politische Reife« bescheinigt.

Es ist sicher kein Zufall, daß sich Enzensberger in diesen Aufsätzen immer wieder mit dem Thema des »Verrats«, des Opportunismus und des Renegatentums auseinandersetzt. Diesbezügliche Vorwürfe hat der ehemalige *Kursbuch*-Herausgeber in letzter Zeit des öfteren zu hören bekommen, in der schärfsten Form wohl von Hermann L. Gremliza in *Literatur konkret*. Allerdings ist diesem raffiniertesten Modisten der westdeutschen Kulturszene mit solchen Kategorien, die dem klassischen Fundus der Parteiensprache und der Reglementierung von Abweichlern entstammen, kaum beizukommen. Enzensberger hat in der Tat eine elegante Rückzugstechnik entwickelt: Denjenigen, die ihm »Verrat«, »Opportunismus« und »Inkonsequenz« vorwerfen, sucht er unter der Hand nachzuweisen, daß sie ihm eigentlich laufend Komplimente machen.

In seinem programmatischen Aufsatz »Das Ende der Konsequenz« beschreibt er eine Erfahrung, die heute jeder machen kann, und die auch ich schon des öfteren gemacht habe: daß der Ruf nach Konsequenz, Radikalität und Kompromißlosigkeit mit Vorliebe von solchen Leuten kommt, die ihr Wohlleben, ihre Privilegien und ihre Karriere genau den gegenteiligen Tugenden verdanken. Manche Umstürzler von 1968 haben den Menschheitstraum vom Kommunismus in dem Augenblick aufgegeben, als sie eine Planstelle und die Pensionsberechtigung in der Tasche hatten. Um so mehr bewunderten sie die »Konsequenz« der Baader-Meinhof-Gruppe, die ihren Privatkrieg gegen den Staat führte, von dem sie nun ihre Brötchen bezogen. Und erst kürzlich habe ich einen »linken« Literaturwissenschaftler, der seine Karriere im Kulturbetrieb einer ununterbrochenen Folge von Kompromissen und modischen Wendemanövern verdankt, coram publico in den Ruf ausbrechen hören: »Was ich von einer fortschrittlichen Literatur verlange, ist Radikalität, Konsequenz bis zum äußersten.«

Aus solchen unbestreitbaren Erfahrungen leitet Enzensberger nun im Sinne des pars pro toto »folgende Faustregeln« ab, die im Handumdrehen zum Knüppel gegen alle anderen werden, die nicht um eines persönlichen Vorteils, sondern um der *Sache* willen, eine konsequente, radikale und kompromißlose Haltung beziehen: »Je mürber die eigene Identität, desto dringender das Verlangen nach Eindeutigkeit. Je serviler die Abhängigkeit von der Mode, desto lauter der Ruf nach grundsätzlichen Überzeugungen. Je frenetischer die Spesenjägerei, desto heroischer das Ringen um Integrität. Je größer die Bestechlichkeit, desto ärger die Angst davor, ›integriert‹ zu werden ... Je weicher der Brei, desto fester die Prinzipien und je hilfloser das Gezappel, desto inständiger die Liebe zur Konsequenz.« (S. 11)

Solche Sätze werden in dem Augenblick falsch und perfide, wo sie selbst zum »Prinzip«, zur neuen »Maxime« erhoben werden. Dann denunzieren sie nämlich nicht nur all jene Antifaschisten, die für ihre politische Konsequenz, für ihre integre Haltung mit KZ, Folter und Tod bezahlt haben, sondern ebenso jene jüngeren Zeitgenossen (die Enzensberger früher vielleicht »Genossen« nannte), die für ihr politisches Engagement ihre beruflichen Karrieren aufs Spiel gesetzt und für ihre »Konsequenz« mit Berufsverboten, drakonischen Gerichtsurteilen und anderen politischen Sanktionen »bestraft« wurden. Auch solche Leute hat es nämlich gegeben, auch wenn sie vielleicht nicht in Enzensbergers Kreisen verkehren – und gibt es immer noch und immer wieder. Ich denke z. B. an jene konsequenten Gegner der Startbahn-West oder an jene radikalen Friedenskämpfer, die aus »grundsätzlichen Überzeugungen« die Zufahrtswege zu amerikanischen Raketendepots blockieren und dafür nun die volle Wucht des Zimmermannschen Demonstrations- und Strafrechtes zu spüren bekommen. Enzensbergers narzißtisches Weltbild jedoch ist rundum nur mit seinesgleichen bevölkert: »Es gibt in unserem Land Hunderttausende, wenn nicht Millionen seinesgleichen (gemeint ist ein opportunistischer ›Kommunikationswissenschaftler‹, der eine Predigt gegen den Opportunismus hält, Anm. d. Verf.) ... Der moralische Schizo ist die Norm.« (S. 12) Natürlich läßt sich der eigene Opportunismus besser ertragen, wenn man ihn zur »Norm« erklärt.

Offenbar hat Enzensberger die selbsternannten bolschewistischen Kader, die sich in der Spätphase der Studentenbewegung allerdings zu unerträglichen »Sheriffs der Moral, zu Gurus der Konsequenz« aufgeblasen haben, noch immer nicht verdaut; sonst wäre er nicht in der platten Antithese zu diesen »Liebhabern der Konsequenz« steckengeblieben. Doch Enzensberger war noch nie ein Dialektiker; sein Denken ist und bleibt antithetisch. Und so ersetzt er den alten Katechismus der politischen Konsequenz einfach durch sein schlechtes Negativ: Konsequenz = »Fanatismus«, eine speziell »deutsche Obsession«, Prinzipientreue = »Prinzipienreiterei«, Ausdauer = politische »Bigotterie« usw., eine demagogische Sprachregelung, die einem neuen Index für politische Todsünden gleichkommt.

Die zur »Maxime« erhobene Formel für diese neue fröhliche Lehre von der Inkonsequenz lautet: »Die gute Sache, jede gute Sache wird falsch, sobald wir sie zu Ende denken.« (S. 19) Und Enzensberger weiß für diesen neuen »kategorischen Imperativ« sogleich die entsprechenden geschichtlichen Beispiele anzuführen: »Der konsequente politische Kampf mit allen Mitteln führt zum Terrorismus, ebenso wie die konsequente Verteidigung der Staatssicherheit ... Der Aufbau des Kommunismus führt, wenn man ihn ohne Wenn und Aber betreibt, in das mit Recht so genannte ›sozialistische Lager‹.« (S. 19) Diese bündige Beweisführung hat allerdings einen Haken: Ihr liegt nämlich ein völlig inhaltsleerer, d. h. *formaler* Begriff von Konsequenz zu-

grunde. Anders gesagt: Enzensberger verwechselt beständig die Konsequenz in den Mitteln mit der Konsequenz dem Ziel gegenüber und umgekehrt. Der »konsequente politische Kampf« wird dort, wo er mit terroristischen Mitteln geführt wird, *inkonsequent* in bezug auf das *Ziel*. Das Ziel des Klassenkampfes besteht nicht darin, einzelne Charaktermasken des Kapitals zu liquidieren, sondern das *System* der kapitalistischen Ausbeutung abzuschaffen. Und der Aufbau des Kommunismus verrät in dem Augenblick sein Ziel, da er dieses mit den Mitteln des ›sozialistischen Lagers‹ durchzusetzen sucht. Es war daher auch nicht die »konsequente Anwendung« der Maximen der Französischen Revolution (Gleichheit, Freiheit, Brüderlichkeit), die zu den Massakern der Roten Khmer geführt haben, wie uns Enzensberger weismachen will, sondern diese Massaker beweisen – entgegen der politischen Rhetorik derer, die sie auf dem Gewissen haben – den Verrat an den Maximen und Zielen der kambodschanischen Revolution selbst.
Es ist immer die auf die Spitze getriebene Konsequenz in den Mitteln bei gleichzeitiger Inkonsequenz, gleichzeitigem Verrat dem ursprünglich anvisierten Ziel gegenüber, was zu jenen geschichtlichen Exzessen geführt hat, auf die Enzensberger sich so gerne beruft. Doch die falsche, im Extrem mörderische Konsequenz in den Mitteln bedeutet nicht, daß auch das Ziel an sich falsch sei. Der »Menschheitstraum vom Kommunismus« wird nicht darum »falsch«, weil Stalin oder Pol Pot ihn mit terroristischen Mitteln zu »verwirklichen« suchten; so wenig wie die christliche Nächstenliebe dadurch zur Untugend schlechthin wird, daß in ihrem Namen ganze Völkerschaften kolonisiert und ausgerottet worden sind. Eine an sich gute Sache wird nicht dadurch falsch, daß wir sie zu Ende denken (oder führen), wie Enzensberger apodiktisch behauptet, sondern dadurch, daß wir sie mit den falschen Mitteln zu Ende führen oder aber als Etikett, als Aushängeschild für ganz andere Ziele mißbrauchen. So haben die europäischen Kolonisatoren die christliche Nächstenliebe als bloßes Aushängeschild benutzt, um ihr ei-

gentliches Ziel, die imperiale Eroberung der Neuen Welt, desto besser verwirklichen zu können. Und so hat Stalin die »Restauration halbasiatischer Knechtschaftsverhältnisse hinter dem staatssozialistischen Schleier« (Rudi Dutschke) mit dem schönen Etikett »Aufbau des Sozialismus in einem Lande« getarnt. – Daß der gebildete Enzensberger diesen Etikettenschwindel für bare Münze nimmt, scheint mir allerdings kein Zufall. Diese (bewußte) Verwechslung gestattet es ihm nämlich, seine berechtigte Skepsis gegenüber den politischen Mitteln auf das Ziel selbst, auf das Projekt Sozialismus, auszudehnen, mit dem Ziel, dieses für alle Zeiten zu diskreditieren. Davon zeugt seine pauschale und unterschiedslose Denunziation aller zeitgenössischer Formen von »Sozialismus«, den er »ohne Wenn und Aber« als das »höchste Stadium der Unterentwicklung« (S. 53f.) bezeichnet. Enzensbergers scheinbare Weisheitslehre von der Inkonsequenz entpuppt sich, bei Lichte besehen, als neue, »konsequente« Form des Antikommunismus, als Antikommunismus für den verfeinerten, intellektuellen Hausgebrauch.

So einäugig und platt seine These ist, daß politische Konsequenz immer zum Schlechten, d. h. zum Terrorismus, zur Diktatur oder zum sozialistischen Arbeitslager führe, so einäugig und platt ist der Umkehrschluß: daß allein die politische Inkonsequenz zum Guten führe und die Völker ihr Überleben in diesem Jahrhundert »dem Wankelmut, der Unentschlossenheit, dem Kompromißlertum zu verdanken haben«. (S. 18) Es gibt genügend Beispiele aus der jüngsten Geschichte der sozialen Revolutionen, wo gerade die Inkonsequenz in den politischen Mitteln zur Katastrophe geführt hat. Hätte Salvador Allende weniger Kompromisse gegenüber den erklärten Feinden der chilenischen Revolution, den hohen Militärs und Generälen, gemacht, dann hätten diese nicht im Verein mit dem CIA putschen und die Revolution in einem Blutbad ersticken können. Allendes Inkonsequenz als Machtpolitiker war freilich der Preis für seine konsequente legitimistische Politik, für sein treues

Festhalten an den einmal akzeptierten parlamentarischen Spielregeln. Und so ist ihm seine Konsequenz als Demokrat und Parlamentarier ebenso zum Verhängnis geworden wie seine Inkonsequenz, seine Laissez-faire-Politik gegenüber den rechten Militärs. Wie man an diesem Beispiel sieht, läßt sich Erfolg oder Mißerfolg, Überleben oder Scheitern in der Geschichte eben nicht nach diesem einfachen Strickmuster: Konsequenz oder Inkonsequenz, bestimmen.

Gegenüber den »Liebhabern der Konsequenz« besteht Enzensberger nun wieder auf der »Differenz zwischen Theorie und Praxis« (S. 18), die schon Adorno für einen großen kulturellen Fortschritt hielt. Gegen diese »Differenz« wäre gar nichts einzuwenden, wenn Enzensberger sie auch für die sozialistischen Experimente gelten lassen würde. Doch wo es um diese geht, wird er seiner Maxime augenblicklich wieder untreu. Von den sozialistischen Projekten fordert er kategorisch die totale Dekkungsgleichheit von Theorie und Praxis. Und wehe, sie sind es nicht! Aus der leicht nachweisbaren Tatsache, daß die Realität in den Ländern, die eine soziale Revolution hinter sich haben, mit den einst verkündeten sozialistischen Verheißungen so gut wie nie übereinstimmten, leitet Enzensberger eine Bankrotterklärung nach der anderen ab. Er mißt jedoch die Geschichte nicht nur mit zweierlei Maß, sein Maßstab ist auch gänzlich unhistorisch. Das Ergebnis einer sozialen Revolution kann man nur annähernd richtig und gerecht beurteilen, wenn man als Vergleichsmaßstab nicht nur die von ihr selbst proklamierte Idee bzw. Utopie, sondern auch den historischen Zustand *vor* der Revolution zugrunde legt. Dann wird selbst der hartgesottenste Antikommunist »einräumen« müssen, daß z. B. die kubanische Revolution – trotz Castros Homosexuellenverfolgung – gegenüber der vorhergehenden Batista-Diktatur von US-Gnaden einen ungeheuren historischen Fortschritt darstellt. Denn Hunger, Obdachlosigkeit, Analphabetismus, Prostitution und Säuglingssterblichkeit (von 50 Prozent) gibt es in Castros Kuba nicht mehr (um nur ein paar soziale Indizes zu nennen). Ähnliches ließe sich über die sandinistische Revolution in Nicaragua, über das heutige Mozambique und Angola sagen. Selbst wenn die sozialen Revolutionen in den Ländern der Dritten Welt immer nur Teilziele, nur die Hälfte von dem erreichen, was sie sich vorgenommen haben, so bedeutet dieses Halbe bereits einen enormen historischen Progreß.

Doch unser Revolutionstourist aus der westlichen Überflußgesellschaft ist absolut. Mit »Halbheiten« gibt er sich nicht zufrieden, selbst wenn diese für Millionen Menschen zu einer enormen Verbesserung ihrer materiellen Lebensbedingungen geführt haben (wie sogar Franz J. Strauß während seiner letzten Chinareise zugeben mußte). Er ist nämlich ausgezogen, das Land des Sozialismus, den »wahren« und »reinen« Sozialismus, mit der Seele zu suchen. Und wehe, er entdeckt an dem idealisierten Objekt seiner Fernliebe auch nur einen Makel, Anzeichen von politischer Unterdrückung oder Verfolgung von intellektuellen Minoritäten! Dann packt er sofort seine Koffer und schreibt, nach Hause zurückgekehrt, im *Kursbuch*, in *Transatlantic* oder in der *Zeit* mit einem Federstrich gleich die ganze kubanische oder chinesische Revolution ab.

Leute wie Enzensberger kommen mir vor wie Männer, die nach einem Jahr Ehe plötzlich entdecken, daß ihre Frau gar nicht die ist, die sie sich gewünscht haben, sondern die und die Fehler hat; und natürlich reichen sie sofort die Scheidung ein. Die kubanische und die chinesische Revolution haben sie sich so vorgestellt, wie sich Dante Beatrix vorgestellt hat: als schöne Revolution! An dieser Projektion konnten sie deshalb so lange festhalten, weil sie ihre politische Ferngeliebte nie wirklich berührt, nie angefaßt haben. Als sie dann feststellten, daß die Revolution in den vormals kolonisierten Ländern der Dritten Welt (erst recht in der asiatischen Zone, wo jede demokratische Tradition, mithin alle bürgerlichen Freiheitsrechte fehlen) nicht nur ihre schönen, sondern auch ihre häßlichen und despotischen Züge hat, daß sie, besonders unter den Bedingungen anhaltender militärischer Bedrohungen und wirtschaftlicher

Boykottmaßnahmen, leicht Krampfadern bekommt; als sie feststellten, daß Fidel Castro gar nicht der schöne »neue Mensch« ist (noch sein kann), den sie sich in ihrer europäischen Abgeschiedenheit vorgestellt haben, sondern unter dem Zwang höchst prosaischer Verhältnisse (amerikanisches Embargo, vollständige Abhängigkeit von der Wirtschaftshilfe der Sowjetunion) und unbeirrbarer paternalistischer Vorurteile zu drakonischen Maßnahmen (gegen die Bummelei, gegen freigeistige Lyriker und Homosexuelle) greift, da liefen sie enttäuscht vondannen!

Der sonst so ideenreiche Enzensberger ist bis heute nicht auf die Idee gekommen, einmal seine eigenen narzißtischen Träume und privilegierten Wunschträume in Frage zu stellen. Warum sollen ausgerechnet die ausgebeuteten, ehemals kolonisierten Völker der Dritten Welt auf Anhieb jenen idealen und humanen Sozialismus verwirklichen, den die europäischen Sozialisten und Kommunisten mit ihrer hundertfünfzigjährigen Geschichte der Arbeiterbewegung auf dem eigenen Kontinent, im eigenen Lande, bis heute nicht zustande gebracht haben? Woher nehmen wir eigentlich das Recht, von den sozialen Revolutionen in diesen Ländern, wo es zunächst einmal um die Beseitigung des Hungers, des Elends und des Analphabetismus geht, mehr Humanität, Freiheit und Sozialismus zu fordern, als wir, die Bewohner der reichen Länder, bei uns selbst zu realisieren vermögen? – Verlangen wir von den Revolutionären Afrikas, Lateinamerikas und Asiens nicht, daß sie jene »saubere« und »untadelige« Revolution machen, von der wir selbst meilenweit entfernt sind und die in unserer eigenen Geschichte – der Geschichte der bürgerlichen Revolution, die bekanntlich die jakobinische Guillotine zum Geburtshelfer hatte – auch nicht aufzufinden ist! Verlangen wir von ihnen nicht, daß sie – gleichsam stellvertretend für uns – jenen »neuen Menschen« schaffen, der bei uns noch nicht einmal in den Kinderschuhen steckt! Kurzum: Befreien wir die Befreiungsbewegungen in den Ländern der Dritten Welt zuerst einmal von unseren eurozentrischen Projektionen und privilegierten Wunschträumen! Das wäre der erste Schritt zur kritischen Solidarität mit ihnen. Ersetzen wir die »Solidarität um jeden Preis«, die fast immer mit überzogenen Wunschvorstellungen befrachtet ist und zu entsetzlichen Ernüchterungen geführt hat (vor allem bezüglich der Revolution in der asiatischen Zone), durch eine »Solidarität mit Risiko« (wie Lothar Baier[17] jüngst im *Freibeuter* vorgeschlagen hat); durch eine Solidarität, die nicht mehr auf Nummer Sicher gehen will, sondern das volle Risiko eines politischen Fehlschlages eingeht. Und beherzigen wir, statt uns dem Ressentiment zu ergeben, das immer die Kennmarke enttäuschter Idealisten ist, die Brechtsche Einsicht: »Der Ausbruch aus der Barbarei des Kapitalismus kann selbst noch barbarische Züge aufweisen ... Die Revolution entfesselt wunderbare Tugenden und anachronistische Laster zugleich. Die Befreiung von den Lastern braucht mehr Zeit als die Revolution.«[18]

Wenn aber Enzensbergers fröhlich unbekümmerte Lehre von der Inkonsequenz, wie gezeigt, als geschichtliches Axiom und Erklärungsmuster nichts taugt, welchen Sinn hat sie dann? Ich kann nur einen erkennen: nämlich die Rechtfertigung dessen, was gemeinhin unter »sozialdemokratischer Realpolitik« verstanden wird. Tatsächlich verdankt die Sozialdemokratie ihre in den 60er und 70er Jahren angewachsene Popularität jener »Prothesenpolitik des Sichdurchwurstelns«, des Anpassertums und des Opportunismus, in der Enzensberger nun das »non plus ultra der Kriegskunst«, der politischen Weisheit letzter Schluß, erblickt. Gemessen am Godesberger Programm und selbst an den Versprechen der sozialliberalen Koalition, stellt die Politik der Sozialdemokratie geradezu ein Musterbeispiel von Inkonsequenz dar. Statt »mehr Demokratie zu wagen«, wie es Willy Brandt einst versprochen hatte, hat sie uns den Radikalenerlaß, den Paragraphen 88a und andere Maulkorb-Paragraphen gebracht (ganz zu schweigen von den ständigen Disziplinierungs- und Einschüchterungsversuchen der Partei-Linken, bis hin zu Parteiausschlußverfahren) und, dank dem technokratischen Genie des Sozialdemokraten Dr. Herold, die Grundlagen für einen elektronischen Überwachungsstaat geschaffen, mit dem verglichen der Orwellsche sich wie ein Ladenhüter ausnimmt. Statt »mehr soziale Gerechtigkeit« zu verwirklichen, hat sie den Rüstungsetat von Jahr zu Jahr aufgestockt und mit der Demontage des sozialen Netzes begonnen (wobei im Einsparungsprogramm des Bundeshaushalts von 1982 die Unternehmer und Reichen mit 1 Milliarde DM, die Arbeitnehmer und kleinen Leute dagegen mit 8 Milliarden DM zur Kasse gebeten wurden). Statt ihren Stammwählern, der Arbeiterschaft, hat sie den Unternehmern, Bankiers und Großaktionären den Rücken gestärkt durch eine Wirtschafts-, Steuer- und Vermögenspolitik, die dem Godesberger Programm nur noch hohnspricht. Nicht einmal auf ihrem Renommierfeld, der Außen- und Entspannungspolitik, hat sie »Konsequenz« bewiesen; denn der NATO-Doppelbeschluß, als dessen »Vater« sich Helmut Schmidt bis heute stolz bezeichnet, hat bekanntlich das Ende der Entspannungsdekade eingeleitet. Inkonsequent in bezug auf ihre ursprünglichen Programme und Zielvorstellungen und opportunistisch bis zum Identitätsverlust, war die Politik der Sozialdemokratie in diesem Zeitraum jedoch außerordentlich konsequent in bezug auf ihr *eigentliches Ziel*: dem der Machterhaltung um jeden Preis! (Daß sie auf ihrem eigenen Feld, dem des Opportunismus, zuletzt von ihrem Koalitionspartner geschlagen wurde, gehört zur unfreiwilligen Possengeschichte der Bonner Republik.)

Und gilt Ähnliches nicht auch für den neuen Prediger der Inkonsequenz, der nun von der Deutschen Sozialdemokratie wieder wie von einer guten alten Bekannten spricht? Enzensbergers andauernde ideologische Kehrtwendungen, Revisionen, halbe und ganze Zurücknahmen, seine emphatischen Bekenntnisse zur VR Kuba, VR Vietnam, VR China und seine ebenso rasch folgenden Widerrufe, auf die sich die deutschen Feuilletons zu stürzen pflegen wie die Katholische Kirche auf die päpstlichen Bulletins, all seine spektakulären Ausfahrten in die

Karibik und den Fernen Osten, um zuletzt doch immer mit leeren Händen heimzukehren – ist dies alles nicht außerordentlich konsequent und folgerichtig in bezug auf das, was das eigentliche Ziel dieses Publizisten zu sein scheint: nämlich um jeden Preis »en mode« und »en avant« zu sein, immer im Aufwind der allerneuesten Konjunktur zu segeln, so daß der flotte Einmaster mit der Aufschrift »Wende ohne Ende« den schwerfälligeren Clubseglern als Führer und Lotse erscheint? Denen, die ihr Fähnchen erst nach dem Winde richten müssen, ist Enzensberger immer schon voraus. Er richtet sein Segel, *bevor* sich der Wind gedreht hat. Hauptsächlich diesem prognostischen Witterungs- und Wendevermögen verdankt er sein Renommee, seinen Absatz, seine publizistische Macht. Den Ruhm, der größte Wellenreiter der deutschen Kulturszene zu sein, werden ihm allerdings nur diejenigen neiden, die es im »Wende«-Sport nicht so weit gebracht haben wie er. Und ich möchte diejenigen warnen, die in Enzensbergers allerneuester Botschaft das politische Manifest eines »gereiften« Autors erblicken möchten. Es gibt Menschen wie Autoren, die niemals »reif« werden, schon gar nicht, wenn sie ihre ewige Pubertät für einen Beweis ihrer unendlichen Verjüngungsfähigkeit und ihrer geistigen Beweglichkeit halten. Das »Ende der Konsequenz« signalisiert nur die Konsequenz einer Wende, die gewiß nicht Enzensbergers letzte gewesen sein wird.

B. Die Krise der Aufklärung als Teil der deutschen Misere

Die Krise der Aufklärung, der tradierten Vernunfts-, Wissenschafts- und Fortschrittsbegriffe ist kein deutsches Phänomen allein; sie erstreckt sich heute auf alle Staaten der westlichen Hemisphäre und ist notwendiger Bestandteil jener umfassenden Krise, in die unsere auf Wachstum und Rüstung programmierte Industriezivilisation geraten ist. Und doch scheinen gerade die deutschen Intellektuellen von dieser Krise in besonderem Maße heimgesucht zu werden. Verglichen mit ihren westeuropäischen Nachbarn, haftet dem intellektuellen Pessimismus und der Geschichtsverzweiflung hierzulande etwas eigentümlich Verbissenes und Trostloses an; den Witz der Verzweiflung vernimmt man so selten, wie man der Gelassenheit desjenigen begegnet, der alle Illusionen und Hoffnungen auf eine bessere Welt verloren hat. Die landauf, landab vernehmliche Absage an Aufklärung, kritische (Sozial) Wissenschaft und an die ehmals gehegten Utopien erinnert in ihrer Unversöhnlichkeit und Rigidität an jene sich über Jahre hinziehenden Scheidungsprozesse, vermittels derer die von Tisch und Bett getrennten Gatten zu erkennen geben, daß sie im Grunde nicht voneinander loskommen und ihr Verhältnis wenigstens in negativer Form fortzusetzen wünschen, auch wenn sie dies einander niemals eingestehen würden. Die anhaltend finstere Wut, mit der die deutschen Intellektuellen seit gut einem Jahrzehnt das einstige Objekt ihrer Begierde schlecht zu machen suchen, beweist eigentlich nur, wie sehr sie ihm in der Negation noch immer verhaftet sind. Wir haben es hier offenbar mit einem »unglücklichen Bewußtsein« ganz eigener Art zu tun, und auch wenn dieses einst glücklichere Tage gekannt hat, so scheint das Unglück jene doch schon begleitet zu haben, als die Welt der Aufklärung und der Utopie noch in Ordnung war.

1. Die unfröhliche Aufklärung und ihre schlechte Negation

So viele stichhaltige und objektive Gründe unsere Intellektuellen für ihre Enttäuschungen, für ihren erbitterten Rückzug von allen früheren Positionen der Aufklärung und vom »Prinzip Hoffnung« auch anzuführen wissen – die Atombedrohung, die ökologischen Katastrophen, die Rückschläge der diversen Sozialismen u. a. –, die *subjektiven* Motivationen dieses Rückzuges werden fast immer unterschlagen. Mir scheint, dies ist kein Zufall. Der ständige Verweis auf die miserable Weltlage hat nämlich auch die Funktion, ein eigenes Versagen, ein spezifisches Unvermögen gerade der deutschen Aufklärer zu rationalisieren. Ich spreche hier von jenem Geist »unfröhlicher Wissenschaft«, der sich in Deutschland immer mit der Aufklärung verbunden hat und daher, fast zwanghaft, in seine schlechte Negation umschlägt.

So alt wie die deutsche Aufklärung ist auch die Klage über ihr unfröhliches und philisterhaftes Wesen. Von Goethe bis Hölderlin, von den Romantikern bis Nietzsche, von Heine bis Brecht ertönt diese Klage durch zwei Jahrhunderte deutscher Geistesgeschichte. Besonders Hölderlin litt unter dem doktrinären Geist seiner aufgeklärten Landsleute: »Bevor hier einer reif' Gefühl ausbilden kann, ist schon ein Begriff zur Stelle.«[19] Nietzsches These, daß die Deutschen die Renaissance zu früh abgebrochen haben und infolgedessen keine organische Verbindung zwischen den Wissenschaften und den Künsten herstellen konnten (wie z. B. Leonardo da Vinci, für den es kein deutsches Pendant gibt), ist gewiß nicht aus der Luft gegriffen. Zu Recht hat schon Marx von Luther gesagt, daß er den äußeren Pfaffen nur bekämpft habe, um den inneren Pfaffen an dessen Stelle zu setzen; und in dem Maße, wie sich die deutsche Aufklärung mit dem Protestantismus verband, wurde ihr auch das pfäffische Wesen einverleibt. Die protestantische Abstraktion vom Sinnlichen (man vergleiche z. B. einen protestantischen Gottesdienst mit einer katholischen Messe) und vom sinnlichen Leben ist gewissermaßen der Geburtsfehler der deutschen Aufklärung und begleitet sie seit ihren Anfängen von Kant über Hegel bis ins zwanzigste Jahrhundert. Nicht zufällig geistern Aufklärung und Innerlichkeit, Vernunft und Sinnlichkeit, Denken und Fühlen, Wissenschaft und Leben als sich stets bekriegende Gegensatz-Paare durch die deutsche Geistes- und Kulturgeschichte. Zu einer Versöhnung zwischen diesen falschen Antipoden aus christlich-protestantisch-preußischem Geiste kam es immer nur in seltenen Glücksfällen, etwa bei Lessing, den Weimarer Klassikern, bei Heine und Brecht. Im südlicheren Frankreich dagegen, das sich dem Siegeszug der protestantischen

Ethik und Innerlichkeit lange verweigerte, kam auch der Rationalismus in gefälligerem Gewande einher, war die Aufklärung von Anfang an lustbetonter, sinnenfreudiger und lebenszugewandter, wie u. a. die Schriften Montaignes, Diderots und Voltaires bezeugen. Satire und Witz, Charme und Parodie spielten bei den französischen Aufklärern immer eine größere Rolle als bei ihren deutschen Nachbarn, die ihre historische Verspätung offenbar durch ideologischen Überdruck und besonderen Fanatismus kompensieren mußten. Im Preußen-Deutschland kam die Aufklärung immer übers Katheder; der satirische, humorvolle und diplomatisch werbende Ton war ihr ebenso fremd, wie der Prediger- und Bibelton ihr unverzichtbarer Bürge zu sein schien. Es ist daher ein großes Verdienst von Peter Sloterdijk, daß er in seiner *Kritik der zynischen Vernunft*[20] die in der Geschichte der europäischen Aufklärung verkümmerte und vergessene Tradition »kynischen Denkens« (von Diogenes bis Heine) gerade dem deutschen Publikum wieder ins Gedächtnis gerufen hat (wenngleich mir seine Sortierung der Weltgeschichte nach dem Zynismus- und Kynismus-Prinzip oft recht wahllos und beliebig vorkommt).
Nicht zuletzt an diesem Kathederton, an der freudlos pfäffischen Rezeption und Vermittlung des Marxismus und der kritischen Theorie, in denen die besten Traditionen europäischer Aufklärung zusammenflossen, sind auch die Aufklärer von 1968 gescheitert. Zwar hatte der Marxismus den radikalisierten Bürgersöhnen ein neues Selbstbewußtsein gegeben. Doch die wenigsten begriffen ihn als eine lebendige Methode zur sinnlichen und begrifflichen Aneignung von Geschichte, entsprechend der Marxschen Devise: »Die Sinnlichkeit muß die Basis aller Wissenschaft sein.«[21] Viele Studenten von 1968 waren froh, nach ihren Irrfahrten durch die Chimärenwelt der bürgerlichen Wissenschaft und Kunst, nun endlich eine geistige und politische Heimstatt gefunden zu haben, wo sie sich getrost zur Ruhe setzen konnten. Für sie schrumpfte der universelle Horizont der genuin marxistischen Wissenschaft schon bald zu ei-

nem kleinkarierten Schrebergarten vulgärmarxistischer Maximen, zu einem dürren Gerüst politökonomischer Lehr- und Leitsätze zusammen, die von den diversen K-Gruppen dann in hektographierter Form unter die Leute gebracht wurden. Kein Wunder, daß sich die nächste (jüngere) Protestgeneration von diesem Theorie-Gespenst mit Schaudern abgewandt hat!

In Brechts *Flüchtlingsgesprächen* beklagt der Physiker Ziffel, daß »die Deutschen keine Begabung für den Materialismus haben. Wo sie ihn haben, machen sie sofort eine Idee daraus, ein Materialist ist dann einer, der glaubt, daß die Ideen von den materiellen Zuständen kommen und nicht umgekehrt, und weiter kommt die Materie nicht mehr vor.«[22] Denken als sinnliches Vergnügen aufzufassen und mit den Sinnen zu denken, wie es Brechts Galilei vorgemacht hat, diese Fähigkeit war und ist unter den deutschen Aufklärern selten. Noch seltener, scheint es, jene andere Fähigkeit, die das Werk von Ernst Bloch so auszeichnet: nämlich dem im klassischen Marxismus reichlich zu kurz gekommenen »subjektiven Faktor« wieder zur Geltung zu verhelfen und das allzu plane Basis-Überbau-Schema dadurch aufzufüllen und anzureichern, daß die in der Kulturgeschichte der Menschheit aufbewahrten kollektiven Phantasien, Mythen, Märchen und Träume wieder »hereingeholt« werden. »Würde, sagte Mann, Marx endlich Hölderlin lesen und erst recht Hölderlin Marx, so stünden wir anders da.«[23]

Hätten die deutschen Aufklärer von 68 – so darf man diesen wunderbaren Satz von Bloch wohl extrapolieren – mit Marx zugleich Hölderlin gelesen (den sie damals auf dem »Autodafé der Kunst« gleich mit eingeäschert haben), dann hätten sie es kaum nötig gehabt, Anfang der siebziger Jahre im Namen Hölderlins und der »Neuen Sensibilität« wieder Front gegen den Marxismus zu machen.[24] Die von den Massenmedien alsbald eingeläutete »Tendenzwende« war im unfröhlichen Wesen einer abstrakten und dogmatisch verkürzten Marxismusrezeption bereits vorprogrammiert. Hatten die linken Intellektuellen fünf Jahre lang nichts anderes gelten lassen als die rigorose Logik des

Kapitals, so projizierten sie nun ihren Ekel vor der eigenen Rigorosität auf den Theoretiker des *Kapitals,* d. h. auf den Marxismus. In der »Neuen Sensibilität« suchten sie dann ebenso ihr Heil wie vordem im Marxismus. Die blauen MEGA-Bände wanderten wieder in den Keller oder, damit der Wechsel nicht gar so auffiel, in die oberen Regalreihen; statt dessen las man jetzt Plenzdorfs *Die neuen Leiden des jungen W.*, Handkes *Die Stunde der wahren Empfindung* und Karin Strucks *Klassenliebe.* Und hatte fünf Jahre lang das einzige Glück darin bestanden, dem »Klassenfeind eine Niederlage beizubringen«, so bestand nun wieder das einzige Glück im Glück bzw. Unglück des einzelnen. Doch nicht die Kritische Theorie und der Marxismus waren und sind schuld am Unglück der deutschen Aufklärer, vielmehr ihr eigenes Unvermögen, Aufklärung und Empfindsamkeit, Denken und Fühlen, Theorie und Praxis (der Sinne) miteinander zu verbinden.
Dieses Unvermögen ist längst Teil jener »deutschen Misere«, der sie ihren geschichtlichen Ursprung verdankt. Die deutsche Geschichte ist bekanntlich eine Geschichte gescheiterter Revolutionen. Diese hat die Aufklärung von Anfang an in die Abstraktion und in den Elfenbeinturm gedrängt, sie zu einer ebenso luxuriösen wie unglücklichen Überbau-Existenz verdammt. Und so haben »die Deutschen in der Politik gedacht, was die anderen Völker getan haben. Die Abstraktion und Überhebung ihres Denkens hielt immer gleichen Schritt mit der Einseitigkeit und Untersetztheit ihrer Wirklichkeit. Deutschland war ihr theoretisches Gewissen« (K. Marx).[24a] Da dieses »theoretische Gewissen« nur selten den Weg in die Wirklichkeit fand und infolge seiner protestantischen Erbschaft mit so vielen sinnlichen Verlusten bezahlt werden mußte, hat es die *masochistische Tendenz, sich selbst zu negieren.* Die frustrierte Aufklärung, der in Deutschland ein dauerhafter Erfolg nie beschieden war, betreibt dann ihre eigene Abschaffung, zerschlägt ihr eigenes Handwerkszeug, verleugnet ihr besseres Wissen und Gewissen, schimpft – wie Luther – die Vernunft eine Hure und

nimmt, aus Wut und Enttäuschung über sich selbst, sogar die Form ihres Gegenteils, der Antiaufklärung, des Irrationalismus oder des (politischen) Nihilismus an. Dies ist ein durchgehender Zug in der Geschichte der deutschen Intelligenz.

So vollzogen, wie schon Kleist und später Heine bitter beklagt haben, viele deutsche Aufklärer, die von den Ideen der Französischen Revolution erst begeistert waren, ihre »geistige Wende« in der deutschen Romantik (was nicht heißt, daß die Romantik eine durchweg rückwärts gewandte oder reaktionäre geistesgeschichtliche Strömung gewesen ist; bekanntlich enthielt sie auch viele progressive Utopien). Ein ähnliches Schauspiel vollzog sich ein Jahrhundert später nach der deutschen Novemberrevolution, die von der sozialdemokratischen Regierung im Bündnis mit den konservativen Reichswehr-Generälen abgewürgt wurde. Nicht wenige der einst revolutionären Expressionisten, Dadaisten und Sozialisten sind, auf dem Umweg über die Lebensphilosophie (Ludwig Klages) und die Existentialphilosophie (Martin Heidegger) oder auf dem Umweg über den (politischen) Nihilismus und die »Neue Sachlichkeit« bei den Nazis und ihrer irrationalen Rassenmythologie gelandet. Viele Wege führen heim ins Reich der Reaktion.

Jene sich mehrenden Intellektuellen, die heute im Namen des »Neuen Irrationalismus«, der »Neuen Mythologie« oder des »Neuen Konservativismus« der europäischen Aufklärung und ihrem besten Erbteil, dem Marxismus und der Kritischen Theorie, den Rücken kehren, sollen immerhin wissen, daß ihre »geistige Wende« so neu nicht ist, wie sie glauben, vielmehr einem alten geistesgeschichtlichen Raster, einem vornehmlich deutschen Muster folgt, das leicht mit falschen (politischen) Emblemen und Symbolen durchwirkt werden kann.

2. Ideelles Vakuum und depressives Lebensgefühl der Nachkriegsgeneration

Der Umschlag der Aufklärungswelle von 1968 in ihre schlechte Negation vollzog sich bekanntlich schon zu Beginn der siebzi-

ger Jahre, zu einer Zeit also, da weder die ökologischen Krisen noch die Atombedrohung ins Allgemeinbewußtsein getreten waren. Zwar pflegen die meisten Intellektuellen heute ihre Geschichtsverzweiflung mit den seither rapide angewachsenen Krisen- und Katastrophenbilanzen unentwegt zu begründen und zu rechtfertigen; ihre Resignation und ihr untätig-banges Entsetzen vor dem »Leviathan«, als welcher Staat und Geschichte ihnen heute wieder erscheinen, sind jedoch älteren Datums. Mit der viel beschworenen Krise der traditionellen (linken) Fortschritts- und Aufklärungsbegriffe läßt sich der Konkurs der deutschen Aufklärer alleine nicht erklären. Es muß auch ein »subjektiver Faktor« hinzukommen, der dieser Krise erst ihren chronischen, scheinbar unheilbaren und schicksalhaften Charakter verleiht; ein bestimmtes *Lebensgefühl* also, das vorab da ist, vor aller Ideologie und der Krise bestimmter (Fortschritts)Ideologien, durch die es zumeist erst nachträglich rationalisiert wird. Die schon Mitte der siebziger Jahre epidemisch um sich greifende Bewußtseinsverdüsterung und depressive Willenslähmung kam nämlich nicht nur von außen, war nicht allein die Folge restaurativer und bedrohlicher Tendenzen im nationalen und internationalen Kontext; sie kam ebensosehr von innen: aus dem *defizitären* Lebensgefühl einer Generation, die im dumpfen und freudlosen Klima eines sterilen Wiederaufbaus ihre Kindheit und Jugend verbracht hat.[25]
Die chromglitzernde Fassade des westdeutschen »Wirtschaftswunders« konnte kaum darüber hinwegtäuschen, daß die Vätergeneration, die – nach der größten Katastrophe der deutschen Geschichte – so rasch wieder zu Wohlstand und Ansehen gekommen war, an einer schleichenden ideellen Auszehrung litt, die auch ihre Kinder infizieren mußte. Der Faschismus hatte ja nicht nur die besten Kräfte unserer Väter und Mütter aufgezehrt; er hatte zugleich, indem er ihren politischen Enthusiasmus und Idealismus für verbrecherische Ziele mißbraucht und gebrochen hatte, einen ideologischen Kahlschlag ohnegleichen hinterlassen. Nachdem der Traum von deutschem Blut

und deutscher Größe in Auschwitz und Treblinka sein entsetzliches Erwachen gefunden hatte, erschienen den meisten Bürger-Vätern die kollektiven Ideale und Ideologien, gleich welchen sozialen und politischen Inhalts, als Einflüsterungen des Bösen, als satanische Lügengespinste totalitärer Denk- und Herrschaftssysteme. Nation, Deutschtum, Kollektivität und Solidarität – diese und ähnliche Wertvorstellungen denunzierten sie fortan mit dem Ingrimm enttäuschter Idealisten. Nicht in einer humaneren und sozialeren Organisation der Gesellschaft, nicht in einer neuen Qualität der menschlichen Beziehungen, einschließlich der zu ihren Kindern, suchten die Bürger-Väter ihr Glück, sondern in der eiligen Reparatur der alten kapitalistischen Profitwirtschaft, im »starken Adenauerstaat« (den auch die konservativen Wender wieder restaurieren wollen) und in der schleunigen Wiederbewaffnung. Ruhe, Wohlstand, Kalter Krieg, d.h. Antikommunismus, und bloß nicht an die Vergangenheit rühren – das war ihr ganzes weltanschauliches und politisches Credo. Viel mehr hatten sie im Grunde auch ihren Kindern nicht zu sagen.

Da sie so viel gesellschaftliches Unglück erfahren hatten, war Glück in ihrem gedrückten Verstand schon identisch mit Abwesenheit von Unglück, d.h. von Hunger, Armut und Krieg – ein »Programm«, das die Jugend schwerlich begeistern konnte. Da sie ihre Ersparnisse zweimal verloren hatten (zuletzt durch die Währungsreform), klebten sie an ihrem wiedererworbenen Geld und Besitzstand, der ihnen gleichsam zum Ideologie-Ersatz wurde. Auch ihr Erziehungsprogramm stand bewußt – unbewußt unter dem Diktat ihrer kollektiven Verlustängste. Erziehung verstand die Kriegsgeneration daher als Vorbereitung auf ein »hartes (Erwerbs)-Leben«, nach der Devise: »Du bist nichts. Du kannst nichts. Mach deine Schulaufgaben!« Diese freudlose Mentalität der deutschen Nachkriegsfamilien hat Christoph Meckel sehr treffend charakterisiert: »Da alles eingeteilt war und verrechnet wurde, fehlte das Uneingeteilte, der Überschuß. Es fehlte das gute Unberechenbare, die improvisierten Feste ... Es fehlte das unbelastete Atmen und Träumen, es fehlte die unbedachte Zärtlichkeit. Es fehlte der Raum für die Wut und das raumlose Lachen – aber die dicke Luft war raumfüllend da ... Es fehlte die gute und schöne Maßlosigkeit, aber der Mehltau, der Mehltau war immer da. Er deckte glanzlos die Familie zu. Wo waren die Familien, in denen menschenmöglich gelebt wurde? Wo wurde bei offenen Fenstern umarmt und gelacht? ... Die deutsche Familie war mit Verdrängung beschäftigt, mit Kriegsneurose und Schuldbeschwichtigung ... Wo sollte da die Freude herkommen?«[26]

Suchten die Söhne und Töchter später das auszudrücken, was ihnen eigentlich gefehlt hat, so bekamen sie von ihren erstaunten und bestürzten Eltern gewöhnlich zur Antwort: »Aber was beklagt ihr euch denn? Ihr habt doch, abgesehen von den ersten Jahren nach dem Krieg, alles gehabt?!«, wobei sie mit »haben« das meinten, was zur materiellen Reproduktion des Lebens notwendig ist: Essen, Trinken, Wohnen, Kleider etc. Was ihren Kindern jenseits des Materiellen alles gefehlt hat, konnten sie sich oft gar nicht mehr vorstellen; war doch ihr eigener Glücksbegriff auf einen platten und verdinglichten »Haben«-Begriff (Fromm), auf den pragmatischen Wohlstandsmaterialismus amerikanischer Machart zusammengeschrumpft. Als der Wiederaufbau Ende der 50er, Anfang der 60er Jahre vollendet war, machten ihre Kinder mitten im Wohlstandsfett oft recht unglückliche Gesichter. Wieder gut genährt und gekleidet, standen ihnen die psychischen Defizite und der ideelle Leerlauf ihrer Nachkriegskindheit und Jugend doch im Gesicht; und nicht selten verfielen sie, ihren Eltern unbegreiflich, in Apathie und Depression. Die depressive Disposition der Nachkriegsgeneration, für die die zeitgenössische Literatur und Filmkunst viele Belege liefert, legt den Schluß nahe, daß sie sich weniger mit dem offiziellen Wert- und Normensystem, mit dem manifesten Hurra-Patriotismus und ›Wir-sind-wieder-wer‹-Pathos der Wiederaufbaugeneration identifiziert hat als vielmehr mit deren emotionaler Latenz, d. h. mit den verdeckten, unausgesprochenen, unausgelebten, apokryphen Seiten ihres Lebensgefühls; daß die Töchter und Söhne, in einer Art unbewußter Stellvertretung, gerade in den melancholischen, resignativen und depressiven Stimmungen heimisch geworden sind, die ihre Väter und Mütter aus Selbstschutz von sich abgespalten und in einer heroischen Wiederaufbau-Aktion verdrängt haben.

Es ist, als ob schon früh eine Geschoß den Lebensnerv der zweiten Generation getroffen habe, eine Art Wandergeschoß, das im Laufe der Zeit all ihre gesellschaftlichen Organe – ihre Tatkraft, ihren Willen, ihre Courage, ihr Hoffnungsvermögen und damit auch ihre Fähigkeit zur kreativen Umgestaltung der gesellschaftlichen Verhältnisse – gelähmt hat; ein Geschoß, das offenbar noch aus der Waffenkammer der Kriegsgeneration stammt. Es hat jedenfalls den Anschein, als ob das durch Faschismus und Krieg angeschlagene, latent depressive Lebensgefühl der Vätergeneration auf die nachfolgende gleichsam verschoben und in ihr erst manifest geworden wäre. Hat die Vätergeneration Trauer, Melancholie, Depression, Todesangst und alle verwandten Gefühlszustände manisch von sich abgewehrt, so scheint die nächste Generation aus solchen Stimmungen heute kaum noch herauszukommen. Hat die erstere, sowohl im »Dritten Reich« als auch in der Phase des Wiederaufbaus, sich selbst zum »Durchhalten um jeden Preis« gezwungen, dann scheint die Frustrationstoleranz-Intoleranz der letzteren, sowohl was ihre politischen Unternehmungen, als auch was ihre privaten Beziehungen betrifft – auf ein Minimum gesunken zu sein –, hat sie doch ihren kollektiven Aufbruch von 1968 kaum länger als zwei, drei Jahre durchhalten können; ist sie doch an ihrem eigenen »Prinzip Hoffnung« schon wieder verzweifelt, kaum daß sie es entdeckt hatte. Seit ihr Mitte der siebziger Jahre auch die gesellschaftliche Zielrichtung und Sinngebung wieder abhanden gekommen ist, schmort sie gleichsam im eigenen bitteren Saft, kreist nur mehr um sich selbst: um ihre Empfindsamkeiten, Defizite, Verletzungen, Ängste und Idiosynkrasien und um ihre sog. »Beziehungsprobleme«, die seit gut einem Jahr-

zehnt der Hauptgegenstand ihres kollektiven Interesses zu sein scheinen.
Die depressive Grundierung im Lebensgefühl der Nachkriegsgeneration hat, so scheint mir, zur Krise der deutschen Aufklärer entscheidend mit beigetragen. Es ist, als ob die Ideen der Aufklärung, der Glaube an die Änderbarkeit der Geschichte, einem Bewußtsein seinerzeit lediglich aufgesetzt worden wäre, das »eigentlich« nicht glaubte, was es verkündete. Nur so scheint begreifbar, daß mit der äußeren, der politischen Zerschlagung der Intellektuellen-Bewegung von 1968 (durch Berufsverbote, drakonische Gerichtsurteile und politische Sanktionen) zugleich auch die innere Abrüstung, die Selbstdemontage der aufgeklärten Bewußtseine so rapide vonstatten ging. Nicht nur der äußere Druck der (Mitte der siebziger Jahre einsetzenden) »zweiten Restauration« (Oskar Negt), sondern auch der depressive Druck, der von innen her wirkte, hat, meines Erachtens, die Ex-Aufklärer zum Widerruf ihrer in vieler Hinsicht zukunftsweisenden Ideen und Utopien veranlaßt.

3. Die Wiederkehr des Weimarer Syndroms

Eine bekannte These der Generationen-Psychologie lautet, daß ähnliche Gefühls- und Bewußtseinslagen sich weniger von einer Generation auf die nächste als vielmehr auf die übernächste »vererben«. Jede Generation neigt dazu, sich von der ihrer Väter abzugrenzen und sich in die Antithese zu ihr zu begeben; erst die übernächste, die dritte Generation, wird dann, auf dem Wege der doppelten Negation, der ersten wieder ähnlich. Wenn also ein Teil der Nachkriegsgeneration das Wertsystem der Kriegs- und Wiederaufbaugeneration mehr oder weniger negiert hat, woraus sich das negativistische Lebensgefühl heutiger Intellektueller z. T. erklären ließe, dann liegt die Vermutung nahe, daß es zwischen ihrem Lebensgefühl und dem ihrer Großväter unterirdische Verbindungslinien gibt. Tatsächlich läßt sich der Nachweis führen, daß die negativistische und nihilistische Bewußtseinslage schon einmal die Stimmung einer Zeit geprägt hat, die – ebenso wie die Jetztzeit – aus den Fugen war und von der uns nur zwei Generationen trennen. Ich meine die katastrophische Zeitstimmung zu Beginn der Weimarer Republik. Es lohnt sich, diese Zwischenkriegszeit genauer in Augenschein zu nehmen, zumal manche Anzeichen dafür sprechen, daß wir heute wieder in einer Zwischen- bzw. Vorkriegszeit leben. Ich beziehe mich hierbei auf das sog. »Weimarer Syndrom«, das historische Hauptstück in Peter Sloterdijks *Kritik der zynischen Vernunft*[27], das eine glänzende Diagnose der Weimarer Zeitstimmung enthält.

Sloterdijks Analyse zufolge könnte man ohne Übertreibung behaupten, daß die vorherrschende Stimmungslage unter den heutigen Intellektuellen, so sehr sie ihr pessimistisches (und oft nihilistisches) Pathos auch aus den gegenwärtigen gesellschaftlichen Krisen und Bedrohungen bezieht, in mancher Hinsicht eine historische Wiederauflage des Dadaismus und seinen Techniken der Sinnenttäuschung und Sinnzerstörung darstellt. Aus einer ursprünglich produktiven antibürgerlichen und antiillusionistischen Protestbewegung, die alle falschen und durch den Krieg ausgehöhlten Sinngebungsversuche sabotierte, hat sich der Dadaismus in seinen extremsten Vertretern (vom Schlage Walter Serners, dessen Bücher nicht zufällig jetzt wieder aufgelegt werden) schließlich zu einem nihilistischen »Verfahren des methodischen Neinsagens« entwickelt, »wenn ein ›Sinn der Welt‹ auftritt, der nicht gesteht, daß er Unsinn ist ... Am Nullpunkt des Sinns regt sich nur noch eine pathetische Verachtung des Sinns – ein alles durchdringender Ekel vor ›Positivem‹.« (S. 723/724)

Michael Rutschky hat in seinem 1980 erschienenen Buch *Erfahrungshunger* gezeigt, wie sich die »Utopie der Allgemeinbegriffe«, die noch den Elan der 68-Revolte beflügelt haben, im Nebel der siebziger Jahre schließlich aufgelöst und eine allgemeine »Substitution von Sinn durch Sinnlichkeit« stattgefunden habe. Sinnlichkeit ohne Sinn aber bedeutet letztlich: Sinnlosigkeit. Und wie die Dadaisten der zwanziger Jahre glaubt auch Rutschky, daß die heutige Wirklichkeit nicht mehr im Wechsel von kritischer Reflexion und Erfahrung, sondern nurmehr im Medium von »Schrecken und Schmerz als Realissimum« erfahrbar sei. Daß gesteigerte Realitätserfahrung auch im Medium von Glück und Lust möglich ist, hält Rutschky ebenso für eine Illusion wie Serner, der nur die »Augenblicke der verzweifelten Intensität« für die einzig wahren hielt. Sloterdijk: »Wo alles Inhaltliche nicht mehr zählt, bleibt nur ein Augenblick der verzweifelten Intensität, ein Selbstmörder-Selbstbewußtsein übrig, das mit allem ›durch‹ ist. Existenz als Sein zum Tode.« (S. 724) Selbsterfahrung und Selbstzerstörung werden bei Serner und den Dadaisten ebenso identisch wie bei einem Großteil unserer heutigen »Selbsterfahrungs«- und Ich-Literatur.

Für den Dadaismus waren alle Versuche einer humanen, sozialen oder gar sozialistischen Sinngebung nur fauler Zauber, Weltanschauungen bloße »Vokabelmischungen« – wie für einen Großteil unserer derzeitigen Literatur und des heutigen Feuilletonismus, der nicht müde wird, sämtliche Ideologien und Sinngebungsversuche für »überholt« zu erklären, dafür aber um so inbrünstiger das »Sein zum Tode« predigt. (vgl. in diesem Buch S. 195) Und Sloterdijk beschreibt, wie die ursprünglich heitere und anarchistische Dada-Philosophie mit ihrem kynischen Spaß am Nonsens zuletzt in eine kalte und zynische Romantik umschlug: »Dem allgemeinen Unglück der Zeit wird keine Suche nach besserem Leben entgegengesetzt, sondern der Versuch, dem gegebenen Unglück die selbstgewollte ›hohe Misere‹ wie einen souveränen Trumpf entgegenzuhalten ... Hier meldet sich ein Manierismus der Wut, die dem großen toten Ich einen Sockel gibt, von dem herab sich die ekelhaft-unverständliche Welt verachten läßt.« (S. 725/726) Die Stilisierung der eigenen Misere ist auch zum vorherherrschenden Gestus der zeitgenössischen Kultur geworden, wie Sloterdijk, mit Blick auf das »aufgeklärte falsche (d. h. zynische) Bewußtsein« heutiger Intellektueller diagnostiziert hat: »Gut situiert und miserabel zugleich, fühlt sich dieses Bewußtsein von keiner Ideologiekritik betroffen; seine Falschheit ist bereits reflexiv gefedert.«

Das Pathos der Sinnlosigkeit im Dadaismus und Expressionismus war allerdings insofern verständlich, als die Unfaßbarkeit und technisierte Würdelosigkeit des Todes im Artilleriefeuer des Ersten Weltkrieges (vgl. hierzu Remarques Bestseller: *Im Westen nichts Neues*) alle herkömmlichen Sinngebungen gesprengt hatte. Im Vergleich zu der absurdistischen Erfahrung, die die erste und zweite Frontkämpfer-Generation in den Schützengräben beider Weltkriege gemacht hat, haftet dem unter heutigen Intellektuellen verbreiteten Geschichts-Nihilismus etwas Luxuriöses und Privilegiertes an. Dieser entspringt nämlich keiner konkreten Todeserfahrung, vielmehr einer bloß abstrakten Todeserwartung in einem als möglich oder wahrscheinlich angenommenen Atomkrieg. Es ist ein Nihilismus, der aus dem Überfluß und Überdruß, nicht aus dem Mangel und existentiellen Notlagen kommt, wie die Generation unserer Väter und Großväter sie in und nach zwei Weltkriegen durchgemacht haben.
Dessen ungeachtet scheint die spezifische Katastrophengeschichte Deutschlands bei den Nachgeborenen eine Bewußtseinslage geschaffen zu haben, die durch ein Gefühl äußerster Ohnmacht gegenüber den realen Geschichtsmächten charakterisiert ist. Es ist die gebrochene Mentalität der Angreifer- und Verlierer-Nation, die in den ständigen Ohnmachts- und Vergeblichkeitsbeteuerungen der deutschen Aufklärer durchschlägt; als ob diese die zweimalige Katastrophe derart verinnerlicht haben, daß sie jeden anderen als katastrophischen Geschichtsverlauf, erst recht jeden utopischen Entwurf, von vornherein für illusionär halten. So betrachtet, ist das depressive Denkmuster der Nachgeborenen nicht nur eine blinde Hinterlassenschaft der Vätergeneration, die ihre eigenen Depressionen und Sinnlosigkeitsgefühle vermittels eines heroischen Wiederaufbaus kompensiert hat, sondern – darüber hinaus – die sozialpsychologische Erbschaft aus der Konkursmasse der deutschen Geschichte dieses Jahrhunderts.
Allerdings handelt es sich hier nicht um einen einfachen mono-

kausalen Ursache-Wirkung-Zusammenhang. Der Werte- und Sinnverfall war und ist ebensosehr Folge wie Ursache der großen geschichtlichen Katastrophen gewesen; er ging diesen bereits voraus und führte in sie hinein. Die Sinnkrise der deutschen bürgerlichen Gesellschaft, die heute auf einen neuen Tiefpunkt zuzusteuern scheint, weist bis ins 19. Jahrhundert zurück. Die »Götterdämmerung der Werte« (Nietzsche) fand lange vor dem Ersten Weltkrieg statt und erzeugte in der bürgerlichen Jugend des Wilhelminischen Zeitalters ein so ausgeprägtes Gefühl der Sinnlosigkeit, daß diese mit wehenden Fahnen und geschwollenen Herzen in die Schützengräben zog und den Krieg als »reinigendes Stahlbad« begrüßte. Die Niederlage des deutschen Imperialismus potenzierte noch jenes Gefühl der Sinnlosigkeit, dem der Krieg hatte abhelfen sollen. Das individualistische Heroentum des Soldaten, das im »Frontkämpfer-Existentialismus« der Weimarer Republik eine letzte trügerische Zuflucht suchte (und durch den Faschismus noch einmal mobilisiert werden konnte), war durch die Mechanisierung der Kriegsführung längst ad absurdum geführt. Der Soldat war nur mehr der »menschliche Faktor« der Kriegsmaschine, und all seine heroischen Tugenden wie Kampfesmut, Opferbereitschaft usw. erwiesen sich angesichts der statistischen Zufälligkeit des Überlebens im modernen Artilleriekrieg als sinnlose Anachronismen.

Hinzu kam, daß infolge der zunehmenden Mechanisierung des (im Eiltempo restaurierten) kapitalistischen Wirtschaftsprozesses auch der »individualistische Schleier der bürgerlichen Kultur« zerriß. Die Zeit schien den großen Kollektiven zu gehören, den MEGA-Subjekten: hier der »Volksgemeinschaft« zum Tode, dort der organisierten Arbeiterbewegung. In einer Epoche, da monströse Kriegsmaschinerien, großstädtische Verkehrsströme und entfesselte Produktionsapparate den »Einzelnen« als sein Material verbrauchten, erfuhr das bürgerliche Subjekt seine Bedeutungslosigkeit. Die Umkehrung des bürgerlichen Individualitätsbegriffs aber wurde von der Weimarer

Intelligenz als grandioses Nichtigkeitsgefühl erfahren, das sich, aufgrund fortdauernder gesellschaftlicher Entfremdungs- und Depersonalisierungsprozesse, weithin auch dem Lebensgefühl der bundesrepublikanischen Intelligenz vererbt hat.

Ein Aufbruch und Ausbrechen aus dieser passiv nihilistischen Bewußtseinslage wäre daher nur möglich durch eine aktive (politische) Haltung, die an der schrittweisen Aufhebung jener Verhältnisse arbeitet, in denen der Mensch nur »Produktionsfaktor«, Mittel des Wirtschaftsprozesses oder des Staates ist; Verhältnisse, die schon der rechtskonservative Nihilismus-Theoretiker Hermann Rauschning für das negativistische Lebensgefühl seiner Zeit verantwortlich gemacht hat.[28] Diesen Weg freilich sind schon in der Weimarer Republik nur kleine Minderheiten aus den Reihen der bürgerlichen Intelligenz gegangen. Die meisten der gegen die Moderne erregten Geister neigten dazu, »sich in der Krise genau an das zu klammern, wovon der Nihilismus seinen Ausgang genommen hat: an die großen gesellschaftlichen Institutionen, Staat, Wirtschaft und Wehrmacht. Sie, die großen Sinnversprecher, sind es vornehmlich, die ›den unbewußten Nihilismus hinter einer Fassade der Scheinordnung und erzwungenen Disziplin verbreiten‹.« (S. 786) Und Sloterdijk führt en détail aus, wie die pathetisch behauptete Sinn-Losigkeit mit einer gewissen Zwangsläufigkeit in den »Big Sinn« der neuen scheinpositivistischen Heilslehre umschlug und viele, vom Gefühl ihrer eigenen Nichtigkeit befallene Weimarer Intellektuelle zuletzt dem großen Sinn-Versprecher in Gestalt des Faschismus erlegen sind. Der Faschismus, soweit er militanter Nihilismus war, hat direkt beim Dadaismus und seiner pathetischen Sinnzertrümmerung ansetzen können. Das ›Nichts‹ der großen Katastrophe nach dem Ersten Weltkrieg wurde ersetzt durch den neuen Sinn: Nation.

Es hat schon etwas von »tragischer Ironie«, wenn Sloterdijks Werk heute gerade von jenen Intellektuellen und Feuilletonisten bejubelt wird, die in seiner Beschreibung der gefährdeten und bedenklichen Bewußtseinslage der Weimarer Intelligenz ihre eigene wie in einem Spiegel hätten wiedererkennen können. Diese offenkundige Parallelität hat jedoch hierzulande weder Irritation noch Erschrecken ausgelöst.

C. Plädoyer für das Re-Engagement der Intellektuellen

Das Weimarer Exempel sollte all jenen, die heute die Vergeblichkeit aller positiven Sinngebungen predigen, ein warnendes Beispiel sein. Wie die Geschichte lehrt, halten die Menschen das Gefühl der Sinnlosigkeit nicht lange aus und sind daher für neokonservative oder reaktionäre Sinn-Substitute in besonderem Maße anfällig. Wenn unsere liberale und kritische Öffentlichkeit einer zunehmend demoralisierten und mit sich selbst allein gelassenen Jugend auf die Dauer nichts anderes anzubieten weiß als das »No future«- und »Nichts-geht-mehr!«-Geschrei, das nur das Echo ihrer eigenen Hilflosigkeit vor der Geschichte ist, dann wird sie diese Jugend mit Sicherheit den neokonservativen Gesundbetern oder fragwürdigen Psycho-Gurus vom Schlage Bagwans in die Arme treiben. Und wenn unsere intellektuelle und kulturelle Szene nichts anderes mehr als nihilistische und apokalyptische Weltbilder hervorzubringen vermag, dann wird sie, über kurz oder lang, eine kulturelle und politische Gegenbewegung heraufbeschwören, die – wie gehabt – im Namen eines vermeintlich »Positiven« gegen »intellektuellen Nihilismus«, »Dekadenz« und »zersetzende Literatur« zu Felde zieht, auch wenn die neuen »Positivisten« gewiß nicht mehr die Fahnen, Embleme und Parolen von Anno 33 benutzen werden.

Wenn die Zeichen nicht trügen, dann ist die scheinpositivistische Gegenoffensive bereits in vollem Gang. Anläßlich einer Mitgliederversammlung der Bundesvereinigung der Deutschen Arbeitgeberverbände in Bad Godesberg haben Bundesaußenminister Genscher und der Präsident der Bundesvereinigung Esser jüngst in ungewöhnlich scharfer Form vor dem »lamentierenden Pessimismus« und der »Zukunftsangst« gewarnt, die im Lande verbreitet werde. Während die amerikanische Jugend fasziniert ins 21. Jahrhundert nach vorne blicke, seien Teile unserer Jugend rückwärts gewandt in die angebliche Idylle einer vortechnischen Vergangenheit. Aus der Rede des Arbeitgeberpräsidenten war deutlich herauszuhören, daß »man« solche »demoralisierenden Tendenzen«, die das Selbstbewußtsein der deutschen Jugend (sprich: ihre Arbeitswilligkeit und Wehrkraft) zersetzen, nicht mehr lange hinzunehmen bereit ist.[29] Auch der Deutsche Lehrerbund hat soeben zu einer »Optimismus-Kampagne« aufgerufen, gegen die an den Schulen »grassierende No-future-Mentalität« und die »Schürung einer Endzeitstimmung« im Zuge der Nachrüstungs-Diskussion. Die Schule müsse künftig das »Gewicht vom Fördern auf mehr Fordern verlegen« und »mehr Angebote zu kreativem Tun bis hin zur Computertechnik« machen.[30] Die »Neue Sachlichkeit«, im Sinne der Bejahung der totalen Computerisierung und Verdatung unserer Gesellschaft, wird, wie man sieht, bereits zum Erziehungsziel erhoben.

Nicht nur die politische und ideologische, auch die militärisch-taktische »Wende« ist in vielen Bereichen längst vollzogen. Aus den Reihen der Christlichen Union war schon vor dem 22. November zu hören, daß nach der »Verteidigungslücke« im Bereich der atomaren Mittelstreckenraketen nun auch das »Defizit« im konventionellen Bereich »aufgeholt« werden müsse. Und prompt einen Tag nach der parlamentarischen Absegnung der Raketenstationierung leitete die Kohl-Genscher-Regierung »ihr erstes großes Rüstungsobjekt« ein, nämlich die Entwicklung eines deutsch-französischen Panzerabwehr-Hubschraubers, ein Projekt, das mehr als vier Milliarden Mark kosten wird.[31] Jetzt geht's also erst richtig los!

Derzeit zieht eine Bundeswehr-Ausstellung, die bereits 500000 Besucher, darunter 1100 Schulklassen, zu verzeichnen hat, mit großem Erfolg durch die Städte der Bundesrepublik. Ziel dieser Ausstellung sei es, wie Ausstellungsleiter Hans Adolf Spieß beteuert, »die Einsicht in die Schutzwürdigkeit unseres Staates zu fördern«. Und »eine absolute Mehrheit der jugendlichen Besucher meint, die Bundeswehr sei ihr durch diese Ausstellung sympathischer geworden«, heißt es in einem Auswertungspapier der Bundeswehr. Trotz Friedensbewegung und steigender Zahl von Kriegsdienstverweigerern hat die Bundeswehr keinen Grund zur Klage. Konsequent und erfolgreich wird die materielle und psychologische Aufrüstung betrieben. Infolge der Jugendarbeitslosigkeit gibt es einen Freiwilligenandrang wie nie zuvor. Manfred Wörner will sich denn »auch für 1984 um eine weitere Erhöhung der Stellen für Zeitsoldaten bemühen«.[32] Wie man sieht, sind die militanten Sinnstifter und »Positivisten« von rechts schon längst unterwegs.

Auch in den Sozial- und Geisteswissenschaften wird die Luft jetzt wieder stählern. Die »Deutsche Gesellschaft für Friedens- und Konfliktforschung«, ein Überbleibsel der Entspannungspolitik der siebziger Jahre, ist von der Rechtskoalition soeben liquidiert worden. Bundesforschungsminister Riesenhuber vor den Leitern der bundesdeutschen Forschungsinstitute: Die BRD erwarte von den Geisteswissenschaften keine weitere nörgelnde Zivilisationskritik.

Statt »nörgelnder Zivilisationskritik« macht sich in einigen Abteilungen des Wissenschaftsbetriebes das breit, was man »Denunziation der liberalen Öffentlichkeit« nennt, wie Fritz J. Raddatz[33] jüngst am Beispiel des Ettlinger Informatik-Professors Karl Steinbuch aufgezeigt hat. Dieser hat anläßlich einer Rede bei der diesjährigen Heidelberger Mitgliederversammlung des Vereins »Weißer Ring« eine Art Pogromstimmung gegen alles entfesselt, was »liberale Öffentlichkeit in der Bundesrepublik genannt wird«. Unter anderem hat Steinbuch den Schriftsteller Heinrich Böll für die zunehmenden kriminellen Umtriebe im Lande verantwortlich gemacht. Statt die Geschichtsklitterei dieses rechtskonservativen Professors in Bausch und Bogen zu verdammen (was ja nicht schwerfällt), hätte Raddatz allerdings besser daran getan, den partiellen Realitätsgehalt, die

Teil-Wahrheiten im abstrusen Denken seines politischen Gegners ernst zu nehmen. Zuweilen kann man nämlich von seinen Gegnern mehr lernen als von Gleichgesinnten. Wenn Steinbuch den »krankhaften, hysterischen Zukunftspessimismus, in den eine hilflose Jugend hineinmanipuliert wird« und eine »Publizistik, die nicht über ihre Verantwortung nachdenkt, in Zynismus verkommt«, für die sich mehrenden Straftaten in der Bundesrepublik mitverantwortlich macht, dann haben wir es hier zwar mit einem paranoid verzerrten Denken zu tun (wie man es bei rechten Ideologen regelmäßig antrifft); und doch liegt diesem eine durchaus richtige Beobachtung zugrunde: die zunehmende Unfähigkeit eines großteils unserer kritischen Publizistik und der liberalen Öffentlichkeit, der »No-Future«-Generation etwas *anderes* als ihre eigene Hoffnungs- und Perspektivlosigkeit zurückzuspiegeln.

Und ich behaupte, daß das törichte und verantwortungslose Nihilismus-Geschwätz, das seinen eigentlichen Resonanzboden gerade in der sich »liberal« und »linksliberal« nennenden Publizistik hat, zur konservativen Wende in Bonn und anderswo indirekt mit beigetragen hat. Wenn gerade diejenigen, die einmal »Vorkämpfer der konkreten Utopie« gewesen sind, allen positiven Sinngebungen, etwa in Richtung auf eine sozialistische Alternative, öffentlich, und mit Vorliebe in der *Zeit*, abschwören (wobei Herr Raddatz den Begründer des wissenschaftlichen Sozialismus noch an dessen hundertstem Todestag zum Prügelknaben seiner gesammelten Ressentiments macht), dann brauchen sie sich auch nicht darüber zu wundern, wenn die neokonservativen »Wender« und die militanten Sinnstifter von rechts das gesellschaftliche Sinndefizit auf ihre Weise zu füllen suchen. Die ständige Ohnmachtspredigt und der lähmende Angstkult, dem sich gerade unsere einflußreiche liberale Publizistik ergeben hat, kann auf längere Sicht sehr wohl seinen dialektischen Widerpart, einen neuen »Mythos der Tat«, mit heraufbeschwören; und der larmoyante Nihilismus, wie er derzeit aus vielen Abteilungen des Kulturbetriebes widerhallt, ei-

nem aktiven Nihilismus Platz macht, der – wie schon einmal – dem hilflosen Gejammer und Gestöhne der liberalen Öffentlichkeit ein Ende mit Schrecken bereitet.
Nicht nur der Faschismus, auch der hilflose Antifaschismus hat in Deutschland Tradition. Damit meine ich jene Ritter von der traurigen Gestalt, die alle »rechten« und »linken« Wertsysteme gleich fragwürdig finden und sich immer in der bequemen und risikolosen »Mitte« zu plazieren pflegen, um zuletzt doch, wenn auch widerstrebend, auf der rechten Seite zu landen. Solchen hilflosen Antifaschisten hat Thomas Mann in seiner berühmten Novelle *Mario und der Zauberer* ein Mahnmal gesetzt. Wie Thomas Mann zeigt, reicht das pure Nicht-Wollen, die »einfache Negation« nicht aus, um einem fremden, aber bestimmten Willen auf Dauer standhalten zu können. Cipolla, dieser hypnotische Dunkelmann aus den Tiefen der italienischen Provinz, verwandelt gerade den Zuschauer in eine tanzende Marionette, der seinem bestimmten Willen nichts anderes als sein hilfloses »Ich will nicht« entgegenzusetzen hat.
Auch diese Lehre ist aus der Weimarer Republik zu ziehen: daß sich die entschiedenen Heilsbringer von rechts – heute kommen sie eher im christlich-konservativen Biedermannskostüm daher – durch das »Nichts-geht-mehr«-Geschrei nicht aufhalten lassen. Aufzuhalten sind sie nur, wenn man ihren scheinpositivistischen Heils- und technokratischen Fortschrittslehren ein *anderes Positivum, einen anderen Fortschrittsbegriff, ein alternatives Wertesystem* entgegenstellt, das sich glaubhaft vermitteln läßt und einer zunehmend demoralisierten Jugend auch Möglichkeiten einer positiven Identifikation bietet. Wenn die schlechte Negation der tradierten Aufklärungs-, Vernunfts- und Fortschrittsbegriffe die Intelligenz dieses Landes nicht einem hemmungslosen Irrationalismus und Nihilismus überantworten soll (der sehr bald die finsterste Reaktion heraufbeschwören kann), dann muß sie auch den Mut und die Konsequenz haben, *ihren eigenen Negativismus zu negieren,* die Negation der Negation zu vollziehen, d.h. zu einer positiven In-

haltsbestimmung dessen gelangen, was Aufklärung, Vernunft und Fortschritt unter heutigen Bedingungen heißen kann.

Unter den Bedingungen einer Industriezivilisation, die ihrem zerstörerischen Selbstlauf folgt, ist die Prämisse eines qualitativ neuen Fortschritts- und Politikbegriffs die *»demokratische Ermächtigung der Politik«*, wie der grüne Soziologe Norbert Kostede jüngst formuliert hat: »Wie die technologischen und vor allem kerntechnologischen Komponenten des modernen Industriesystems nicht seiner Eigendynamik, dem Wechselspiel von ökonomischen Interessen, naturwissenschaftlichem Sachverstand und staatlicher Rahmenplanung überantwortet werden können, sondern das letzte Wort der Politik verlangen, so gilt auch für den Langzeit-Skandal ›Waldsterben durch sauren Regen‹, daß die dafür verantwortlichen Partikularinteressen der Großfeuerungs- und Kraftwerkbetreiber zu einer massiven Intervention der Politik herausfordern. Wie die Frage der Gen-Manipulation nicht dem ethischen Restbestand der modernen Naturwissenschaften zugemutet werden kann, so erst recht nicht das Spiel mit der Rüstungsspirale dem begrenzten Denkhorizont von Abrüstungsexperten. Auch die Umverteilung einer ›knapp‹ gewordenen Arbeit und die Arbeitsverkürzung können nicht allein durch den eingespielten Mechanismus einer heiligen Tarifautonomie realisiert werden, sondern erfordern einen breiten öffentlichen Diskurs wie die Verantwortung der Politik, wenn die Spaltung der Gesellschaft in einen ›dynamischen Kern‹ und in einen ›Armutsbezirk‹ ... nicht zur Dauereinrichtung der 80er und 90er Jahre werden soll. Eine Ermächtigung der Politik, wenn sie nicht als Neuauflage einer ›Selbstermächtigung‹ oder auf dem wahrscheinlicheren Weg einer autoritärstaatlichen Innovation demokratischer Systeme kommen soll, bedingt soziales Engagement.«[34]

Damit sind auch und vor allem die Intellektuellen dieses Landes gefordert. Gefordert ist eine neue Parteilichkeit, die sich den Parteigängern des Atom- und Orwellstaates in den Weg stellt, bevor dieser alles aus dem Weg räumt, was nicht seine Partei ist.

Gefordert ist – entgegen Hans Magnus Enzensberger – eine neue politische »Konsequenz«, um die fortschreitende Militarisierung und Reaganisierung der Bundesrepublik zu verhindern. Gefordert ist das Engagement für eine neue »qualitative Fortschrittsidee, für die die Schaffung humaner Lebensbedingungen das primäre Ziel ist« (Iring Fetscher), d. h. für ein neues Modell des Wirtschaftens, der politischen und staatlichen Organisation unseres Lebens *jenseits* der vorgefundenen Systemalternative: Kapitalismus oder asiatischer Kommunismus!
In seinem Buch *Überlebensbedingungen der Menschheit* hat Iring Fetscher[35] die kapitalistische Industriezivilisation mit einem »Expreßzug« verglichen, der »unaufhaltsam dahinbraust, einem Ziel zu, welches Katastrophen schwer vorstellbaren Ausmaßes für das in diesem Zug reisende Menschengeschlecht bereithält«. Wenn die Zugkatastrophe verhindert werden soll, dann müssen nicht nur die Weichen anders gestellt werden; der gesamte Fahrplan muß verändert werden; und zwar in Richtung auf eine *bewußt geplante* »sozialistische Industriezivilisation«, wie sie Iring Fetscher in seinem Buche skizziert hat: wobei ich unter »Sozialismus« weder den derzeitigen Sozialdemokratismus verstehe, der mit Hilfe staatlicher Initiativen und Maßnahmen nur die schlimmsten Auswüchse der kapitalistischen Profitwirtschaft einzudämmen sucht, ohne diese selbst in Frage zu stellen, noch den »asiatischen Kommunismus« sowjetischer oder chinesischer Prägung, in dem jegliche demokratische Traditionen und Freiheiten fehlen. Ich spreche vielmehr von einem *»Dritten Weg« in Richtung auf einen freiheitlichen und ökologisch aufgeklärten Sozialismus,* der die privatkapitalistische Akkumulation, diese Haupttriebfeder eines immer irrationaler und destruktiver werdenden Wirtschaftsablaufes, endlich außer Kraft setzt und zugleich an die spezifische Tradition abendländischer Kultur und Demokratie anknüpft, im Sinne des berühmten Wortes von Rosa Luxemburg: »Keine Demokratie ohne Sozialismus. Kein Sozialismus ohne Demokratie.« Mit dieser Formel meinte sie ein westeuropäisches Modell von So-

zialismus, in dem Basisdemokratie und parlamentarische Mehr-Parteien-Demokratie, Selbstverwaltung und ökonomischer Gesamtplan in sinnvoller Weise vermittelt sind. Ein solches Sozialismusmodell hätte eine reale Verwirklichungschance freilich nur unter den Bedingungen der Blockfreiheit und der Neutralität, d. h. in einer entmilitarisierten und atomwaffenfreien Zone Westeuropas.

Auch wenn wir Europäer von einem solchen, vielleicht utopischen Modell heute noch meilenweit entfernt sind, wäre es nicht gerade die Aufgabe der Intellektuellen, anstatt weiterhin für alle Utopien die Totenglocke zu läuten, wieder jenes »weitest reichende Fernrohr« anzulegen, das notwendig ist, »um den wirklichen Stern Erde zu sehen«? Nach Ernst Bloch heißt dieses Fernrohr »konkrete Utopie«.[36]

Zitatnachweise

1 Vgl. hierzu meinen Aufsatz »Die alte neue Philosophie. Über den philosophischen Katzenjammer des André Glucksmann«, in: Michael Schneider, *Den Kopf verkehrt aufgesetzt oder Die melancholische Linke*, Darmstadt und Neuwied 1981

2 Hans Magnus Enzensberger, »Eurozentrismus wider Willen«, in: *Transatlantic*, Oktober 10, 1980

3 André Gorz, *Abschied vom Sozialismus*, Frankfurt a. Main 1980

4 Michael Rutschky, *Erfahrungshunger*, Köln 1980

5 Christian Schultz-Gerstein, »Vatertags-Tour durch den Raketenwald«, in: *Der Spiegel*, Nr. 41 / 1983

6 zitiert nach Christian Schultz-Gerstein, ebenda

7 Michael Brzoska, »Die bundesdeutsche Rüstungsindustrie«, in: Brzoska / Guha / Wellmann, *Das Geschäft mit dem Tod*, Frankfurt a. Main 1982, S. 38

8 Hans Magnus Enzensberger, »Blindekuh-Ökonomie«, in: *Politische Brosamen*, Frankfurt a. Main 1983, S. 123 ff.

9 zitiert nach *Frankfurter Rundschau* vom 14. 1. 1984

10 Rudi Dutschke, *Versuch, Lenin auf die Füße zu stellen. Über den*

halbasiatischen und den westeuropäischen Weg zum Sozialismus, Westberlin 1974

11 Rudolf Bahro, *Die Alternative,* Frankfurt a. Main 1977

12 Ulrich Greiner, »Links, wo der Daumen rechts ist«, in: *Die Zeit* Nr. 45/1983

13 Erhard Eppler, in: »Was heißt hier konservativ?«, in: *Die Zeit* Nr. 43, Oktober 1981

14 Ulrich Greiner, ebenda

15 Hans Magnus Enzensberger, *Politische Brosamen,* a. a. O. Die in Klammern angegebenen Zahlen verweisen auf diese Buchausgabe

16 Hermann L. Gremliza, »Journal des Luxus und der Moden«, in: *Literatur konkret,* Herbst 1980

17 Lothar Baier, »Bleibe zu Haus und nähre Dich redlich«, in: *Freibeuter* 7, Berlin 1981

18 Bertolt Brecht, *Gesammelte Werke,* Frankfurt a. Main 1967, Bd. VIII, S. 881 ff.

19 Friedrich Hölderlin, *Hyperion,* in: *Sämtliche Werke,* Bd. 3, Stuttgart 1958, S. 92

20 Peter Sloterdijk, *Kritik der zynischen Vernunft,* Frankfurt a. Main, 1983

21 Karl Marx, »Einleitung zur Kritik der Hegelschen Rechtsphilosophie«, in: *Frühschriften,* Stuttgart 1953, S. 220/21

22 Bertolt Brecht, *Gesammelte Werke,* Frankfurt a. Main 1967, Bd. XIV, S. 1393 f.

23 Ernst Bloch, *Spuren,* Frankfurt a. Main 1969, S. 141

24 vgl. hierzu meinen Aufsatz: »Von der alten Radikalität zur Neuen Sensibilität. Tendenziöses zur sog. Tendenzwende«, in: *Den Kopf verkehrt aufgesetzt,* a. a. O. S. 142 ff.

24a Karl Marx, »Einleitung zur Kritik der Hegelschen Rechtsphilosophie«, a. a. O. S. 23

25 Vgl. hierzu meinen Aufsatz: »Väter und Söhne, posthum. Über das beschädigte Verhältnis zweier Generationen«, in: *Den Kopf verkehrt aufgesetzt,* a. a. O. S. 7 ff.

26 Christoph Meckel, *Suchbild. Über meinen Vater,* Düsseldorf 1980, S. 144 ff.

27 Peter Sloterdijk, *Kritik der zynischen Vernunft,* a. a. O. Die nachstehend in Klammern angegebenen Zahlen beziehen sich auf diese Buchausgabe

28 Hermann Rauschning, *Masken und Metamorphosen,* Wien 1954
29 FAZ vom 14.12.1983
30 F. R. vom 6.1.1984
31 FAZ vom 23.11.1983
32 zitiert nach Jan-Philipp Sendker, »Ein wehrbereites Volk«, in: *Konkret* Dezember 1983
33 Fritz J. Raddatz, »Die Reaktion marschiert«, in: *Die Zeit,* Nr. 44, Oktober 1983
34 Norbert Kostede, »Mixtum compositum. Der Preis für die Regierbarkeit«, in: *Freibeuter* 15, Berlin 1983, S. 65
35 Iring Fetscher, *Überlebensbedingungen der Menschheit,* München 1980
36 Ernst Bloch, *Das Prinzip Hoffnung,* Frankfurt a. Main, 1959, I. Bd., S. 366.

Aphorismen zur neuen Düsterkeit

Das Zeitalter der Tintenfische

Bekanntlich hüllen sich diese seltsamen Meeresbewohner zwecks besserer Tarnung und Fortbewegung in eine Wolke von Tinte. Da sie ihre Umwelt nur durch einen Tintenschleier hindurch wahrnehmen, erscheint ihnen selbst die reinste Tiefsee als trübes Gewässer. Leider haben diese beklagenswerten Weichtiere kein Bewußtsein davon, daß die Finsternis um sie herum auch das Produkt ihrer eigenen Ausscheidung ist.

Alle Ismen verhaßt

In den letzten Jahren mehren sich die Künstler und Schriftsteller, welche lauthals verkünden, daß sie an kein »System« mehr glauben: weder an den Kapitalismus noch an den Sozialismus, weder an den Liberalismus noch an den Humanismus noch an sonst irgendeinen ›Ismus‹. Alle ›Ismen‹ seien ihnen verhaßt. Bis auf einen, würde ich sagen: Ihr höchsteigener Solipsismus.

Apokalyptiker mit Bauch

Entweder werde sich die Menschheit bis zum Ende dieses Jahrtausends in die Luft geschossen haben oder aber am ökologischen Kollaps krepiert sein, verkündet der Schriftsteller F., preisgekrönter Endzeit-Lyriker in einer Festrede, nachdem er nun auch noch den Literaturpreis der Stadt X entgegengenommen hat. Die Erlösung von dieser Zivilisation erscheint ihm offenbar nur noch als Weltenbrand und Menschheitsdämmerung möglich. Eine halbe Stunde später sehe ich ihn am Büfett mit vortrefflichem Appetit bereits das zweite Filetsteak verzehren. Auch der Krabbencocktail scheint es ihm angetan zu haben: Er nimmt sich das dritte Mal nach. Danach fährt er im Intercity erster Klasse nach Hause und wird, wie gewöhnlich, die Nacht in den Armen seiner Frau verbringen.

Zwei Monate später treffe ich F. auf einem Schriftstellerkongreß wieder. Wiederum verleiht er, in schön gedrechselten Sätzen, seiner Verzweiflung über den drohenden Weltuntergang Ausdruck. Dabei ist sein Gesicht von einer herausfordernden Bräune – er hat nämlich gerade Urlaub auf Mallorca gemacht! – und sein stattlicher Embonpoint ist, wie mir scheint, noch rundlicher geworden.

Ich kann mir nicht helfen: Apokalyptiker mit Bäuchen sind einfach nicht überzeugend!

Agonie und Imagepflege

»Wo man auch hinsieht, alles zerfällt: Die Landschaften, die Städte, die Moral, die Religion, unsere sogenannte abendländische Kultur, die Ehen, die menschlichen Beziehungen – *alles zerfällt*«, höre ich den bekannten Schriftsteller B. in einem Fernsehinterview klagen. Seine elegischen Seufzer und seine tieftraurigen Augen lassen eine äußerst sensible, leidende Künstlerseele erahnen. Tatsächlich versteht es B., wie kaum ein anderer zeitgenössischer Schriftsteller, die Untergangs- und Verfallsymptome unseres Zeitalters in sprachliche Kleinodien, die Agonie in Belletristik zu verwandeln. Fast wundert man sich, wie er das fertigbringt, wo doch der Gegenstand seiner literarischen Juwelierkunst jeden Augenblick zerfallen kann. Herr B. hat Ähnlichkeit mit einer Perlmuschel, die aus Versehen in einen Tümpel gefallen ist.

Neulich erzählte mir ein befreundeter Lektor, daß Herr B., der extrem kurzsichtig ist, soeben bei seinem Verlag durchgesetzt habe, daß seine Bücher in einer größeren Schrifttype gesetzt werden, damit er bei seinen öffentlichen Lesungen und Fernsehauftritten ohne Brille auskommt.
Das ist Herr B.: Predigt den Verfall, bloß sein jugendliches Image darf nicht verfallen.

Je »loser«, desto »genialer«

Seit langem hat die etablierte Literatur-Kritik hierzulande aufgehört, die objektiven oder subjektiven Maßstäbe, an denen sie ein literarisches Werk mißt, in der Kritik selbst auszuweisen. Obwohl die Willkür und Beliebigkeit der Kritik dadurch in erschreckender Weise zugenommen hat, pflegen die meisten Kritiker an irgendeinem geheimen – und sei es noch so kuriosem – Maßstab festzuhalten. Hat man diesen einmal herausgefunden, kann man mit an Sicherheit grenzender Wahrscheinlichkeit voraussagen, wie der betreffende Kritiker ein bestimmtes Buch bewerten wird. Im Fall des bekannten Großkritikers B. empfehle ich folgendes Verfahren: Man zähle in seinem Artikel nach, wie oft darin Eigenschaftswörter mit der Endsilbe »los« vorkommen und schon ist man im Bilde: Je »hoffnungsloser«, »aussichtsloser«, »freudloser«, »sinnloser« dem besprochenen Autor die Welt erscheint, um so höher steht er bei B. im Kurs. Je »loser« dessen Lebensgefühl, um so emphatischer der Jubel des Großkritikers.

Die »kaputten Realisten«

In der zeitgenössischen Literatur und Filmkunst ist ein mit viel Selbstmitleid gepaarter »Realismus« am Werk, der sich für um so »kritischer« und »fortschrittlicher« hält, je desillusionierender er wirkt. Wo diese Autoren und Filmemacher auch hinschauen, überall registrieren sie nur noch »kaputte Menschen«, »kaputte Beziehungen«, »kaputte Hoffnungen«. Ja, manche scheinen eine Art grimmiger Genugtuung darin zu finden, den monströsen Scherbenhaufen der bundesrepublikanischen Alltagswelt immer in brillantere Worte und Bilder zu fassen. Selbstredend sind sie emphatische Gegner jener beschönigenden Literatur, die selbst einen Müllhaufen noch in einen »Zauberberg« verwandelt. Im Gegensatz dazu glauben diese »kritischen Realisten« Fraktur zu reden, indem sie ihre Bücher und Filme nur noch mit lebenden Frakturen, Fragmenten und Wracks bevölkern.

Sie übersehen dabei allerdings, daß das Spiegelbild der Welt *auch* von der Beschaffenheit des Spiegels abhängt, und daß, wenn der Spiegel einen Sprung hat, auch die Welt darin nur noch als Scherbenhaufen erscheint.

Im übrigen gibt es keinen Menschen, der *nur* kaputt ist. Selbst der Kaputteste hat wenigstens einen Zug, eine Eigenschaft, wo er Mensch geblieben ist. Sonst würde er sich selber nicht aushalten. Und selbst der hoffnungsloseste Fall zehrt von wenigstens einer Hoffnung. Sonst hinge er längst am Strick. Diese – vielleicht winzige – Hoffnung, diesen – vielleicht einzigen – *heilen* Punkt an ihm ausfindig zu machen, dazu scheinen unsere »kaputten Realisten« mit ihrer von Weltekel geschwärzten Linse kaum mehr in der Lage zu sein.

Testament in Serie

Immer mehr Dichter und Filmemacher scheinen neuerdings Geschmack daran zu finden, ihren eigenen Tod vorwegzunehmen, indem sie ihre Pseudonyme – meistens ebenfalls Dichter und Künstler – auf der Bühne oder im Film qualvoll verenden lassen. Übrigens ist die Todesart bei all diesen metaphorischen Selbstmördern, einer seltsamen Mode des Zeitgeistes folgend, immer die gleiche: Tod durch Erfrieren! So läßt ein bekannter Autor seinen Lieblingsschauspieler im Schneesturm an der Atlantikküste erkalten. Ein anderer trinkt sich als Dichter im grönländischen Eis zu Tode. Ein dritter schließlich schaut sich genüßlich selber zu, wie er beim Schlittschuhlaufen langsam im Eis versinkt.

Natürlich meinen diese Autoren und Filmemacher den »Künstlertod« durch Erfrieren in erster Linie metaphorisch: Sie wollen damit ein gesellschaftliches Klima bezeichnen, die angebrochene »Eiszeit der Gefühle«, in der auch die Herzen der Dichter erkalten müssen. Beredsam setzen sie uns die Gründe auseinander, warum sie am Ende sind und eigentlich gar nicht mehr schreiben oder filmen können; so daß wir Grund zu der Annahme haben, daß es sich offenbar um das letzte Werk des betreffenden Autors handelt. Und wir finden es nur recht und billig, wenn die Feuilletons ihren poetischen Abgesängen seitenlange Besprechungen widmen. Mißtrauisch werden wir erst, wenn der Autor, der eben erst sein Testament gemacht hat und dessen Verzweiflung wir respektieren, binnen kurzem mit einem neuen Werk an die Öffentlichkeit tritt, in dem er uns auf eine noch beredsamere Art als vorher wissen läßt, warum es sich eigentlich nicht mehr zu schreiben, zu filmen, geschweige denn zu leben lohnt.

In diesem Fall haben wir wohl ein Recht darauf, von dem Autor – bei Anlaß seiner nächsten Lesung oder Premiere – Rechenschaft zu fordern: »Wie – Sie leben immer noch? Jetzt erklären Sie mir doch bitte einmal, was Sie – entgegen Ihren eigenen Aussagen – am Leben hält?« Die Antwort auf diese Frage könnte den Anstoß zu einer ganz neuen Art der Literatur und Filmkunst geben; zu einer Art Tauwetter-Periode im derzeit antarktischen Klima unserer Kultur.

Rettung ins Pseudonym

In dem von der Bestselleritis verseuchten Literaturbetrieb unserer Zeit, in dem es, außer der Verkäuflichkeit und der Auflagenziffer, kaum gültige Qualitätsmaßstäbe für Literatur mehr gibt, können – man weiß es seit langem! – gewisse Autoren schreiben, was sie wollen; egal, ob es gut oder schlecht ist, sie landen fast automatisch auf einer Besten- oder Bestseller-Liste. Manchmal läuft die Sales promotion schon auf vollen Touren, ehe sie nur eine einzige Zeile geschrieben haben. Das breite Leserpublikum erliegt dabei einer Art Plazebo-Wirkung. Die Erwartungshaltung gegenüber dem »literarischen Ereignis *des* Jahres« wird so lange und so gründlich auf allen multimedialen Kanälen stimuliert, daß sie sich in der Regel auch bei der Lektüre bewährt. Der betreffende Titel schlägt bei dem derart konditionierten Leser an wie ein mit viel Werbeaufwand verbreitetes neues Psychopharmakum: Der literarische »Patient« fühlt sich »innerlich gestärkt«, »erregt«, »erhoben« oder »befriedigt«, obwohl er in Wirklichkeit nur eine literarische Schein-Droge, die glanzfolienverpackte Hülse eines »großen Namens« geschluckt hat.
Wie kann ein notorischer Bestseller-Autor, vorausgesetzt, daß er sich gegenüber seinen Lesern einen Rest von Verantwortungsgefühl bewahrt hat, diesem massenhaften Schwindel mit literarischen Plazebos begegnen, zu dem er außer ein bißchen Papier und Tinte nur noch den Namen hergibt? Wie kann er sich vor allem selbst davor schützen, daß er das schier übermächtige Marktgesetz, das »Gesetz der großen Zahl«, das wie das antike Fatum über ihm schwebt, nicht am Ende verinner-

licht und sich bereits für gut hält, bloß weil er sich gut verkauft? Eigentlich bliebe ihm nichts anderes übrig, als einen *fremden* Namen anzunehmen. Wenn sich sein Buch auch unter fremden Namen noch verkauft, dann erst könnte er sicher sein, daß es um seiner *wirklichen* (formalen und inhaltlichen) Qualitäten, und nicht bloß um der Chimäre seines auflagenträchtigen Namens willen gekauft, d. h. wirklich gebraucht wird.
In früheren Zeiten flüchteten die Schriftsteller häufig ins Pseudonym, um der Verfolgung durch Staat und Behörden zu entkommen. Heute hätten gewisse Schriftsteller allen Grund, das gleiche Asyl aufzusuchen, um dem rasanten Gebrauchswertschwund ihrer Produkte durch eine zügellose Vermarktung zu entkommen. Nur sind sie schlechter dran als ihre Vorgänger, weil es viel schwerer ist und viel mehr Selbstkritik erfordert, sich gegen den eigenen (Schein-)Erfolg als gegen Zensur und staatliche Verfolgung zu wehren.

Wie depressiv sind unsere Poeten?

Über Günter Kunert und ZEITgenossen

1. Nachtrag zu einer vorzeitig abgebrochenen Literaturdebatte
Plädoyer für Hans-Jürgen Heise

»In der *Zeit*«, schreibt Peter Sloterdijk in seinem Buch *Zur Kritik der zynischen Vernunft,* »streiten sich die Feuilletonisten nur noch um die richtige Weise, depressiv zu sein ... Wir sind so weit gekommen, daß uns Glück politisch unanständig erscheint. Kürzlich überschrieb Fritz J. Raddatz seine begeisterte Besprechung von Kunerts morbiden ›Abtötungsverfahren‹ (1980) mit den Worten: ›Glück – das letzte Verbrechen?‹ Sagen wir besser: Glück: die letzte Unverschämtheit!« [1]
Es war demnach abzusehen, daß die vom 20. August bis zum 3. September 1982 in der *Zeit* geführte Literaturdebatte: »Wie depressiv sind unsere Poeten?« mit einer öffentlichen Disqualifizierung desjenigen Autors enden würde, der sie mit einer beherzten Polemik eröffnet hatte. Der bekannte Lyriker und Essayist Hans-Jürgen Heise hatte es nämlich gewagt, die *Zeit*-genössische Depressivität und ihren aschgrauen Niederschlag in der derzeitigen Literatur, namentlich der Lyrik, einer kritischen Analyse zu unterziehen: Heise: »Es ist interessant, daß die lyrische Avantgarde ihr Selbstverständnis in dem Augenblick verloren hat, in dem die leitmotivische Idee des historischen Fortschritts zweifelhaft geworden war. Die progressistischen Poeten erlebten nach dem Bekanntwerden der Thesen des ›Club of Rome‹ einen Schock, dessen Heftigkeit sich nur aus der relativen oder absoluten Ahnungslosigkeit erklären läßt, mit der glückverheißende Dogmen und gesellschaftsoptimisti-

sche Parolen in Umlauf gebracht worden waren ... So konnte auf das Pathos der Politlyrik nur eine ideologische Aschermittwochstimmung folgen. Die Dichter, die ihr Ich so lange ausgespart und lediglich das Verfertigen vordergründig-plakativer Texte oder (›konkrete Poesie‹) ein kühles Laboratorium mit Worten praktiziert hatten, waren außerstande, die Farben der ganzen Gefühlspalette zu benutzen. In ihrer Ratlosigkeit entschieden sie sich für das Schwarz der Verzweiflung, einen Einheitsanstrich, mit dem sie alles grundierten. Natürlich kann man bei der heutigen Weltlage keine Poesie fordern, die durchweg heiter, transparent, luzide wäre. Doch man darf die helleren Töne der Dichtung auch nicht unterschlagen oder gar behaupten, es gäbe sie nicht ... Warum, frage ich mich, kann man wohl einem bei seiner Arbeit pfeifenden Dachdecker begegnen, doch kaum noch einem fröhlich gestimmten Poeten? Gibt es im Kulturbetrieb Filter, die nichts Leichtes und Unbeschwertes mehr durchlassen – Ariel, sozusagen in der Strafvollzugsanstalt der Miesepetrigen?«[2]

Als profiliertesten literarischen Repräsentanten der »neuen Düsterkeit«, durch welche die leitmotivische Idee des Fortschritts ersetzt wurde, nennt Heise Günter Kunert. Und völlig zu Recht stellt er die Frage: »Wie läßt sich der Stimmungsgehalt lyrischer Subjektivität verallgemeinern? Jeder Künstler hat das Recht, sich selbst zu realisieren. Und er hat auch das Recht, Freunde, Gleichgesinnte um sich zu sammeln. Die Situation wird jedoch problematisch, sobald die eigene Befindlichkeit und die bevorzugten Gefühlsvaleurs in den Rang von Richtlinien erhoben und zum Maß alles übrigen erklärt werden.« Heise spricht in diesem Zusammenhang von einem *depressiven Stimmungskartell,* das jede Poesie heute als »oberflächlich« oder »unkünstlerisch« abqualifiziert, die nicht seinen Wertsetzungen entspricht.

Wie sehr Heise mit seiner durchaus sachlichen Analyse und Trendbeschreibung zeitgenössischer Lyrik (daß es auch unter den Lyrikern Ausnahmen gibt, die die Regel bestätigen, versteht sich von selbst!) ins Schwarze des *Zeit*-Geistes getroffen hat, zeigten die überaus gereizten Reaktionen einiger Schriftsteller, die sich durch seinen Artikel provoziert fühlten. Obwohl Heise ausdrücklich betont hatte, daß »ihm nichts ferner liege, als anderen die Seelenregungen vorzuschreiben und einen Traurigen etwa daran zu hindern, traurig zu sein«, wurde er von Kunert als propagandistischer Kader einer »neuen Fröhlichkeit« hingestellt, der sein »demagogisch gestimmtes Selbst ... als Stimme des gesunden Volksempfindens empfehle«. Und er rückte Heises Kritik an der »genußverdrängenden Hirnlichkeit« zeitgenössischer Intellektueller und Dichter sogleich in die Nähe von »Ideologemen aus der braunen Mottenkiste«.[3]

Ich fand es beschämend, daß keiner der Literaten (Michael Krüger, Peter Härtling, Adolf Muschg und Karl Krolow), die Kunert sekundierten, ihm in den Arm fiel, als er Heise mit der Keule eines nur schlecht getarnten Faschismusvorwurfes zu erschlagen suchte. Daß die Feuilleton-Redaktion der *Zeit* dem inkriminierten Heise, der teilweise an Rufmord grenzende Denunziationen hinnehmen mußte, keinen einzigen Verteidiger beigesellte, spricht nicht gerade für ihren Liberalismus, auf den sie sich sonst so viel zugute hält.

Da haben wir nun, seit etwa einem Jahrzehnt, eine Literatur, die von sich behauptet, die eigene »Subjektivität« und »Empfindsamkeit« wiederentdeckt zu haben. In bezug auf die zeitgenössische Depressivität aber wird dieses gerade wieder zu Ehren gekommene Ich vollständig exkulpiert. Für die derzeitige Kater- und Aschermittwochstimmung in der Literatur soll nicht etwa *auch* die »Übellaunigkeit«, »Miesepetrigkeit« und die »private Misere« unserer Poeten, sondern einzig und allein der Weltlauf als solcher, der – so Kunert – »denkbar gewordene Untergang der Welt ... die drohende militärische und ökologische Zerstörung des Planeten« verantwortlich sein.

Der rituelle – um nicht zu sagen: routinierte – »Betroffenheits«- und »Erschrockenheits«-Gestus unserer depressiven Lyriker und Ich-Literaten erinnert mich an jenen »inflationären Ge-

brauch von Leidfloskeln«, wie ihn Botho Strauß für die »Szene« beschrieben hat: »... eine Art hypochondrisches Display betreibt Werbung für die eigene Hochempfindlichkeit ... Was werden sie erst sagen, wenn eines Tages der erhebliche Schrecken auftaucht? ... Angst vor Atommüll, Überbevölkerung, Hungerkatastrophen usw.? Nein. Es gibt keine reale Angst vor einem kollektiven Schicksal. Das ist ... immer nur die Reflexion von etwas wesentlich Abstraktem durch das eigene Gemüt. Was ist schon, im Empfindungshorizont des Einzelnen, ein Massentod? ...«[4]
Ist es nicht seltsam? Dieselben Lyriker und Ich-Literaten, die doch sonst, und mit gewissem Recht, am Marxismus zu beanstanden pflegen, daß er die Rolle der Subjektivität und der Persönlichkeit in der Geschichte sträflich vernachlässige – dieselben Leute denken und argumentieren auf einmal ganz streng deterministisch, ja, geradezu vulgärmarxistisch. Nach dem Motto: Das grauenhafte Sein bestimmt das Bewußtsein! Dabei ist es noch nicht einmal ein faktisches, sondern nur ein mögliches, ein futuristisches Sein, das unser Bewußtsein schon jetzt zur Depression verurteilen soll. Und wehe, es ist nicht depressiv! Dann ist es nämlich – o Kurzschluß! – ein »falsches«, ein »ideologisches Bewußtsein«, das sich in die Idylle, in eine »heile Welt« davonstehlen will, oder noch schlimmer: ein latent faschistoides Bewußtsein, das im Namen des »Positiven«, des »gesunden Volksempfindens« die Produkte unserer depressiven Lyriker auf den Scheiterhaufen der »entarteten Kunst« zu werfen droht. – Darf man denn das *Zeit*genössische Stimmungskartell, das die Literatur auf einen einzigen, nämlich den depressiven O-Ton verpflichten will, nicht mehr kritisieren, ohne mit dem Dekadenzvorwurf der Nazis gegen die damalige »Asphalt-Literatur« gleichgeschaltet zu werden?
Folgt man den allergischen Invektiven gegen Heises Artikel, dann könnte man fast zu dem Schluß kommen, die ganze Ich-Literatur der letzten Jahre sei eine pure Maskerade gewesen. Denn hätten die Kunert, Härtling und Krüger wirkliche Ich-

Forschung betrieben, dann müßten sie wissen, was heute längst psychoanalytischer Gemeinplatz ist: daß im Falle anhaltender Depression deren eigentliche Quelle weniger im Außen, vielmehr im Innen zu suchen ist; in der Subjektivität, der Lebensgeschichte des betreffenden Menschen. Bei aller gestörten Vitalität hat der Depressive freilich ein vitales Interesse daran, sich von seinen drückenden Versagens-, Schuld-, Haß- oder Ekelgefühlen zu befreien, indem er diese nach außen »projiziert«. Infolgedessen ist seine Wahrnehmung durchaus nicht objektiv, vielmehr im höchsten Grade subjektiv und selektiv: Im Extrem nimmt er von der Außenwelt überhaupt nur noch diejenigen Momente wahr, die mit seinem negativen Lebensgefühl korrespondieren. Vor einem blühenden Apfelbaum stehend, wird er mit Vorliebe nach jenen Äpfeln suchen, die faul und wurmstichig sind. Und wenn er ein Lyriker ist, dann wird er den faulen Apfel als Beweis und Metapher dafür nehmen, daß alles in der Welt faul und wurmstichig ist. Wenn daher der Lyriker und Lektor Michael Krüger eine »universelle Verstinkung« registriert, dann darf man getrost annehmen, daß die primäre Stinkquelle in seiner eigenen Brust liegt.

Kunert hat es Heise offensichtlich am meisten verübelt, daß er es überhaupt wagt, zwischen dem »Dichter«, der gleichsam stellvertretend für die ignorante Menschheit leide, und dem »Dachdecker« einen Vergleich herzustellen. Das ist für Kunert natürlich reinste Demagogie: »Anders läßt sich sein (Heises) Vergleich, der keiner ist, da er bewußt Inkommensurables als gleichwertig nebeneinanderstellt, um es mit einem falschen Gewicht abzuwägen, gar nicht verstehen ... Statt zu fragen, wieso man vor Auschwitz und Hiroshima anders geschrieben hat als nach Auschwitz und Hiroshima, kommt er uns mit dem metaphorischen Dachdecker, als sei dessen fröhliche Ignoranz das verpflichtende Maß aller Lyrik. Wer so etwas schreibt, disqualifiziert sich selbst.«

Ich möchte in diesem Zusammenhang an eine Geschichte Franz Kafkas erinnern, die wohl verdiente, zu seinen besten gerechnet zu werden: Ich meine seine späte Erzählung *Josefine, die Sängerin, und das Volk der Mäuse*, die für Kafkas Sicht auf den Künstler geradezu exemplarisch ist. Jedenfalls wird hier der elitäre Künstler- und Geniebegriff, dem Kunert und unsere Feuilletonisten anhängen, einer radikalen und höchst vergnüglichen Kritik unterzogen. Das Volk der Mäuse, durchaus vergleichbar unserem »pfeifenden Dachdecker«, steht Josefines Gesangskunst zwar durchaus wohlwollend gegenüber und spart nicht mit Applaus. Und doch erscheint es ihm immer wieder fraglich, ob ihr Gesang nicht bloß eine höhere Art des Pfeifens sei, ja, vielleicht sogar, über die Grenzen des üblichen Pfeifens gar nicht hinauskommt. Im Unterschied zu Kunert besteht Kafka gerade auf dem »Kommensurablen« zwischen Josefines lyrischen Koloraturen und dem beifälligen Pfeifen der Mäuse; und bis zuletzt bleibt unentschieden, ob Josefines erlesene Gesangskunst nicht bloß auf einer Selbsttäuschung und der freundlich-nachsichtigen Projektion ihrer mausgrauen Zuhörerschaft beruht.

Ist es nicht merkwürdig? Vor fünfzehn Jahren gab es hierzulande etliche »Dichter«, die ihr hochgestochenes, vom bürgerlichen Geniebegriff des 19. Jahrhunderts abgezogenes Selbstbild in der Öffentlichkeit freiwillig zurückgenommen haben. Bescheiden, und in durchaus realistischer Einschätzung ihrer gesellschaftlichen Rolle, nannten sie sich fortan »Autoren« und begriffen sich wie andere auch als *arbeitende* Menschen (der schreibenden Zunft). Ein Jahrzehnt später steht der »Dichter«, in der weihrauchgeschwängerten Luft des deutschen Feuilletons, wieder auf dem Kothurn und darf sich, wie gehabt, als »Priester« und »Seher« seines Volkes aufspielen. Dabei pfeifen die Spatzen jene Un-Heilbotschaft, die der Teiresias der deutschen Lyrik mit seherischer Gebärde verkündet, längst von den Dächern. Auch unser metaphorischer Dachdecker weiß längst um jene ökologischen und atomaren Bedrohungen, auf die Kunert sein Untergangs-Pathos gründet. Und trotzdem, Kunert zum Trotz, pfeift der gute Mann. Aus »fröhlicher Ignoranz«?

Nein! Er pfeift, weil er, im Unterschied zu unseren depressiven Intellektuellen, im Hier und Heute lebt und sich wie ein Masochist vorkäme, wenn er, mit Blick auf eine bedrohliche Zukunft, auf sein bißchen Lebensfreude schon jetzt verzichten sollte.

Schon Adornos Forderung, daß man nach Auschwitz keine Gedichte mehr schreiben könne, haftete – wiewohl unmittelbar nach dem Kriege verständlich – etwas Verquält-Masochistisches an. Genausogut hätte Adorno fordern können, daß man nach Auschwitz sich nicht mehr mit so esoterischen Fragen befassen dürfe, wie die Musikästhetik sie aufgibt. Aber natürlich schnitt sich dieser vorzügliche Musikkritiker nicht ins eigene Fleisch. – Daß, wie Kunert konstatiert, nach Auschwitz und Hiroshima andere Lyrik als davor geschrieben wurde, ist natürlich richtig. Aber daß der Lyriker nach Auschwitz und Hiroshima sein Haupt und seine Verse nur noch mit Asche bestreuen dürfe, halte ich für einen durch nichts gerechtfertigten Purismus.

Wenn Kunert heute seine lyrische Produktion vornehmlich in den Dienst des Weltuntergangs stellt, so folgt er noch immer jenem Gesetz der Ideologisierung von Kunst, das er ansonsten so scharf bekämpft. Hat sich die Lyrik der späten sechziger und der frühen siebziger Jahre zum Propheten eines blind geglaubten Fortschritts und einer ungebrochenen Aufklärung gemacht, wobei sie oft genug zur Gesinnungslyrik entartete, so macht sie sich nun, bei Kunert und anderen, zum Propheten einer ebenso ungebrochenen Anti-Aufklärung und Geschichtsverzweiflung. Das heißt, im Grunde haben wir es nur mit einer umgekehrten Gesinnungslyrik zu tun, mit Gesinnung ex negativo, die nun alle Ideologien, Utopien und Hoffnungen von vormals zwanghaft negiert. Das Gemeinsame zwischen der damaligen (politischen) Gesinnungslyrik und der heutigen Untergangslyrik aber besteht darin, daß sich das lyrische Ich dem geglaubten Weltenlauf – damals dem linearen Fortschrittsgedanken, heute dem apokalyptischen Gedanken – subaltern unterwirft und zur selbstbewußten Entfaltung *aller* Stimmungsregister der Condition humaine gar nicht mehr kommt. Die eigene subjektive Befindlichkeit dermaßen rigide einem Abstrakt-Allgemeinen unterzuordnen, in dessen Namen die ganze Klaviatur der menschlichen Empfindungen nivelliert wird, so daß nur noch ein einziger, der depressive Dauerton (wie der zermürbend monotone TV-Summton nach Programmschluß) hörbar wird – dies scheint mir eher eine deutsche Intellektuellen-Krankheit denn eine poetische Tugend zu sein. Und genau dies meint Heise, wenn er vom »alten unfrohen Klima genußverdrängender Hirnlichkeit« spricht und, auf Nietzsche Bezug nehmend, sagt, daß »ein Mensch, der durch und durch historisch zu empfinden trachtet, vital zu Schaden kommt«.

2. Die Entlassung des Menschen aus dem Gedicht. Ideologiekritische Aperçus zu Günter Kunerts neuerer Lyrik

Wo sich der Erfolg eines Lyrikers nicht zuletzt den vielfältigen Ressentiments und schlechten Ideologiesurrogaten verdankt, die hinter der poetischen Verschalung sichtbar werden, da ist, neben der literarischen, auch Ideologiekritik angebracht; zumal die zum Verzweifeln schöne absteigende Tonfolge der Kunertschen Poesie geradezu zur Erkennungs-, ja Lieblingsmelodie des hiesigen Feuilletons geworden ist: Geschichtsverzweiflung in Versen – und zwar für den erlesensten Geschmack! Die Würdigung der unbestreitbaren artistischen Fähigkeiten dieses Lyrikers, seiner formalen Meisterschaft, seines virtuosen Umgangs mit der literarischen Tradition etc. überlasse ich daher für diesmal seinen zahlreichen Bewunderern auf der feuilletonistischen Galerie, die auch die allerneuesten lyrischen Simulationen dieses Untergangs-Künstlers mit brausendem Applaus bedacht haben.[5]

Wie uns der Klappentext der neuesten Gedichtsammlung *Still-*

leben[6] versichert, verweisen diese Gedichte auf eine vertiefte »Trauerarbeit«. In der Tat hat Kunert schon oft, zuletzt in seinem Essay »Deutsche Angst«, deutlich gemacht, wie sehr er an der Kardinalunfähigkeit der Deutschen, ihrer »Unfähigkeit zu trauern«, leide: »Sicher sind die Deutschen die Tüchtigsten, aber sie haben dafür, indem sie ihre Ängste verdrängten und kompensierten, im romantischen Wortsinn mit ›ihrem Seelenfrieden‹ bezahlt ... Unsere ›Unfähigkeit zu trauern‹ beruht auf der Angst vor der Trauer, vor der Hingabe an das Leid der Welt, obgleich eine derartige Hingabe zum inneren Gleichgewicht gehört. Der durch Alexander Mitscherlich beinahe zum geflügelten Wort gewordenen Trauerunfähigkeit der Deutschen korrespondiert dialektisch jene zur Fröhlichkeit und zum Glücklichsein. Wer nicht weinen kann, wird kaum je lachen können.«[7]

Dies ist gewiß eine richtige Diagnose bezüglich »deutscher Mentalität«. Und lange Zeit ließ sich Kunerts Poesie als dichterischer Gegenentwurf zur Trauerunfähigkeit seiner Landsleute verstehen. Der schmückende Beiname »Dichter der Traurigkeit«, mit dem Kunert alsbald geadelt wurde, verwies denn auch auf die besondere Empfindlichkeit und Verletzbarkeit dieses Poeten, der die von seinen Zeitgenossen verdrängten Ängste und Leiden in seinen Gedichten formulierte. Vor allem in seinen frühen Prosastücken lagen die Bruch- und Wundstellen der eigenen Biographie noch offen zutage. Kunerts Bedrohungs- und Ohnmachtsgefühle waren hier an konkrete Menschen, vor allem an Frauengestalten gebunden, die zumeist in der Doppelgestalt als Verursacher wie als mögliche Erlöser von diesen Ängsten erschienen.

Anders in Kunerts neuerer Lyrik: Die persönlichen Anlässe seines Unglücks, seines Leidens sind fast vollständig weggeblendet; dieses wird vielmehr zum Leiden an der Welt, am Weltzustand als solchem stilisiert und ideologisiert. Angst und Verzweiflung, die in Kunerts früheren Dichtungen noch aus einem bedrängten Herzen kamen, das sich seiner seelischen Folterknechte zu entledigen hoffte, gehören nun gleichsam zum liebgewordenen Inventar seines seelischen Besitzstandes. Kunerts Angst, seine Angst zu verlieren, ist mittlerweile so groß, daß ihm nun jedes Gelächter als Flucht vor der Angst, jedes Moment von Glück als verlogene Bemäntelung eines allumfassenden Unglücks erscheint: »Neben der Hülle aus Luft / und Dampf und Gift / umfängt aus Unglück eine / die Kugel ... unstofflich sich verbreitend und sich verbindend jedem Wort / des Bedauerns / jedem Lächeln wie ein Krampf / jedem Händedruck verräterisch /« – so hieß es schon im »Beitrag zur Geologie« aus dem vorletzten Gedichtband *Abtötungsverfahren.*[8] Die Angst, hat Wilhelm Reich einmal gesagt, spielt in der psychischen Ökonomie dieselbe Rolle des Äquivalents wie das Geld, der materialisierte Tauschwert, in der kapitalistischen Ökonomie. Wie dieses alle Gebrauchswerte nivelliert, so nivelliert jene alle Gefühlswerte. Die Angst verwandelt gleichsam alle Farben der Gefühlspalette in ein uniformes Grau-Schwarz. Demnach ist Kunert schon lange kein »Dichter der Traurigkeit« mehr, der ja (wie er selber sagt) dialektisch die Fähigkeit zur Fröhlichkeit und zum Glücklichsein korrespondiert, vielmehr der Verseschmied einer chronisch gewordenen Depression.

Er ähnelt jenem Prinzen der Sage, den der Blick zurück, d. h. in die eigene Vergangenheit, versteinern ließ. So nämlich geht es Kunert mit seiner DDR-Vergangenheit. Sein Abschied von der DDR war keiner in Trauer, es war vielmehr eine eisige, ja, haßerfüllte Trennung von dem Land, das ihm einst nicht nur politische Heimat, sondern auch Gegenstand seiner patriotischen Verehrung gewesen ist. Davon zeugen manche seiner früheren Gedichte, die im Westen, versteht sich, nie publiziert worden sind. So viele Belege Kunert für die bürokratisch erstarrten und versteinerten Verhältnisse der DDR anzuführen weiß, es ist nicht zuletzt sein eigener gorgonischer Blick, unter dem sich seine Vergangenheit in eine einzige »tote Zone« verwandelt: »Da ist nichts mehr / zu beschreiben. Statt dessen / verhöhnt Beton alles Eingedenken.«

Wo die eigene Vergangenheit zum »Niemandsland« erklärt wird, da muß auch die Gegenwart zum »Stilleben« im Sinne von stillgestelltem Leben, ja, zur »Nature Morte« werden, wie eines der Leitgedichte der neuen Gedichtsammlung heißt: »Fade Wiederholung: / Dieser Abend eines vorigen und / vorvorigen. Wieder täuscht Ruhe / Frieden vor ... Am Ende sind die Taschen leer / wie am Anfang. Und / über das Fensterbrett zieht / das apokalyptische Heer der Ameisen schon ...« Wer aus seiner Vergangenheit nichts mitzunehmen weiß, dem wird auch die Gegenwart »leer«. Kein Wunder, daß sich in den neuen Gedichten die Metaphern der Leere, des Nichts und der Stille stereotyp häufen. Fast könnte man sagen, Kunert kokettiere mit dem Nirwana-Gefühl. Seine einzig noch erkennbare Euphorie scheint dem Horror vacui zu gelten: »Statt eines Traumes lauter leere Taten« ... »Sprachlos über die leeren Seiten der Geschichte gebeugt« ... »Es brennt die Welt sich selber langsam leer« ... »und dabei hatte ich einstmals / die ganze Erde im Griff / und nun: Nichts in der Hand«.

Zwischen »Alles oder Nichts« gibt es bei Kunert kein Etwas. Es ist dieser teutonische Absolutismus seines Denkens und Fühlens, der seine Verzweiflung, die doch erhaben sein möchte, unfreiwillig in die Nähe gekränkter Omnipotenz-Phantasien und pubertärer Sinnkrisen rückt. Wer die Hand immer gleich nach der »ganzen Erde« ausstreckt und den Blick immer gleich ins Kosmische richtet, dem müssen Hand und Blick natürlich leer werden. Und wer »den Sinn« hinter den Sternen sucht, statt im konkreten Menschlichen und Geschichtlichen, der wird freilich nichts finden.

Mit der Geschichte jedoch, vor allem mit der des »realen Sozialismus«, ist Kunert schon lange fertig. Warum der DDR-Sozialismus, unter den gegebenen historischen Umständen des postfaschistischen Erbes und der stalinistischen Umklammerung, degenerieren mußte – diese Frage stellt sich auch der Essayist nicht. Statt dessen projiziert der Lyriker seine Enttäuschung am »realen Sozialismus« nun auf die ganze Weltgeschichte zurück.

Heraus kommt dabei – wie könnte es anders sein – ein stockkonservativer Sozialdarwinismus (nämlich daß der Mensch dem Menschen übler ist als ein Wolf) und die Menschheits- als verfehlte Fortschrittsgeschichte, als ununterbrochene Geschichte der »Aberrationen«. Nur Kunerts lyrische Ideologiegeschichte ist natürlich von dieser universalen Aberration ausgenommen. »Der« Mensch ist ihm eine »ausgesetzte Fehlgeburt«, ein »Wesen, das sich selbst verschlingt«. Zuweilen glaubt man zwischen den misanthropischen Zeilen herauszuhören, daß diese anthropologische Mißgeburt ihren Untergang eigentlich verdient hat.

Wo die Natur nur noch als »Nature Morte« und die gesellschaftliche Natur des Menschen als bloße Maskierung seiner Raubtiernatur gesehen wird (»Du bist ein Tier. Und bist es stets geblieben«), da bleibt die Einsamkeit als einziger Modus des (dichterischen) Existierens übrig. Wer diese Daseinsweise freiwillig oder notgedrungen wählt, dem wird niemand einen Vorwurf machen können. Wo aber, wie bei Kunert und seinem feuilletonistischen Anhang, die Einsamkeit zur höheren Daseinsweise, ja, geradezu zum Signum des poetischen Geburtsadels verklärt wird, da ist Einspruch geboten. Daß der vereinsamte und dem Tod geweihte Dichter eigentlich der »wahre Dichter« sei – diesen romantischen Edelkitsch hat Kunert erst kürzlich wieder in einer *FAZ*-Besprechung von Borns Lyrik verbreitet: »Allein es gehört zu den psychischen Implikationen dieser besonderen Gattung, daß ihre Schöpfer dem Tode auf gewisse Weise näher sind als andere Autoren.« Und im gleichen Artikel rühmt er Borns Lyrik als eine »Evolution der Einsamkeit«, ja, Einsamkeit sei hier »zu sich selbst gekommen«.[9] Aus dem »Gift des dunklen Insichseins«, wie Ernst Bloch die Einsamkeit charakterisiert, mixt Kunert einen lyrischen Cocktail, und nur wer diesen Giftbecher bis zum Grunde geleert hat, gilt ihm und dem deutschen Feuilleton offenbar als »Dichter«.

Kunerts vielzitierte Hoffnungslosigkeit, seine verzweifelten Abgesänge auf einen zweifelhaft gewordenen geschichtlichen

Fortschritt sowie seine expressionistische Beschwörung des drohenden Weltenendes konnte man anfangs vielleicht noch als lyrischen Auf- und Protestschrei gegen eine Zivilisation begreifen, die – im Namen des Wachstums und des Wettrüstens – auf ihre eigene Zerstörung hinarbeitet. Inzwischen ist seine Menschheitsverzweiflung längst zur misanthropischen Pose, seine Hoffnungslosigkeit zur feuilletonistischen Phrase geworden, die nun genauso doktrinär daherkommt wie die von ihm attackierten Fortschrittsideologien. Es ist schon fast gleichgültig, wo man den neuen Gedichtsband aufschlägt, überall ertönt dieselbe Litanei: »Einmal ergreift jeden / die schwarze Woge / und schleppt ihn mit / und wirft ihn nieder / am Kap / der guten Hoffnungslosigkeit.« Oder: »Ein Name fiel: Du warst betroffen / Was es bedeutet, weißt nur Du allein: / Das Gegenteil von allem Hoffen / Ein Synonym für Einsamsein.« Und an anderer Stelle, fast schon Hamletartig: »Statt Hoffnung spricht zu Dir das Schweigen.« Lauter schöne Kalendersprüche, die sich der *Zeit*genössische Spießer übers Bett hängen kann. Wo nämlich das Kapital der Hoffnung aufgezehrt ist, da kann man die Hände getrost in den Schoß legen und auf das Weltenende warten, derweil man sein Kapital für sich arbeiten läßt.
Ein einziges von diesen mehr als neunzig Gedichten ist an einen konkreten Menschen gerichtet: an des Dichters Frau M. Alle anderen handeln von »der« Menschheit. Das macht mißtrauisch; zumal selbst die in diesem Gedicht beschworene »Zweieinigkeit« den Dichter in seiner globalen Verlorenheit nicht zu trösten vermag. »Kein Traum, kein Denken und kein Samen / Verloren ich: In aller Namen«, heißt es bald darauf in einem anderen Gedicht. Zu großspurig wirkt solcher Verlassenheitsgestus, als daß sich die gewünschte Anteilnahme mit dem »poète maudit« wirklich einstellen würde. – Wo, wie in diesen Gedichten, kaum ein menschliches Verhältnis mehr aufscheint, das (wenigstens kurzfristig) Vertrauen, Nähe und Sinn stiften kann, da stellt sich der Verdacht ein, daß es die eigene Eiseskälte ist, die – als nach außen projizierte – macht, daß einem die

Welt nur noch als Gletscherlandschaft erscheint. »Ach, leugne nicht, daß kalt Dein Herz und leer / Da selbst für Dich es jeder Sorge bar / Gesteh', Dich liebt so mancher, nimmermehr / Liebst einen Du, das ward mir offenbar. / Du bist so ganz von Eigenhaß besessen / Daß Du Dich selber gegen Dich verschwörst / Das herrliche Gebäude pflichtvergessen / Statt es zu schützen, freventlich zerstörst.« – Nein! Dieses Sonett ist nicht von Kunert. Es ist von Shakespeare.[10]

Womit wir beim vielbesprochenem Hauptmotiv der Kunertschen Lyrik wären: dem Todesmotiv, das dem Feuilleton als todsicheres Indiz für poetische Qualität und Tiefgründigkeit gilt. Was gibt es auch Tiefgründigeres, als in schön gedrechselten Versen das Leben als ununterbrochenen Totentanz, die Geschichte als ein einziges Gebeinhaus darzustellen? Den Tod, den Goethe einmal einen »Kunstgriff des Lebens« nannte, hält Kunert nämlich für das einzig wahre Sein, während für ihn die Vielfalt des Lebendigen – barock gesprochen – nur eitles Blendwerk, kolorierter Schein ist. Kunert teilt zwar die Todessehnsucht des späten Barock, ohne jedoch – Puritaner, der er ist – an dessen überbordender Lebens- und Sinnenlust teilzuhaben.

Auf der anderen Seite scheint Kunert an nichts mehr zu leiden als an seiner Vergänglichkeit und Sterblichkeit. Zuweilen hat man den Eindruck, daß er nur deshalb mit der Schöpfung hadert, weil sie ihm das endliche Schicksal all seiner Artgenossen bereitet hat. Und er zahlt es ihr über den Tod hinaus heim, indem er sich weigert, den kostbaren Stoff, aus dem sein unvergleichlicher Corpus delicti gemacht ist, mit der übrigen Materie in Tuchfühlung treten zu lassen: »Hinauslaufen in die bodenständigen Wolken / und nicht wiederkommen / und nicht mehr aufgefunden werden / nicht als vermißte Person / als fehlende Zahl / als Kadaver / als Reprise ewigen Unkrauts / auch nicht / als unwägbare Anzahl / von Mineralien und Spurenelementen ...«

Kunert scheint sich nicht damit abfinden zu können, daß er Unsterblichkeit höchstens mit seinen Gedichten erreichen kann. Zum Beispiel mit diesem: »Die Kugel soll verfliegen / auf der wir alle stehen / Ich bin an Deiner Seite / und laß es doch geschehen.« Soll man es Leicht- oder Hintersinn nennen, daß der Dichter ausgerechnet die ehemalige Reichshauptstadt, vierzig Jahre nach dem »Endkampf«, noch einmal dem apokalyptischen Feuerteufel überantworten will? »Berlin du späte Totenstadt / vergraut und still wie nie zuvor ... Du wirst versinken und vergehn / wie andre Städte einstens auch: / Berlin – auf Nimmerwiedersehen. Verfall zu Staub, steig auf in Rauch.« Günter Kunert – oder das klammheimliche Einverständnis mit dem Weltuntergang.

Kunerts mönchisches Starren auf das Weltenende (das ihm als sicher gilt, obwohl er sonst alle Sicherheiten ablehnt) kommt mir vor wie eine umgekippte Jenseitserwartung. Die Apokalypse wird ihm gleichsam zum Religions- und Ideologieersatz. Und es ist bezeichnend für alle adventistischen Ideologien, ob sie nun die baldige »Erlösung« durch das Jüngste Gericht oder die »Endlösung« durch einen Atomkrieg erwarten, daß die Lebensspanne *vor* dem visionierten Ende für sie keinerlei *vitalen Wert* mehr besitzt. Entsprechend wird Gegenwart, menschliches Da-Sein in seiner Unmittelbarkeit und Widersprüchlichkeit auch nicht mehr zum Gegenstand der Kunertschen Poesie.

»Dem schlecht Entzauberten«, hat Ernst Bloch einmal gesagt, »schickt das Jenseits einzig Kälte herüber, ein doppeltes Memento mori, das Leben, das Handeln total entwertend.« Auch Kunerts Endzeit-Lyrik steht (für mich) in jener Tradition christlicher Unfröhlichkeit, deren Blick von allem magisch angezogen wird, was sich als Beweis für die Negativität des Daseins auffassen läßt. Kunert negiert alles – nur nicht seinen eigenen Negativismus. Denn die »Negation der Negation« wäre ja wieder eine Bejahung, und die fürchtet er wie der Teufel das Weihwasser.

Wenn sich der klassische Kitsch, sei es in der Malerei, sei es in der Literatur, durch eine widerspruchlose Darstellung, durch

Schönfärberei und Vergoldung seines Gegenstandes definierte, so läßt die monotone Schwarzmalerei der Kunertschen Endzeitlyrik den Umkehrschluß zu: Daß wir es hier mit *schwarzem Kitsch* in edelster Form zu tun haben.
Der Begriff des Kitsches wird zumeist als Synonym für ein falsches und unechtes Gefühl benutzt. Dies stellt eine unzulässige Vereinfachung dar. Dem Kitsch liegen immer auch echte Gefühle zugrunde, im Fall des goldenen Kitsches etwa die Sehnsucht nach Harmonie und Glück, im Fall des schwarzen Kitsches die Erfahrung von Angst, Unglück und Schrecken. Das Falsche und Unechte am Kitsch entspringt allein dem Ausklammern und Wegblenden der *Widersprüche* sowohl der eigenen Gefühle als auch des Objekts, welches zum Gegenstand der Sehnsucht oder der Angst wird. Kitsch entsteht immer dann, wenn ein einziger Gefühlsvaleur zum Lebensgefühl schlechthin stilisiert, ein einziger Bildausschnitt zum Weltbild *ideologisiert* wird. Darum möchte ich Günter Kunert die Echtheit seiner Depression gar nicht absprechen. Es ist nur die falsche Verabsolutierung seiner depressiven Gestimmtheit zum »Wesen« der Menschheit und zum »Geist« der Geschichte, die seine jüngsten Produktionen meines Erachtens zum schwarzen Kitsch werden lassen.
Kunerts Menschheitsverzweiflung stellt aber nicht nur ein schlechtes Ideologie-Surrogat dar; aus ihr läßt sich auch bedenkenlos ideologisches Kapital schlagen. So fehlt in keinem Kommentar zu Kunerts neuerer Lyrik der Hinweis, daß seine Geschichtsverzweiflung auf dem Boden der DDR gewachsen sei. Nicht zuletzt seinen lyrischen Ab- und Grabgesängen auf das andere Deutschland verdankt Kunert seinen düsteren Ehrenplatz im westdeutschen Kulturbetrieb. Seltsamerweise hat kein Rezensent bisher die Frage gestellt, warum Kunerts Depression nachweislich zugenommen hat, seit er das »totalitäre Regime der DDR« mit dem »Land der Freiheit« vertauscht hat. Wenn Kunerts DDR-Erfahrungen hauptsächlich an seinen Bedrückungen schuld sind, dann hätte man nach seiner Übersiedlung in die BRD eigentlich einen Aufschwung seiner Lebensgeister erwarten dür-

fen. Das genaue Gegenteil ist indessen eingetreten, wie seine letzten Gedichtbände bezeugen.
Es stellt sich daher die Frage, ob nicht auch und gerade Kunerts Emigrantenschicksal mitursächlich für seine wachsende Depression ist. Die Umarmung durch den westdeutschen Kulturbetrieb hat, soweit ich sehe, für viele DDR-Emigranten etwas Tödliches; gilt sie doch in den meisten Fällen weniger dem Dichter und seinem Werk, vielmehr dem DDR-Flüchtling, der (oft, ohne sich dessen bewußt zu werden) als literarischer Kronzeuge einer gegen die DDR gerichteten Propaganda benutzt wird. Und gewöhnlich geht seine Karriere hierzulande nur so weit voran, als er in diesem kulturpolitischen Spiel mitspielt. Das Unglück vieler DDR-Emigranten rührt zum Teil daher, daß sie gleichwohl spüren, daß sie selbst und ihr Werk eigentlich gar nicht gemeint, sondern primär Mittel zum Zweck sind. Hinzu kommt, daß sie (nach meinen Erfahrungen) den abrupten Wechsel der kulturellen Klimazonen seelisch meist nicht verkraften. Der Kulturbetrieb der DDR gleicht einem streng patriarchalisch geführten Familienbetrieb, der Geborgenheit, Zusammenhalt und kulturelle Identität um den Preis stiftet, daß die künstlerische Freiheit entschieden eingeengt und jeder ernstliche Verstoß gegen die Richtlinien der Partei mit schweren Sanktionen (vom Publikationsverbot bis zum Ausschluß aus dem Schriftstellerverband und der Zwangsausbürgerung) geahndet wird. Der bundesrepublikanische Kulturbetrieb dagegen gleicht einem anonymen Dschungel, in dem zwar im Prinzip alles erlaubt ist, aber um den Preis, daß selbst die entschiedenste literarische und politische Opposition früher oder später vermarktet und vereinnahmt wird (und so letztlich wenig bewirkt) und jede kulturelle Identität im Strudel der immer schneller wechselnden Trends und Moden zerstört wird. Und so fallen die aus der DDR emigrierten Schriftsteller und Künstler, ist der erste Empfangs- und Verkaufsrausch erst einmal vorbei, gewöhnlich ins Bodenlose, kommen nicht mehr zurecht, fühlen sich als Fremdlinge in einem Kulturbetrieb, in dem jeder

gegen jeden kämpft und in dem man bei Strafe, sofort in Vergessenheit zu geraten, jeden Trendwechsel, jeden literarischen oder Bewußtseinswandel mitvollziehen muß. Just in dem Deutschland ihrer Wahl fallen sie dann oft jener Depression anheim, der sie durch die Emigration aus dem anderen Deutschland zu entkommen suchten.
Auch auf dem Grunde der Kunertschen Menschheitsverzweiflung lassen sich unschwer die Züge dieser gesamtdeutschen Symptomatik erkennen; die wechselseitige Paranoia einer geteilten Kulturnation, die – hüben wie drüben – ihre Schriftsteller und Künstler vornehmlich als Stellvertreter im ideologischen Abgrenzungskrieg und Grabenkampf benutzt. Wird ihre künstlerische Freiheit östlicherseits sofort beschnitten oder aufgehoben, wenn sie gegen die Richtlinien der Partei verstoßen, so werden sie westlicherseits zumeist sehr schnell fallengelassen, wenn sie nicht die Rolle des Denunzianten gegenüber dem Land spielen, das sie verlassen haben (oder mußten). So gesehen, spiegelt der depressive Dauerton der Kunertschen Lyrik auch die gesamtdeutsche Misere wider.

Zitatnachweise

1 Peter Sloterdijk, *Kritik der zynischen Vernunft*, Frankfurt a. Main, 1983, S. 250
2 Hans-Jürgen Heise, »Eiszeit- und Endzeit-Gedichte«, in: *DIE ZEIT*, Nr. 34, 20. 8. 1982
3 Günter Kunert, »Weltende oder private Misere?«, in: *Die Zeit*, Nr. 34, 20. 8. 1982
4 Botho Strauß, *Paare Passanten*, München 1981, S. 164
5 Vgl. hierzu Harald Hartungs Rezension von Kunerts *Stilleben* in der *Frankfurter Allgemeinen Zeitung* vom 10. 9. 1983 und Karl Rihas Besprechung in der *Frankfurter Rundschau* vom 8. 10. 1983
6 Günter Kunert, *Stilleben*, München 1983
7 In: Günter Kunert, *Diesseits des Erinnerns*, München 1982, S. 160/161

8 Günter Kunert, *Abtötungsverfahren,* München 1980

9 Günter Kunert, »Vergiß nicht, Dir eine Wunde offenzuhalten. Die Gedichte Nicolas Borns, in: *Frankfurter Allgemeine Zeitung,* Literaturbeilage, 29.3.1983

10 William Shakespeare, *Sonette, Epen und die Kleineren Dichtungen,* München, 1975, Sonette 10, S. 17

Kassandra oder die Menschwerdung vor dem Untergang

Über Christa Wolf

Es fällt nicht schwer, große Literatur gegen solche Kritiker zu verteidigen, die ihr, aus welchen Gründen auch immer, ihren Rang streitig zu machen suchen. Daß ein Berufskritiker wie Reinhard Baumgart, der notorisch Larmoyanz mit Sensibilität und Depressivität mit Gefühlstiefe verwechselt, Christa Wolfs gar nicht larmoyante, gleichwohl hochsensible Erzählung *Kassandra* im *Spiegel* abkanzeln würde, hätte man beinahe voraussagen können. Als »kalt, ehern und pathetisch« mußte ihm freilich ein Prosastück wie dieses erscheinen, das nicht im depressiven Uniform-Look zeitgenössischer Modeliteratur daherkommt. Ausgerechnet dieser Stammgast im »Grand Hotel Abgrund«, der seit Jahren jeden zweit- und drittklassigen Literaten auf den Kothurn setzt, wenn er nur sein Zimmernachbar ist, warf Christa Wolf vor, daß »sich hier Dichtung ereigne«. Wie sehr muß sich dieser Kritiker seinem eigenen Metier entfremdet haben, daß er Dichtung unerträglich findet!

Schon schwieriger wird die Sache, wenn man diese Dichtung auch gegen solche Kritiker verteidigen muß, die sie zwar emphatisch bejubeln, doch aus fragwürdigen, ja, fadenscheinigen Gründen. So hat man bei dem *Zeit*-Kritiker Fritz J. Raddatz den Eindruck, daß seine Begeisterung für Christa Wolfs *Kassandra* sich demselben katastrophilen Geschmack verdankt wie seine Emphase für Günter Kunerts Untergangslyrik. Natürlich läßt sich auch diese Parabel auf eine Welt, die blindlings ihrem Untergang zusteuert, als Beleg für jene Endzeit-Philosophie benutzen, die unsere Feuilletonisten heute mit geradezu missionarischem Eifer vertreten. Nur daß im Zuge solch vorschneller Eingemeindung auch der tiefe Graben überbrückt wird, der diese Erzählung von den moribunden Produkten unserer Endzeit-Literatur trennt. Denn nicht darum geht es Christa Wolf, die Apokalypse als neue Weltenreligion, als schlechten Ideologie-Ersatz zu zelebrieren wie Günter Kunert; auch nicht darum, für die zynische Demontage sämtlicher sozialer und politischer Utopien eine poetische Metapher zu liefern wie H. Magnus Enzensberger im *Untergang der Titanic*. Ihre Kassandra sieht zwar den Untergang Trojas voraus, aber sie wird darüber weder zur Misanthropin noch zur Zynikerin noch zur Nihilistin. Im Unterschied zum Katastrophismus der westdeutschen Kulturszene, der das politische Seh- und Unterscheidungsvermögen der meisten Intellektuellen getrübt hat, schärft die Agonie Trojas den Blick und das soziale Bewußtsein dieser intellektuellen »Seherin«. Und wenn sich ihre Kollegen hierzulande für die depressive Uniform entschieden haben, dann führt uns diese Kassandra noch einmal die ganze Palette der menschlichen Empfindungen vor Augen, zieht sie, angesichts ihres nahen Todes, noch einmal alle Gefühlsregister, wird sie vital und menschlich wie nie zuvor. Die *Vermenschlichung* und Verlebendigung ihrer Heldin im Vorfeld der Katastrophe bringt Christa Wolfs Erzählung in einen strikten Gegensatz zu jener morbiden Devitalisierung und Enthumanisierung, an der der zeitgenössische Feuilletonismus und »seine« Untergangsliteratur krankt.

Christa Wolf hat sich dem antiken Stoff nicht nur als Poetin, sondern auch als historische Materialistin genähert. Und es ist faszinierend, ihr bei der Arbeit zuzusehen: Wie sie den alten Mythos vom Untergang Trojas historisiert und zugleich aktualisiert. Ihre Kassandra ist nämlich keine herkömmliche »Seherin«. Weder aus dem Vogelflug noch aus den Eingeweiden der Opfertiere, sondern aus der genauen Beobachtung der Gegenwart, in der der »Vorkrieg« längst begonnen hat, schließt sie auf die Zukunft. Ihre Sehergabe besteht einzig darin, daß sie sieht –

im Unterschied zu ihren trojanischen Mitbürgern, die an ideologisch bedingten Wahrnehmungsdefiziten leiden –, was wirklich vorgeht, und sich nicht scheut, das auszusprechen, was sie sieht. Und so kann selbst der in antiker Mythologie nicht beschlagene Leser ohne weiteres nachvollziehen, wie hier eine kriegerische Männergesellschaft ihre eigene Zerstörung betreibt; wie sie, schon vor der offiziellen Kriegserklärung der Griechen, auf einen politischen und militärischen Konfrontationskurs geht; wie die Heldenvergötterung zunehmend als Teil einer umfassenden Kriegspropaganda erkennbar wird; wie das Gastrecht zunehmend dem »Sicherheitsdenken« geopfert wird; wie sich die trojanische Demokratie peu à peu in einen totalitären Staat verwandelt, der von der Geheimpolizei des Eumelos dirigiert wird; wie der Krieg schließlich um eines puren Phantoms willen geführt wird – denn Paris hat Helena, die ihm der Ägypterkönig längst wieder abgejagt hat, gar nicht nach Troja entführt; wie sich, als Bedingung und Folge des Krieges, die traditionelle Ordnung, auch die der Geschlechter, auflöst – diese einzelnen Phasen der trojanischen Agonie setzen, wie von selbst, so viele Vergangenheits- wie Gegenwartsbezüge frei, verweisen ebenso auf die Geschichte des »Dritten Reichs« und des Stalinismus wie auf das mörderische Wettrüsten der heutigen Supermächte oder auf die schleichende Aushöhlung der US-amerikanischen und bundesrepublikanischen Demokratie als Folge der Hochrüstung. Nicht zuletzt der enorme historische und aktuelle Anspielungsreichtum macht diese Parabel zu einem großen Stück Literatur.
Meisterhaft versteht es Christa Wolf, über den Kunstgriff des »inneren Monologs« die politische Geschichte vom Untergang Trojas mit der »inneren Geschichte« ihrer Heldin zu verknüpfen. Die Erzählung steht nämlich in einem szenischen Rahmen und damit in einer starken zeitlichen Spannung: als Lebensrückschau Kassandras, die Agamemnon als Beute nach Mykenae geführt hat und die nun ihren Tod durch die Schergen Klytemnestras erwartet. Allerdings ziehen die Jahre nicht in bio-

graphischer Gradlinigkeit an ihr vorbei, vielmehr in freier Assoziation, wobei Erinnerung und Reflexion nahtlos ineinander übergehen. Es ist diese kurze Zeitspanne bis zu ihrem Tod, die ihre Rückschau verdichtet und bündelt, indem nur das Wesentliche aus dem Strom der Erinnerung gefiltert wird.

Mit derselben Wahrnehmungsschärfe, mit der sie die zunehmende Zerrüttung des Staates registriert, hält sie die gefühlsmäßigen und Bewußtseinsveränderungen fest, die ihre Selbstwerdung als Frau begleiten. Immer kritischer betrachtet sie ihre Laufbahn als Seherin und Priesterin des Apollo-Tempels, die auf der Zurücksetzung ihrer Schwester Polyxena aufgebaut war. Immer verdächtiger wird ihr die Ausübung eines Amtes, das »Würde, Abstand und Ersatz für Freuden« schafft, die ihr versagt geblieben. Auch dem verborgenen Motiv ihrer Rolle als »Unheils-Prophetin« kommt sie auf die Spur: »Habe ich ihnen (gemeint ist die Familie), unbeugsam die Wahrheit sagend, Verletzungen heimgezahlt, die sie mir beigebracht haben?« Ja, sie lernt selbst ihren Wahn zu durchschauen, der seine eigene Dialektik hat: Einerseits wird sie, weil sie die Wahrheit sagt, vom Palast für »verrückt« erklärt; andererseits überläßt sie sich zeitweise tatsächlich dem Wahn, um in ihm das auszuagieren, was sonst keinen Ausdruck finden kann: ihre schrecklichen Gesichte vom nahen Untergang, an den das siegessichere Troja nicht glauben will. »Wahn-Sinn als Ende der Verstellungsqual«.

Indem Kassandra sich selbst auf die Schliche kommt, lernt sie auch ihre Mitbürger, vor allem die Männer, zu durchschauen. Aber ihr Wissen über die Männer ist keine feministische Kopfgeburt, es ist nicht aus der frostigen Distanz, der präjudizierten Ablehnung »der« Männer, vielmehr aus der intensiv erlebten Nähe zu ihnen entstanden: ein durch Leiden und Leidenschaften erworbenes Wissen. Auch wenn Kassandra eindeutig Partei für die Frauen (beider Lager) ergreift, die »vor ihren verwilderten Männern genauso viel Angst haben wie vor dem Feind«, so verurteilt sie doch die Männer nicht, sucht vielmehr zu verstehen, warum sie so geworden sind, wie sie sind, sucht sie noch in ihrem Tätersein als Opfer zu begreifen. Indem sie sich auf ihre vielfältigen, widersprüchlichen und oft zwiespältigen Gefühle im Verhältnis zur Männerwelt einläßt, entsteht erst jenes breite Spektrum psychologisch differenzierter Männergestalten, das in der Literatur unserer Tage kaum seinesgleichen hat.

Aus dem Fundus der antiken Heldensage schöpft Christa Wolf die Archetypen der bis heute herrschenden Männlichkeit. Einige von ihnen lernt Kassandra bereits in Gestalt ihrer Brüder kennen. Am Beispiel des Paris, des »schönen Blonden«, erfährt sie, was der Donjuanismus, der Mann als notorischer Herzensbrecher, den Frauen zufügen kann. Am Ende durchschaut sie voll Trauer, was hinter der Maske ihres erfolgssüchtigen Bruders steckt: ein »Schwächling«, der um jeden Preis mit der Macht »übereinstimmen« will. Bruder Hektor liefert ihr das Exempel dafür, wie der Mann zum unempfindlichen Kriegshelden abgerichtet wird, dessen heroischer Todesmut sich letztlich dem Mangel an Phantasie und der Unfähigkeit zur Angst verdankt. In ihrem jüngsten Bruder Troilos betrauert sie jenen gutmütig-treuherzigen Typus des Kämpfers, den sein naiver Idealismus zum Schlachtopfer geradezu prädestiniert. In Eumelos, dem Chef der Geheimpolizei, tritt ihr jener finstere Typus des Aufsteigers und Karrieristen entgegen, der all seine Persönlichkeitsdefizite durch Machtbesessenheit kompensieren muß. Die barbarischste Gestalt von Männlichkeit aber verkörpert »Achill, das Vieh«, der noch Penthesileas Leiche schändet und Troilos sexuell mißbraucht, nachdem er ihn hingeschlachtet hat.

Den Mann als Liebhaber erfährt Kassandra in zweierlei Gestalt. Durch den griechischen Tempelwärter Panthoos lernt sie die körperliche ohne die seelische Liebe kennen, was ihr Verhältnis zu ihm von Anfang an zwiespältig macht: »Ich aber wußte nicht, wie ich Haß und Dankbarkeit gegen ein und denselben Menschen mit mir herumtragen sollte.« Panthoos, diesem verschlagenen Zyniker, dessen Überlebenstaktik »Eigenliebe« heißt, steht der weich- und offenherzigen Aineias gegenüber, dem die Götter die Gabe der Lüge zum Glück versagt haben. Er ist und bleibt der »glühende Punkt« in ihrem Innern. Mit ihm macht Kassandra die Erfahrung einer zärtlichen und gewaltfreien Liebe. Beide verweigern sich dem herrschenden Gesetz des Nehmens und Genommenwerdens, was anfangs zum beidseitigen Versagen führt, eine der rührendsten und humorvollsten Szenen in dieser Erzählung: »Die Amme und die Mutter und Herophile, die Priesterin, hatten mir die Pflichten des Beilagers eingeschärft, aber sie rechneten nicht damit, daß die Liebe, wenn sie plötzlich dazwischentrat, den Pflichten des Beilagers im Wege sein kann, so daß ich mir nicht zu helfen wußte und in Tränen ausbrach über seine Unsicherheit, die doch nur durch meine Ungeschicklichkeit verschuldet sein konnte. Jung, jung sind wir gewesen. Wie er mich küßte, mich streichelte und berührte, ich hätte getan, was er wollte, nur schien er nichts zu wollen, ich sollte ihm etwas verzeihen, aber ich verstand nicht, was.«

Auch die Vaterfigur erlebt Kassandra in doppelter Gestalt. Obwohl Priamos der Abgott ihres Mädchenherzens war, bringt ihre politisch unerwünschte Sehergabe sie in einen schmerzlichen Gegensatz zum Vater und zur Palastgesellschaft. Als sie sich schließlich für eine Humanisierung der trojanischen Kriegsführung einsetzt und ihre Zustimmung zu dem hinterhältigen Plan der Tötung Achills verweigert, bekommt sie die despotische Gewalt des Vaters zu spüren. Priamos läßt seine Lieblingstochter zur Strafe für ihren Ungehorsam und ihre »Kollaboration mit dem Feind« in den Kerker werfen. In einer mit einem Weidengeflecht ausgelegten Höhlung wird sie beinahe lebendig begraben; der Weidenkorb, an dessen Flechtwerk sie sich abarbeitet, wird zum bewegenden Bild ihrer seelischen Verwaisung. »Es war der Schmerz, den ich doch zu kennen glaubte. Jetzt sah ich: Bisher hatte er mich kaum gestreift. Wie man den Felsen nicht erkennt, der einen unter sich begräbt und nur die Wucht des Aufpralls spürt, so drohte mich der Schmerz um den Verlust all dessen, was ich ›Vater‹ nannte, zu erdrücken.«

Als Kassandra, nach dem geglückten Attentat auf Achill, endlich befreit wird, kehrt sie nicht in die Zitadelle zurück. Sie schließt sich vielmehr den Frauen am Skamander an, die, abseits von den männlichen Kriegsschauplätzen, ein eigenes Leben zu führen suchen. Christa Wolf skizziert hier eine Art alternativer Gegenkultur im antiken Gewand, die auf der Solidarität der Frauen gründet. Der Schutzpatron dieser kleinen Solidargemeinschaft von trojanischen »Aussteigern« und Kriegsmüden beiderlei Geschlechts, ist der liebenswürdige und humorvolle Anchises, Vater des Aineias, der für Kassandra die Rolle eines Wunsch- und Ersatzvaters spielt, indem er »uns Jüngere lehrte, wie man mit beiden Beinen auf der Erde träumt«.

Es zeugt von der humanen Poetik der Christa Wolf, daß sie für jedes Schreckbild von Männlichkeit immer auch das versöhnende Gegenbild bereithält, so daß sie bzw. ihre Kassandra nie jenem verzweifelten Feminismus anheimfällt, der die todessüchtige Penthesilea umtreibt. Diese will nämlich, daß »alles aufhört«, weil sich nur so erreichen lasse, daß »die Männer aufhören«. Anstelle des Männlichkeitswahns setzt sie den Weiblichkeitswahn – eine Haltung, mit der sich Christa Wolf in ihrem Kommentarband zur *Kassandra* kritisch auseinandersetzt. Obwohl sie hier noch einmal ihren uneingeschränkten Protest gegen die Entwürdigung der Frau zum Objekt formuliert, warnt sie zugleich vor feministischem Sektierertum: »Weibliches Fühlen und Schreiben« gebe es nur, »insoweit Frauen aus historischen und biologischen Gründen eine andere Wirklichkeit erleben als Männer«. Doch einen »wahren Horror« habe sie vor »jener Rationalismuskritik, die selbst in hemmungslosem Irrationalismus endet«.

Im Unterschied zu den reich facettierten und widersprüchlichen Männergestalten dieser trojanischen Epopöe bleiben die

Frauengestalten zumeist auf einen psychologischen Grundzug reduziert. Hekabe, die schweigende und strenge Mutter, Arisbe, die weise Ratgeberin, Parthena, die fürsorgliche Amme, Marpessa, die treue Dienerin, Oinone, die das Opfer des Paris wird, Briseis und Penthesilea, die zur Beute des Achills werden, die schöne Polyxena, die sich selbst zugrunde richtet, um sich an den Ihren zu rächen – sie alle werden zwar mit viel Wärme und Sympathie gezeichnet, doch fallen ihre Porträts vergleichsweise schmaler aus als die der Männer. Kassandras gefühlsmäßige Ambivalenz im Verhältnis zum Mann erweist sich jedenfalls als größere literarische Produktivkraft als ihre historisch und politisch berechtigte, doch manchmal zu pauschale Solidarität mit dem eigenen Geschlecht.
Gegen Ende kommt der wundervolle, jambische Sprachfluß dieser Erzählung plötzlich ins Stocken. Die Sprache wirkt seltsam formelhaft und stellenweise sogar pathetisch. Ich glaube, der Grund dafür ist, daß Christa Wolf ihre Kassandra, darin dem mythischen Vorbild getreu, unbedingt als Heroine sterben lassen will. Daß sie sich freiwillig in die griechische Gefangenschaft begibt, statt mit dem Mann zu ziehen, der als Hoffnungsträger einer neuen, menschlicheren Zivilisation beschrieben wird, gibt einige Fragen, wenn nicht Rätsel auf. Denn es bleibt festzuhalten, daß Kassandra keinem äußeren, nur einem inneren Zwang folgend diesen letzten Schritt vollzieht.
Ist ihre Identifikation mit dem zerrütteten Vater und der Familie, trotz des Bruchs mit ihr, zuletzt doch stärker als die Liebe zu Aineias, so daß der Exodus ihres Hauses und ihres Volkes auch der Ihre werden muß? Kann Kassandra mit dem Schuldgefühl der Überlebenden nicht leben? Auch die Zukunft wirft ihre Schatten voraus und verdunkelt selbst das Bild jenes Mannes, der sie nie zum Objekt gemacht hat. Jedenfalls befürchtet Kassandra, daß auch Aineias, als Stammvater einer neuen Zivilisation, den Gesetzen der Männergesellschaft erliegen wird: »Einen Helden kann ich nicht lieben. Deine Verwandlung in ein Standbild will ich nicht erleben.« Der Tod ist ihr lieber, als

an der Seite eines neuen, eines Zivilisationshelden ein Leben zu führen, in dem sie (wie schon einmal) so gut wie begraben wäre. Oder sind es ihre zum Teil traumatischen Erfahrungen mit der Männerwelt, die sie an der dauerhaften Verbindung mit jenem Mann hindern, von dem sie bis zuletzt sagen kann: »Ich liebe ihn mehr als mein Leben«?

Es fällt nämlich auf, daß ihre Begegnungen mit den trojanischen Männern immer nur kurzfristig sind; als ob die zu ihnen hergestellte Nähe nur um den Preis einer rasch wieder einsetzenden Distanzierung und Abwendung zu erreichen ist. Stationenhaft ziehen jene an ihr vorüber: als Heldengarnitur. Nur Aineias und Achill, diese beiden Antipoden ihres Herzens, vermögen das anhaltende Interesse Kassandras auf sich zu ziehen, wobei die negative Fixierung auf ihren Todfeind das Bild des Geliebten zeitweise völlig zurückdrängt. Jedenfalls hat man den Eindruck, daß die zärtliche Liebe, die sie für Aineias empfindet, den abgrundtiefen Haß kaum aufwiegen kann, mit dem sie Achill, dieses traumatische Bild vergewaltigender Männlichkeit, innerlich besetzt hält. Bleibt die Frage: Hat Kassandra, wiewohl sie die ehrgeizigen Posen und Bilder männlichen Heldentums vollkommen durchschaut, diese zuletzt doch – wie Penthesilea – verinnerlicht? Denn sosehr sie sich auch vom martialischen Weiblichkeitswahn der Amazone distanziert, so hat sie doch mit ihr gemein, daß sie den Heldentod dem Leben an der Seite eines männlichen Helden vorzieht. Ihre dauerhafte Verbindung mit einem Mann wäre der gemäßigten Feministin Christa Wolf vielleicht doch als »Kapitulation vor dem Mann« erschienen. Kassandras völlige Abkoppelung von der Männerwelt erscheint denn auch als Preis einer »Autonomie«, die zuletzt mit völliger Vereinsamung – und in diesem Sinne – mit dem Tod identisch ist, noch *bevor* Klytemnestras Schergen sie umbringen.

Nicht zuletzt dies spricht für den poetischen Charakter dieser großen Erzählung, daß so viele Fragen an sie möglich sind.

Ein neuer Festredner des »Grand Hotel Abgrund«

Über Botho Strauß' »Paare Passanten« und die neue Menü-Karte des Feuilletons

1.

Wenn der Anschein nicht trügt, dann befindet sich unsere Literatur derzeit auf dem Rückzug in die kleine literarische Form, in das Gedicht, die Novelle, die kurze Prosa. Für diesen Befund spricht u. a. der Aufschwung, den die Lyrik in den letzten Jahren genommen hat, sprechen auch die zahlreichen Novellen, die geschrieben werden, während der Roman, vor allem der kritische Gesellschafts- und Zeitroman, mehr oder weniger darniederliegt oder, wo es ihn gibt, nur schwer in die literarische Öffentlichkeit dringt. Der lange Atem des klassischen Romanciers ermüdet offenbar ein auf schnellen literarischen Konsum disponiertes Publikum, das einen Fernsehabend einer abendfüllenden Lektüre allemal vorzieht. Hinzu kommt, daß die katastrophischen Zeitläufte, denen wir entgegensehen, eher nach der literarischen Kurzform verlangen, die ein Höchstmaß an subjektiver »Betroffenheit« vermittelt. Gedicht und Kurzgeschichte sind einem Blitzlicht vergleichbar, das kurz, aber dafür grell aufleuchtet, während der Romancier einem Manne ähnelt, der mit einer Lampe in ein Dorf geht, um alle Straßen, Häuser, Höfe und Winkel auszuleuchten. Wo also die Literatur hauptsächlich Stimmungsbarometer eines katastrophischen Zeitgeistes ist, wie schon einmal nach dem Ersten Weltkrieg der Expressionismus, da hat der Romancier es naturgemäß schwer.
Und so ist es wohl kein Zufall, daß immer mehr Bücher, die heute noch in Romanform bzw. Romanformat erscheinen, bei

Lichte besehen lose Kompendien von kurzer und Kürzest-Prosa sind. Der Vorteil dieser offenen und gemischten Prosaformen liegt auf der Hand: sie ermöglichen es dem Autor, ad hoc viel Gegenwart, also Zeitgeist, zwischen zwei Buchdeckel zu bannen, und befreien ihn zudem von der ästhetischen Bürde, die der alte Romancier noch zu tragen hatte; vom Zwang zur Komposition, zum einheitlichen Aufbau, zur konsequenten Durchführung der Handlung, zur genauen Entwicklung und Begründung der Charaktere usw. Die Gefahren solcher collagierten literarischen Formen liegen gleichfalls auf der Hand: eine gewisse, fast unvermeidliche Beliebigkeit in der Auswahl und Collage der einzelnen Prosasegmente, das bloß ausschnitthaft-episodische Erzählen, der passantische Blick auf die Menschen und ihre Verhältnisse – und damit die Gefahr, einem voyeuristischen Feuilletonismus zu erliegen, der – wie in der Peep-Show – das obskure Objekt der Begierde immer nur kurz zu sehen und niemals zu fassen bekommt.

2.

Schon von der formalen Seite aus betrachtet ist das jüngste Prosawerk von Botho Strauß *Paare Passanten*[1] – ein lockeres Kompendium von literarischen Skizzen, Notaten, kurzen Erzählungen, Reflexionen und essayistischen Streiflichtern – exemplarisch für unsere Gegenwartsliteratur. Kein Roman in jüngerer Zeit ist von den maßgeblichen Feuilletons mit solch ungeteiltem Jubel aufgenommen worden wie dieser geschickt collagierte Flickenteppich, der – wie uns die Literaturkritiker versicherten – die komplette »Physiognomie unserer Zeit« (Martin Lüdke)[2] enthalte. Ja, Joachim Kaiser sprach anläßlich des Erscheinens von *Paare Passanten* sogar von einem »historischen Datum der deutschen Literatur« und verfiel in einen solchen Begeisterungstaumel, als hätten wir es hier mit einer neuen, zeitgemäßen *Minima Moralia«* zu tun.[3]

Solch ungebrochene Emphase hat sich bei mir während der Lektüre nicht eingestellt. Ich war vielmehr zwischen Faszination und Verstimmung, Bewunderung und Verärgerung hin und her gerissen, wobei letztere schließlich überwog. Erstere galt dem subtilen Beobachter, dem kritischen Sittenschilderer und dem virtuosen Sprachartisten Strauß; letztere dagegen dem kaltblütigen Schlüssellochgucker zeitgenössischen Elends, dem verblasenen Kitschier und nicht zuletzt dem mondänen Kulturphilosophen, der sehr genau weiß, wann er seinen kritischen Kopf einziehen muß, um mit dem herrschenden Zeitgeist (der immer auch der Herren eigener Geist ist) nicht zu kollidieren.

Daß Botho Strauß ein Meister der kleinen Form ist, hat er schon in seinen früheren Prosastücken (*Die Widmung*, *Marlenes Schwester*, *Rumor*) bewiesen. So auch in *Paare Passanten*. Mit ein paar Federstrichen eröffnet er den Durchblick auf eine ganze Biographie, umreißt er das Charakteristische einer Situation oder eines Menschen. Selbst alltägliche und scheinbar nichtssagende Situationen vermag er so darzustellen, daß sie einem neu und fremd erscheinen. Die zahlreichen Überraschungs- und Verfremdungseffekte dieser Prosa verdanken sich nicht zuletzt einer in der deutschen Gegenwartsliteratur seltenen Sprachkultur, einer Kostbarkeit und Festlichkeit der Diktion, die allerdings aus den traurigsten Sujets noch ästhetisches Kapital zu schlagen und selbst das zeitgenössische »Beziehungs«-Elend noch als literarische Delikatesse zu servieren versteht. Die Eigentümlichkeit (und der stupende Erfolg) solcher Prosa beruht nicht zuletzt auf der produktiven Reibung zwischen Inhalt und sprachlicher Form: daß hier einer mit den prunkenden Mitteln einer alten, weitgehend dem 19. Jahrhundert verhafteten Ästhetik das marode Lebensgefühl seiner Generation auszudrücken sucht.

Die Paare und Passanten, die hier an uns vorüberziehen, entstammen vornehmlich jener aufgeklärten intellektuellen Mittelschicht, die sich einst als Avantgarde des historischen Fortschritts verstanden hat. Die ingenieurshafte Fertigteil-Sprache, den entleerten Psycho-Jargon, den »Betroffenheits«-Kitsch dieser (durch eine vulgäre Aufklärung hindurchgegangenen) Mischkläßler nimmt Strauß ebenso aufs Korn wie ihre »zum Geschwätz verdünnten«, gleichwohl komfortabel eingerichteten »Beziehungen«: »Gute moderne Zweierbeziehung. Sie gehen lässig und freundlich miteinander um, ohne Übertreibungen, ohne Flamme. Das ›sogenannte Irrationale‹ wird mit eben dieser Floskel angepackt und unter Kontrolle gehalten. Ihre Einstellung zu Beruf und Pflichten ist, soweit eben möglich, lustbetont« (S. 25). In zahlreichen Varianten führt uns Strauß die neuen Biedermänner einer sexuellen Revolution von Konsums und Wilhelm Reichs Gnaden vor, die aus der »Liebe« zuletzt nur ein »Serienprodukt« gemacht hat: »Sie sind Körperfreunde. Sie wissen wenig voneinander, nichts Tieferes, vom Lebensweg des anderen nur eben so viel, wie man in Zigarettenpausen spricht und dann leicht vergißt. So wird es getan, genauso wie es in tausend Magazinen schon beschrieben und sogar empfohlen wurde ... Wir haben es hier eher zu tun mit einer liberal-demokratischen Einrichtung, chaoslos und angstfrei, die Liebe dem Guten untergeordnet, domestiziert und der Freiheit gewidmet. Die Angst gehört den Atomkraftwerken. Keiner ist mehr gezwungen, sie an ihrer geschlechtlichen Quelle selbst zu ertragen.« (S. 16)

Nach einem Satz von Hegel nimmt die Poesiefähigkeit in der Geschichte in dem Maße ab, wie die Aufklärungsrate zunimmt. Dieser Satz läßt sich auch auf die sexuelle Aufklärung beziehen, die – so notwendig und unvermeidlich auch immer – mit einer erschreckenden Ernüchterung, Entzauberung und Entradikalisierung der erotischen Sphäre bezahlt wurde. Aus dem Projekt der »freien Liebe« ist längst der freie Markt der Liebe geworden, und die Prüderie der Elterngeneration und der Adenauer-Ära, an der sich die Revolte der Jüngeren einst (mit)entzündete, ist längst einer neuen Form der Prüderie gewichen: der Risikoverminderung der Gefühle im freien Spiel der Partnerwahl. Dies hat Strauß sehr hellsichtig diagnostiziert: »Allein das Wort Beziehungen wirkt sich handschweißhemmend aus. So handelsplatt, wie es klingt, sucht es den Umgang mit der gründlichen Gefahr, welche die Liebe ihrem Wesen nach für das Gemeinwohl darstellt, künstlich zu ernüchtern und eine Berechenbarkeit hineinzubeschwören in eine Sphäre, die immer noch die ursprünglichste, undurchdringlichste und verschlingendste des Menschen ist. Es mag sein, daß daran die Herrschaft alles Möglichen, die totale Erlaubnis, der Konsum auf die Dauer etwas ändern werden und alle Bindungen lose und schwächlich werden. Wie der Geschichtslose an den kalten Inszenierungen von Vergangenheiten ... sich erfreut, so wird dann den Lieblosen kaum etwas anderes mehr erregen als die Spurensicherung der Liebe. Zu gerne würd' er mal erfahren, was wohl ein sog. erotisches Abenteuer wirklich war, oder wie eine Leidenschaft sich ausnahm, die erst im Bruch von Regeln, Sitte und Widerständen groß geworden war.« (S. 16/17)

Jene Passionen, deren Glanz und Elend Balzac uns noch in der *Comédie humaine* geschildert hat, sind, in dieser schlecht aufgeklärten Sphäre, längst konsumeristisch vereinnahmt, sozialpartnerschaftlich neutralisiert. Im Schein-Paradies der »totalen Erlaubnis« findet jedes Begehren sofort seine (Ersatz)Befriedigung, noch bevor es sich je zur Leidenschaft (alten Stils) auswachsen kann. Wo eine Versagung, der Liebeskummer oder gar die Verzweiflung drohen, bieten sich Trost und Tröster wie von selber an. Tausenderlei Ablenkungen und Surrogate stehen heute bereit, um etwaigen – für den Partner und die Sozietät – gefährlichen Ausbrüchen von Liebesleidenschaft vorzubeugen und die erotischen Energien im sexuellen Tauschverkehr zu zersplittern. Diese Art »Freiheit« hat uns eine ganz neue Art von Unglück und psychischem Elend beschert, das sich zum Unglück der Elterngeneration, die noch an den Ketten fester Tabus und Moralvorstellungen hing, geradezu spiegelverkehrt verhält.

Daß die zügellose Freiheit nicht minder unglücklich macht wie der Zwang, der Genuß im Überfluß (und Überdruß) nicht minder wie die Entbehrung – diese Weisheit der Alten ist unserem Zeitalter längst verlorengegangen. »Im Vorhof des Olymp«, so erzählte noch Kleist, sich auf Homer berufend, »stünden zwei große Behältnisse, das eine mit Genuß, das andere mit Entbehrung gefüllt. Wem die Götter aus beiden Fässern mit gleichem Maße messen, der ist der Glücklichste; wem sie ungleich messen, der ist unglücklich, doch am unglücklichsten der, dem sie nur allein aus einem Fasse messen.«[4]

3.

So sehr ich Strauß' Kritik an der permissiven Verflachung und Verdinglichung der erotischen Verkehrsformen teile, so sehr verstimmt mich sein ressentimentgeladener und oftmals denunziatorischer Blick auf die heutige Paar-Welt. Immer wieder hat man den Eindruck, daß hier ein einsamer Preziosus sich für seine voyeuristische Ausschließung an denen rächt, die – in all ihrem »kläglichen« Beziehungs-Clinch – gleichwohl Nähe, Verständnis, Geborgenheit und kleine Brückenköpfe im täglichen Überlebenskampf zu bilden suchen: »Es bleibt gar nichts übrig, als auch noch den albernsten Schund des Gesellschaftlichen mitzutragen: Vater, Mutter, Tochter gründen eine Eltern-Kind-Gruppe und vernetzen sich mit Kittas und Bereichsräten der Selbsthilfe, mit Eigenbedarfswerkstätten, dem Kneipenplenum und der fahrbaren Stadtteil-Psychotherapie. Und doch: wie möchte man sich immer mehr von diesen Menschen der Stunde, den ganz und gar Heutigen unterscheiden?« (S. 26)
Strauß' Angst, seine kostbare Individualität vor der »Vernetzung« zu bewahren, wird dort geradezu panisch, wo ihm der eigene Trieb dazwischenkommt. Darum muß er jedes schöne Mädchen, das ihn lockt, nach der erotischen Vereinnahmung sogleich denunzieren, um ihr ja nicht »ins Netz« zu gehen. Im einen Fall liefert ihm ihre Unbildung – daß sie nicht weiß, wer

Buñuel ist (S. 46) –, im anderen Fall ihre Geschwätzigkeit (S. 27) den Vorwand für einen wohlgeordneten Rückzug. Gleichwohl weiß dieser Feinschmecker den erotischen Gebrauchswert der Passantinnen, die seinen Weg kreuzen, sehr wohl zu taxieren, und auch er partizipiert, auf verschämt-melancholische Weise, an jener »gottverdammten Fick-und-Ex-Gesellschaft«, die seinen ganzen Abscheu erregt. Aus diesem Widerspruch, so sollte man meinen, müßte sich für ihn eigentlich ein Konflikt, mindestens eine kritische Selbstbefragung ergeben. Doch mit nichts und niemandem auf der Welt geht Botho Strauß so schonend um wie mit sich selbst. Vor Selbstkritik schützt ihn der gleiche »blinkende Schuppenpanzer des Narzismus« (S. 45), der ihn von den Objekten seiner Begierde nachgerade abstößt.

Was hat ein Mädchen, das, vom Fitness-Training kommend, grußlos an ihm vorbeihetzt, diesem Autor getan, daß er sie so beschreiben muß: »... der eilige Aufstieg eines ebenso biestigen wie duldsamen, eines so geschäftigen wie gleichgültigen, so unberührbaren wie verbrauchsintensiven Narzismus ...« (S. 86) Als eine von ferne beobachtete Geliebte, die von einem Auto angefahren wird, beim Hinfallen eine schlechte Figur macht, gesteht der Autor (hier zwecks besserer Tarnung in die Rolle eines Dritten schlüpfend): »Ich will Ihnen gestehen, daß mich trotz oder in meiner höchsten Empörung für einen Augenblick die Kälte anpackte und ich auf meiner Straßenseite aufhörte, sie zu begehren ...« (S. 78) Nicht Sorge oder Mitgefühl mit der angeblich Geliebten, nein, ein nachlassendes Begehren registriert unser »Mann« vom sicheren Beobachtungsposten aus. Das ist der Blick des Voyeurs, der Boutiquen-Blick auf die Welt der Paare und Passanten, die hauptsächlich nach ihrem ästhetischen Reizwert selektiert werden. Und wehe, wenn hinter dem aufreizenden und exotischen Kostüm einer erträumten Leidenschaft zuletzt doch nur ein kleines und armseliges Menschlein zum Vorschein kommt! Kaum vermag Strauß seine Enttäuschung darüber zu verbergen, daß eine Selbstmordkandidatin, die sich vom obersten Stockwerk eines Appartement-Hotels herunterstürzen wollte, nach ihrer Rettung vor dem Fernsehteam nur die »flausten Worte« findet: »Der Schrei der Hochgestellten vom Vormittag, ihr Wille, den einzig letzten, den ranghöchsten Akt menschlichen Handelns auszuführen, erscheint mit eins getilgt durch menschlich allzu verständliche, also nichtssagende Motive ... Solange sie plappert und nicht fällt, wird sie dies Doppelspiel treiben mit Peter und dem Tod ...« (S. 13/14) Die Frau hätte sich schon zu Tode stürzen müssen, um in der passionslüsternen Phantasie ihres Beobachters zu überleben.

So detailgenau und einfühlsam manche dieser Paare und Passanten auch beschrieben sind – so zum Beispiel das Porträt jener beiden Alten, die in einem Hotel auf Island gemeinsam Selbstmord verüben (S. 30ff.) oder die parodistische Skizze jenes Intellektuellenpaares, das sich »förmliche Weltbilder-Duelle« liefert, um seine »Beziehung« vorm Stillstand zu bewahren –, man wird gleichwohl den Verdacht nicht los, daß dieser ob seiner Sensibilität hochgerühmte Autor nur ein geschmäcklerisches Interesse an den Menschen nimmt, ja, daß diese ihn überhaupt nur so lange beschäftigen, als sie sich als Mitspieler im Novitäten-Karussell seiner blitzenden Formulierungskunst einsetzen lassen. »Mit wem wir auch zusammengehen, irgendwann ist uns der Mensch bekannt. Wir wundern uns, wie doch der andere (nie wir selbst) Zug um Zug sich automatischer verhält ... Wo bleibt das Unverhoffte und die autonome Handlung? Das Drahtgespinst der Psycho-Puppe, dem Knochenmann nicht unähnlich, ist aus der ehrlichen Haut hervorgetreten und hat den Platz des freien Spielers eingenommen.« (S. 71/72) In dem Augenblick, da der Mensch, die »Psycho-Puppe«, in die Alltäglichkeit, in den gewohnten Trott zurückfällt, kündigt der Autor ihr Sympathie, Anteilnahme und Mitmenschlichkeit auf, wird sie aus seinem mondänen Phantasie-Betrieb fristlos entlassen.

4.

Es wird uns nicht wundern, daß dieser Hagestolz am Katzentisch der Paar-Welt an seiner Exklusivität insgeheim leidet. »Der Einsamkeits-Kaspar, der seinen äußeren Anschein, allein dazusitzen am Restauranttisch, kaum ertragen kann« (S. 155), wählt einmal aus Verzweiflung seine eigene Telefonnummer im leeren Zuhause. Diese Geste hat etwas Rührendes. Dennoch will sich Mitgefühl nicht recht einstellen. Allzu festlich geschmückt tritt solche Einsamkeit auf, und zuviel Verachtung für die gemeine Paar-Welt liegt in jener Ersatzreligion, die uns hier als Weisheit von den letzten Dingen gegenübertritt. Ihr Hauptsatz lautet: daß die wahrhaft großen Gefühle und Begierden nicht von den Lebenden, sondern von den Sterbenden evoziert werden. So versetzt der Film über eine Hausfrau, die an Gehirntumor sterben wird, den Dichter in einen Erregungstaumel, wie ihn sonst nur frisch Verliebte empfinden: »Als Zuschauer miterleben, wie ein Mensch durch sich selbst stirbt ... ist es nicht das, was wir von der radikalen Umarmung erwarten, der eigentliche Geist der Sexualität, die Trauer der Lust? ... Wir begehren diesen Menschen in Mitleid, in Mitleid erigieren wir. Er stirbt und wir erleben einen Orgasmus der Schmerzen, Aufbäumung und Verschüttung. Alle wirklich großen Anmutungen scheinen Emanationen jenes zentralen Gefühls für den Tod zu sein.« (S. 56/57) Daß dieser sonst so stilsichere Autor hier plötzlich Stilblüten verstreut, hat seinen Grund wohl in dem Nietzsche-Satz: »Mehr Empfindung für eine Sache zeigen wollen, als man wirklich hat, verdirbt den Stil.«

Natürlich läßt sich die eigene Einsamkeit besser ertragen, wenn man jene Kräfte, welche die Menschen gemeinhin verbinden, nämlich Liebe und Sexualität, für minder gefühlsintensiv und letztlich für minder wert hält als die Erfahrung von Trennung und Tod, die erst den wahren Seelenadel verbürgt. Dieses Philosophem erhält heute freilich großen Zuspruch, zumal von der Strauß-Leser-Gemeinde und dem Feuilleton. So bezeichnete

Peter Iden in einer Interpretation von Strauß' Farce *Kalldewey* die »Trennung als einen dauernden, den einzigen Zustand der Welt. Was vermag Liebe dagegen?«[5] Es ist schon kurios, wie hier die (wie auch immer begründete) Not bzw. Unfähigkeit, sich einem anderen Menschen zu verbinden, zur existentiellen Tugend verbrämt wird.

Die Liebe als eine Emanation des Todes und des Todestriebes – dieses morbide Konstrukt aus der (schon von Nietzsche kritisierten) Liebestod-Romantik des 19. Jahrhunderts und des Biedermeier, sucht Strauß anläßlich seiner Interpretation von Oshimas Film *Im Reich der Sinne* mit neuem Glanz zu erfüllen. Nie hat man diesen sonst so distanzierten Autor inbrünstiger schwärmen hören als von dem Werk dieses japanischen Filmregisseurs. Die japanische Prostituierte Sada hat ihren Geliebten Kichizo »in Liebe erwürgt und ihm Penis und Hoden vom Leib getrennt. Vier Tage irrt sie darauf in euphorischem Wahn durch Tokio und trägt das Geschlechtsteil ihres Mannes um den Hals.« (S. 57) In dieser mörderischen »Liebes«-Geschichte erblickt Strauß den Gipfel einer Leidenschaft, einer sinnlichen Exaltation, von der wir liebelauen Mitteleuropäer nur träumen könnten. Es ist beinahe komisch, mit anzusehen, wie sich bei diesem sonst so »kritischen Kritiker« plötzlich der neoromantische Schwulst Bahn bricht; wie er die ungetrübte »Reinheit der Gier«, die »Isolationshaft der Lust«, die »letzte männliche Wollust, geopfert zu werden«, besingt. Den totalen Destruktivismus solcher »Liebes«-Raserei nennt Strauß den »Konstruktivismus der Lust, der nur noch Wachstum, Steigerung und Übersteigerung kennt« und die Kastration des angeblich Geliebten preist er als »Sieg der Liebe über die Zeit« (S. 58/59).

Weder kann das Ziel der Liebe der Tod sein, noch liegt es in der »Natur der asozialen Triebe«, sich in die »Klausur« zu begeben, unabhängig von Arbeit und sozialen Beziehungen, die Strauß hier als »Schmutz« empfindet. In eine solch tödliche Klausur geht der Sexus nur dann, wenn er in einer total entfremdeten, technokratisch-brutalen Hochleistungsgesellschaft wie der japanischen und der westdeutschen nicht mehr zum Eros werden kann. Denn dieser ist – nach Freud – die Kraft, die nach immer größeren Einheiten, nach immer umfassenderen sozialen Bindungen strebt. Im Kleinen macht diese Erfahrung jeder, der wirklich verliebt ist. Ihm erscheinen auch die Mitmenschen liebenswerter. Die unendliche Luststeigerung in der »Isolationshaft der Lust«, die Strauß hier besingt, scheint mir eher eine sexualistische Version spätkapitalistischen Wachstumsdenken zu sein. Nicht in der quantitativen Luststeigerung (bis hin zum »restlosen Verzehr der Sinnenbeute«) liegt die Utopie des Eros, vielmehr in der Öffnung und Erweiterung des Liebes-Zirkels und in der qualitativen Variabilität der Lust, wie sie Balzac in seinem bekannten »Ehekatechismus« beschrieben hat: »Da die Wonne der Liebe durch die Vereinigung von Gefühl und sinnlichen Empfindungen hervorgerufen wird, so kann man kühn behaupten, daß die Liebesfreuden eine Art materieller Ideen sind ... Da die Ideen eine unendliche Menge von Zusammenstellungen zulassen, so muß auch mit den Wonnen der Liebe das gleiche der Fall sein ... So wenig wie an einem Baum zwei völlig gleiche Blätter sind, finden sich im Menschenleben zwei völlig gleiche Augenblicke der Wonne ... Wenn zwischen einem Augenblick der Lust und dem anderen Unterschiede bestehen, so kann ein Mann stets mit derselben Frau glücklich sein.«[6]

5.

Die literarische Zustandsbeschreibung der heutigen Paar-Welt allein hätte *Paare Passanten* nicht zum Kultbuch der liberalen und linksliberalen Feuilletons befördern können. Daß es dazu werden konnte, verdankt es vor allem dem kulturphilosophischen Festgepränge, mit dem Strauß seine Fallstudien zu umrahmen weiß. *Paare Passanten* ist so gewissermaßen zum kulturkritischen Almanach für skeptische Bildungsbürger geworden.
Tatsächlich finden sich, vor allem unter den Zwischentiteln

»Schrieb« und »Der Gegenwartsnarr«, einige treffliche Skizzen und Notate, die durchaus als Bausteine einer kritischen Kulturphilosophie der Gegenwart gelten können. Dem zunehmenden Gedächtnisverlust unserer Kultur, der Bewußtseinsverödung durch eine nahezu total gewordene Medienherrschaft hat Strauß einige scharfsinnige Reflexionen gewidmet. Sehr gut beschreibt er, wie die zunehmende Computerisierung und Verdatung unseres Wissens, »jene Maschine also, die in Teilen eine Auslagerung des menschlichen Hirns darstellt« (S. 195), zu einer »Regression unserer Erinnerungsfähigkeit« geführt hat und wie dieses entwurzelte Bewußtsein zum passiven Empfänger völlig disparater Weltbilder, mithin zur kulturellen Müllhalde wird: »Das tatenlose, überinformierte Bewußtsein, das nicht mehr in der Lage ist, Wunsch, Idee, Erinnerung zu produzieren, erlebt statt dessen eine (sonst nur dem Wahnsinn bekannte) Gleichzeitigkeit des Unvereinbaren und denkt einen wahllos aus den Beständen zugespielten Datensalat. Davon bleibt schon jetzt niemand verschont ... Eine kulturelle Egalität, die jedem Ding gleichen Erscheinungswert zubilligt, ist die Wüste des Bewußtseins; und sie wächst, sie drängt an den Rand des Idiotismus: wie weit ist denn die Welt zwischen Ezra Pound und Wim Thoelke?.« (S. 195/96) Und Strauß skizziert, wie dieser multimediale Ansturm, diese chaotische Bilder- und Reizüberflutung das Individuum alten Schlages außer Kraft gesetzt hat: »Durch die Überfülle von Identifikationsangeboten müßte er (der Fernsehbürger), wäre er noch das Individuum vom alten Schlag, längst spaltungsirre, durch die haltlose Verschleuderung seiner Mitgefühle an die gegensätzlichsten Parteien längst abgestumpft und gefühllos geworden sein. Doch ist er eben kein Individuum vom alten Schlag mehr. Dem Leichtsinn der passiven Emotionen entspricht die rücksichtslose, durch keine Sitte, keinen äußeren Zwang mehr beschränkte Ambivalenzenherrschaft des Herzens selbst.« (S. 189) Für die Gefahren, die unserer Kultur im angebrochenen »Zeitalter der Simulation« (Baudrillard) drohen – die Verkabelung wird diesem Zeitalter die Krone auf-

setzen –, hat Strauß ein außerordentlich feines Gespür, und es gibt nicht den geringsten Grund, seine düsteren Prognosen für übertrieben zu halten.
Auch teile ich seine Diagnose von der permanenten Selbstvernichtung unserer Kultur vermittels einer markt- und mediengesteuerten Innovationsmaschine, die das Neue von gestern heute zum alten Eisen wirft, um es übermorgen als nostalgischen »Hit« wieder loszuschlagen. »Unwichtig: ohne Gewicht ist inzwischen jegliches Buch ... Gemeinsam fallen alle Werke der Herrschaft der Geschwindigkeiten, der wachsenden Beschleunigung und der totalen Passage zum Opfer. In der Dromokratie (dem Machtsystem der Beschleunigungen), in der wir ... inzwischen leben bzw. uns die Zeit vertreiben, ist Bestand haben etwas Gesetzwidriges. Hier ist selbst die gründlichste Wahrheit dazu verurteilt, nur eine ›Welle‹ von kurzer Dauer zu sein ... Der Überdruß ist der absolute Souverän unserer Kultur.« (S. 104)
Allerdings wird man diesem luziden Kultur- und Medienkritiker den Vorwurf nicht ersparen können, daß, in gewisser Hinsicht, auch er Teil jener Innovationsmaschine ist, die unsere Bestände beständig verschrottet, um die leeren Magazine dann mit den allerneuesten Denk- und Bewußtseinsmoden kurzfristig aufzufüllen. Zwar sucht Botho Strauß das »kulturelle Erbe« sorgsam zu bewahren; das »Erbe der Aufklärung« und der »kritischen Theorie« indes überläßt er, darin ein folgsamer Sohn seiner Zeit, dem Wurmfraß des Überdrusses. Nicht zufällig rühmte Joachim Kaiser an *Paare Passanten*, daß es über das diskursiv-dialektische Denken der Frankfurter Schule weit hinausgehe. Und nicht von ungefähr wurde keine Bemerkung aus diesem Buch häufiger zitiert und umfänglicher kommentiert als Strauß' (verschämt in Klammer gesetzte) Absage an das dialektische Denken: (»Ohne Dialektik denken wir auf Anhieb dümmer; aber es muß sein: ohne sie!«) (S. 115)
Daß die Dialektik in einer ohnehin theoriemüden Zeit wie der unseren in Verruf gekommen ist, daran war freilich die Frank-

furter Schule, diese Pflanzenschule des dialektischen Diskurses, nicht ganz unschuldig, hat sie doch aus ihr ein schönes Gedankenspielzeug gemacht, mittels dessen gut geölter Sowohl-Als-auch-Automatik sich, nach Art der Sophisten und Jesuiten, eine bestimmte Ansicht von der Welt ebenso wie deren Gegenteil beweisen ließ. Dialektik als elegantes Gehirntraining des Einerseits-Andererseits, hinter dem man die eigene Standpunktlosigkeit glänzend verschanzen konnte, Dialektik als rhetorische Schulung eines sich selbst genügenden »kritischen Bewußtseins«, das sich ins Sein, das heißt in den realen Geschichtsverlauf nicht mehr einmischen wollte. Die Studentenbewegung hat diese Art der »Dialektik«, die in der Spätphase der Frankfurter Schule zu einer intellektuellen Blockade von Parteilichkeit und Engagement geführt hat, zu Recht kritisiert und ihr die genuine Marxsche Dialektik entgegengehalten, die auf der Einheit von Theorie und Praxis (bzw. Empirie) basiert. Mit dem Niedergang der Studentenbewegung zerbrach auch diese Einheit wieder, und die Marxsche Dialektik erstarrte in den dogmatisierten Köpfen der Rebellen, von denen heute viele auf gut gepolsterten Lehrstühlen sitzen, zu jenem »ausgezehrten Vokabular des kritischen Durchblicks« (S. 199), dem Strauß nun eine zwar rüde, gleichwohl verdiente Absage erteilt. Als ausgesprochen modisch und fahrlässig dagegen will mir die *pauschale* Aufkündigung einer Denkmethode und -tradition erscheinen, die zum geistigen Rüstzeug aller Emanzipationsbewegungen dieses Jahrhunderts gehörte und noch gehört.
Botho Strauß' Ehrgeiz, durch den Verzicht auf die Dialektik »dümmer« zu werden, kommt einem obskurantistisch verdunkelten Zeitgeist entgegen und bewährt sich vor allem in seinen geschichtsphilosophischen und politischen Betrachtungen. Wenn gesellschaftliche und historische Prozesse nicht mehr in ihren Widersprüchen reflektiert werden, landet man früher oder später im ontologisch-mystischen Geraune, etwa der Art: »Da, wo der Seinskopf unfaßlich sich erhebt, schrecklich blickt und wieder abtaucht, da ist jetzt noch das Unsere.« (S. 178) Wer

fühlte sich hier nicht an Heidegger erinnert? Wenn man auch den historischen Materialismus zum alten Eisen wirft, dann verliert sich die Geschichte notgedrungen im »Nebel der Indifferenz« (S. 201). Aus den Klassenkämpfen der Weimarer Republik werden dann die »Schrecken der Diffusion im ersten Massenzeitalter« und aus der heteronomen, durchaus widersprüchlichen Ideologie des Nationalsozialismus wird dann das »Böse« schlechthin, eine »Bewegung des Grauens« (S. 172), in dessen Bann Strauß alle heutigen Emanzipationsbewegungen gefangen sieht. So treffend er auch die rassistische Unterströmung der Westdeutschen, den wieder aufkeimenden Fremdenhaß und die »gemütspornografische Entspannung in Nazi-Revue und Kostümfilm-Nostalgie« (S. 18) charakterisiert, über eine bloße Phänomenologie bzw. Dämonologie der »deutschen Seele«, wie sie schon unsere Väter betrieben haben, kommt er nicht hinaus.
Obwohl Strauß immer wieder seinen Abscheu vor dem bloß heutigen, dem trendhörigen Denken äußert, partizipiert auch er konjunkturbewußt an jener geistigen Modeströmung Neuer (und Allerneuester) Französischer Philosophen, die, in einer nicht enden wollenden Pubertät, ihre eigene Erbschaft, nämlich zwei Jahrhunderte europäischer Aufklärung, mit Füßen treten. Gewiß gibt es heute kein einheitliches Erkenntnissystem, kein Weltbild mehr, das Anspruch auf Alleingültigkeit erheben könnte; doch die Behauptung, daß unser Weltbild nur noch »vom Schnitt beherrscht wird wie die Eine-Mark-Peep-Show von der Schlitzblende« (S. 178), kommt einer intellektuellen Selbstabdankung, einem melancholischen Agnostizismus gleich, der unter heutigen Intellektuellen freilich ausgesprochen »in« ist. Im modrigen »Dämmer« solcher Orientierungslosigkeit gedeihen dann um so besser der Mythos, das Irrationale, die »Intelligenz der Sensualität« (S. 118), kurzum: die Offenbarungsreligion der reinen Intuition, die schon einmal eine deutsche Geisteselite – unter ihnen Heidegger, Benn und Jünger, auf die Strauß sich verschiedentlich beruft – dem gründlichsten Wahnsinn der Geschichte ausgeliefert hat.

Doch völlig unbehelligt von solchen Besorgnissen zieht Strauß gegen die »schnippische Forderung nach Klarsicht«, gegen die vermeintliche »Zwangsneurose des klaren Gedankens« bei Herbert Marcuse zu Felde (»Der Mann muß sich mehrmals am Tag die Hirnlappen waschen«, S. 190). Dafür setzt er auf Heideggers amorphen »Wesens«-Begriff und auf Lacans strukturalistische Geheimwissenschaft. Der Strukturalismus, der in immer neuen Varianten die »Invarianz« der Geschichte zu beweisen sucht, war schon immer die beste Ausrede dafür, sich aus ihr herauszuhalten, indem man ihre Änderbarkeit prinzipiell in Abrede stellt und sie ihrem fatalen Selbstlauf überläßt. Wozu sich noch in Geschichte und Politik einmischen, wenn es – wie Strauß behauptet – doch »keine Politik für den Menschen gibt«? (S. 184). Wo der kollektive Widerstand alternativer Solidargemeinschaften als »schlechter Schund des Gesellschaftlichen« abgetan wird, da erübrigt nur ein individualistischer Existentialismus des schieren Überlebens: »Alles abgetan, gibt es nur Dich und die Sprengköpfe, von Angesicht zu Angesicht« (S. 170). Und wozu sich noch in der »sozialen Frage« engagieren, die einmal eine ganze Generation von Intellektuellen beschäftigt hat, wenn das »Zeitalter des Sozialen ... wie ein erlöschender Stern in einem schwarzen Loch endet« (S. 200), wie Strauß mit Baudrillard, dieser allerneuesten Sternschnuppe am Himmel der Neuen Französischen Philosophie, behauptet? So richtig Baudrillards Feststellung ist, daß die Realgeschichte heute immer mehr als multimedial Vermittelte und *Simulierte* ins Bewußtsein des Fernsehbürgers dringt, so kurzschlüssig ist seine Folgerung, daß »die Geschichte sich zurückgezogen hat« (S. 201) und nun gleichsam ohne den Bürger stattfindet. Das simulierte Sein bestimmt nicht allein das Bewußtsein. Trotz Ausweitung des medialen Spektrums durch Bildschirmtext, Videofilm und beginnende Verkabelung haben sich in den letzten Jahren an allen gesellschaftlichen Krisenherden dieser Republik politisch aktive Basis- und Massenbewegungen gebildet, deren Anhängerschaft heute nach Hunderttausenden, wenn nicht nach Millionen zählt.

Strauß und seine strukturalistischen Gewährsmänner indessen räumen den biologischen und gesellschaftlichen Determinanten des »zoon politikon«, dem »Biocomputer«, den »vielfach verschränkten Codes des Unbewußten«, der »totalen Gegenwart der Massenmedien« usw. eine solch unumschränkte Macht ein, daß an ihr Selbsttätigkeit und Selbstbestimmung des Menschen allemal zunichte werden müssen, daß Freiheit und Identität nur noch als klägliche Selbsttäuschungen eines durch und durch programmierten »Ichs« erscheinen: »Dieses Ich ... existiert heute nur noch als ein offen Abgeteiltes im Strom unzähliger Ordnungen, Funktionen, Erkenntnissen, Reflexe und Einflüsse ... Unter solchen Bedingungen nach dem Selbst zu fragen, endet bei dem Schema des Wahnsinnigen, der sich von ›fremden Wesen‹ bevölkert und aufgelöst fühlt.« (S. 176) Selbst der Vulgärmarxismus mit seiner mechanistischen Auslegung der Seins-Bewußtseins-Dialektik und selbst Freuds deterministische Psychologie des Unbewußten haben dem »Bewußtsein«, dem »Ich« mehr (Bewegungs-)Freiheit zugetraut als die düstere Zwangsjackenphilosophie des französischen Strukturalismus, der längst auch zum Credo, dem einzigen Credo unseres liberalen und linksliberalen Feuilletons geworden ist.

Und so darf Strauß nun, unter dem höhnischen Beifall unserer Feuilletonisten, jene »unzähligen und verzweifelten Identitätssucher« verspotten, »die darum ringen, zu sich selbst zu kommen, man wünschte ihnen, sie mögen sich endlich einbilden, sie gefunden zu haben, ihre ›Identität‹, sei es in einer Gemeinschaft, in der Arbeit, im Politischen oder in sonst irgendeinem Abenteuer ihrer Existenz ...« (S. 177) Und vom hohen Roß seines vermeintlich überlegenen Wissens blickt er auf die genasführten Schatzsucher und ruft ihnen nach: »Identität, die man sucht, gibt es nicht.« (S. 175)

Für den Kulturbürger, der – bei allem Fatalismus – seine Privilegien und seine Pfründe stets zu bewahren weiß, war es schon immer ratsamer, sich nicht auf eine bestimmte Ansicht von der Welt »festzulegen«, schon gar nicht auf eine, die ihn zur Identi-

fizierung oder gar zur Parteinahme verpflichtet. Der Pluralismus liegt ihm im Blut, schon aus Gründen der ökonomischen Selbsterhaltung. Es ist ja auch viel angenehmer, durch den heutigen Supermarkt der philosophischen Diskurse und Ideen zu flanieren und die neuesten Sonderangebote aus Westberlin, Paris und Tokio und die günstigen Gelegenheiten aus dem »modernen Antiquariat« des Wissens zu sondieren und auf ihre Komfortabilität für den eigenen Geistes- und Gefühlshaushalt hin zu prüfen; wobei sich der gute und vornehme Geschmack dadurch ausweist, daß man von allem nur wenig, doch dafür das Beste nimmt: ein pikantes Theorem von Baudrillard, eine köstliche Formel von Heidegger, eine delikate Erkenntnis von Adorno, ein Pralinee von Ernst Jünger, einen vollmundigen Vers von Rilke, eine bittersüße Wahrheit von Lacan usw. usf. Es ist diese feuilletonistische Häppchen- und Naschkultur, die unsere liberalen Kulturbürger, bei all ihrer gepflegten Verzweiflung, immer bei Appetit und guter Verdauung hält; zumal sie den unschätzbaren Vorteil genießen, für keine ihrer nach Geschmack und Mode wechselnden Ansichten und Meinungen je eintreten oder sie gar im (politischen) Alltag bewähren zu müssen.
Wer sich derart dem »pluralistischen Chaos« des Ideen- und Literaturmarktes überläßt, den überkommt freilich von Zeit zu Zeit ein beklemmendes Gefühl der Bodenlosigkeit. Denn »fundiert ist gar nichts. Auf dem Grund herrscht der Moder« (S. 118), wie Strauß konstatiert. Und da man dieses modrige, schwankende Gefühl unter den Füßen nicht lange aushält, sucht man zuletzt doch nach einem Halt, auch wenn es ein Strohhalm aus der Mottenkiste der Transzendentalphilosophie oder der Theologie ist. Da die andauernde Umstellung der geistigen Menüs, dieser ununterbrochene Aufmarsch von Delikatessen auf die Dauer Übelkeit und Brechreiz verursachen, sehnt man sich im stillen wieder nach solider Hausmannskost. Und so nimmt es nicht Wunder, daß unter dem mondänen Flickenteppich der Straußschen Kultur- und Geschichtsphilosophie zuletzt, ganz verschämt, der Gottesbegriff wieder zum Vorschein

kommt: »Es ist lachhaft, ohne Glaube zu leben ... Gott ist von allem, was wir sind, wir ewig Anfangende, der vorletzte Schluß, das offene Ende, durch das wir denken und atmen können.« (S. 177) Solche »Frömmigkeit des Gedankens« (Heidegger) war schon immer – wie auch die jüngste Bekehrung Peter Handkes vom wütenden Weltverächter zum Propheten einer neuen Offenbarungsreligion zeigt (vgl. die Botschaft der »Nova« in seinem Stück *Über die Dörfer*) – der vorletzte Trost derer, die den Glauben an die Menschheit, das heißt an die Veränderbarkeit des Menschen und der Geschichte verloren haben.

Mit dem Autor von *Paare Passanten* hat das »Grand Hotel Abgrund« (wie Georg Lukács einmal die Frankfurter Schule betitelt hat) nun einen neuen Geschäftsführer und literarischen Festredner gefunden, der den Logiergästen endlich wieder den (Durch)Blick von höchster Warte in die Nebeltäler der Geschichte eröffnet. Sein Manko an Dialektik läßt sich durchaus verschmerzen, denn Strauß hat mehr als diese zu bieten: sprachliche Kleinodien, die erst im »Dämmer« des Salons richtig zu funkeln beginnen. Die gepflegte Verzweiflung an den katastrophischen Zeitläufen, der vornehme Ekel am Zustand der gemeinen Paar-Welt, verbunden mit mondänen Kitschträumen vom Absolutum der Liebe und der Kunst, werden hier zum Signum höherer Daseinsweise. Vor allem geben die Texte des neuen Weisen genügend Rätsel auf. Manche erinnern an die Rätsel der Sphinx, die jeden verschlang, der sie nicht zu lösen wußte. Das Verständnis von Botho-Strauß-Texten wird so zum Testverfahren der höheren Geistigkeit und Sensibilität, zum Gradmesser des emotionalen und Intelligenz-Quotienten, zum Vereinszeichen eines neuen Seelenadels, der sich vom Seelenadel früherer Zeiten allerdings dadurch unterscheidet, daß er sich mit nichts identifiziert – außer mit sich selbst, und selbst dies nur schlechten Gewissens.

Zitatnachweise

1 Botho Strauß, *Paare Passanten,* München 1981. Alle in Klammern angegebenen Zahlen beziehen sich auf diese Buchausgabe.
2 Martin Lüdke, »Die Physiognomie dieser Zeit«, in: *Frankfurter Rundschau* vom 17. 10. 1981
3 Joachim Kaiser in der *Süddeutschen Zeitung* vom 14. 10. 1981
4 Heinrich von Kleist, »Aufsatz, den sichern Weg des Glücks zu finden und ungestört«, in: *Sämtliche Werke,* Berlin-Darmstadt-Wien 1964, S. 1026
5 Peter Iden, »Trennung als Zustand«, in: *Frankfurter Rundschau* vom 17. 3. 1983
6 Honoré de Balzac, *Psysiologie der Ehe,* Leipzig 1920, S. 91

Schreiben – ein Umweg zum Tode?

Über die Negationisten in der Kulturszene

Die Beschäftigung mit Krankheit, Sterben und Tod war zwar zu allen Zeiten ein Thema der Literatur, und doch gab und gibt es in der Literaturgeschichte immer wieder Epochen, in denen dieser Themenkreis einen besonderen Stellenwert einnimmt oder gar dominiert. Auch wir scheinen derzeit in einer solchen Epoche zu leben. Wie ein Blick auf den Buchmarkt zeigt, mehren sich von Jahr zu Jahr die literarischen Neuerscheinungen zu diesem Thema. Die Verlagsprospekte erinnern nicht selten an Traueranzeigen, und mancher Klappentext liest sich wie ein auf die schnelle durchlektoriertes Testament. Auch scheinen Erzählungen und Romane, die von Verfall, Untergang und Tod handeln, derzeit eine weit größere Chance zu haben – eine gewisse literarische Qualität vorausgesetzt –, auf einer Bestenliste zu landen oder mit einem Literaturpreis ausgezeichnet zu werden, als solche Bücher, die sich mehr mit dem Leben als mit dem Sterben beschäftigen und sich – darüber hinaus – auch noch durch Witz, Ironie und Humor auszeichnen.

Um Krankheit, Verfall, Untergang und Tod kreiste bekanntlich auch die Literatur der deutschen Romantik, die – in gewisser Hinsicht – eine Gegenreaktion, eine Gegenbewegung zur Harmonisierungs-Ästhetik der Weimarer Klassik war. Daß diese *auch* auf einer Ästhetik der Verdrängung – der Verdrängung von Krankheit, Alter und Tod – beruhte, hat Martin Walser jüngst in seinem Eckermann-Stück *In Goethes Hand* demonstriert. Schon im *Wilhelm Meister* steht als Motto über dem

»Saal der Vergangenheit«, einem mit Sarkophagen und Urnen ausgestatteten Totensaal, in dem alles in schönster Heiterkeit erstrahlt: »Kunst und Leben heben jede Erinnerung an Tod und Grab auf.« Von Goethe selbst ist der Ausspruch bekannt: »Den Tod statuiere ich nicht!« Und: Krankheit gehe den Menschen nichts an. Nur der Gesunde sei remarkabel. Dementsprechend hat der alte Überlebenskünstler auch das Sterben seiner Frau Christiane »nicht mehr statuiert«, ihr Zimmer die letzten zehn Tage vor ihrem Tod nicht mehr betreten.

Bekanntlich konnte Goethe mit der Literatur der Jüngeren, zumal der deutschen Romantiker, nicht viel anfangen: »Diese Poeten schreiben alle, als wären sie krank und die ganze Welt ein Lazarett«, Walsers Eckermann jedoch durchschaut das Hauptmotiv des Goetheschen Lebens und Dichtens: nämlich nicht zu leiden, Krankheit und Tod vielmehr über die künstlerische Apotheose aufzuheben. Gleichwohl verteidigt er »seinen« Goethe mit sehr triftigen Argumenten gegen die »Negationisten« der deutschen Romantik: »Lügt er also? Glättet er? Wer ist wahrhaftiger, der, der das Leiden überall und in allem fürchtet und alles, was er tut, tut, um nicht zu leiden, oder der, der dem Leiden sich hingibt, es wollüstig vermehrt durch Darstellung? Der die Verzweiflung feiert? ... So ein Anwalt wird des Todes, dieser größten Gewalt gegen das Leben ... Diese modernen Künstler sind lieber ... Todesanwälte als Anwälte des Lebens. Davon leben sie. So, wer lügt jetzt? Der aus dem Schrecklichsten Schönheit wirtschaftet oder der, der davon schön lebt, daß er das Schreckliche feiert als Schreckliches? ... Goethe ist der Lebensanwalt ... Er macht uns vor, wie man gern lebt. Dafür liebt man ihn.«[1]

Tatsächlich mehren sich in der zeitgenössischen Literatur die Schriftsteller, für die »die ganze Welt nur noch ein Lazarett« bzw. eine Intensivstation ist; und die, von denen man lernen könnte, wie man gern lebt, werden immer seltener. Ja, nicht wenige von ihnen »leben davon schön, daß sie das Schreckliche als Schreckliches feiern« und mit ihrer patentierten Verzweiflung handeln wie mit einer hochverzinslichen Aktie, die ihnen von Jahr zu Jahr immer fettere Erträge abwirft. Doch bevor wir uns weiter mit diesen »Negationisten des Lebens« befassen, muß man sich fragen, ob sie nicht auch und so lange im Recht sind, als sie quer stehen zu einer Gesellschaft, die in guter Goethescher Tradition »den Tod nicht statuieren will«, vielmehr alles, was mit ihm zusammenhängt, zu verdrängen sucht.

In der erbarmungslosen Konkurrenz- und Verwertungsgesellschaft, in der wir leben, zählt bekanntlich nur die »junge, frische und dynamische« Arbeits- und Unternehmerkraft. Gut verwertbar ist nur, wer »fit« ist, oder sich zumindest den Anschein der Fitness gibt. Und wer erfolgreich sein will, darf nicht leiden. Die *Leidensminimierung* scheint geradezu das notwendige psychische Korrelat einer Sozietät zu sein, die auf Profitmaximierung und Lustmaximierung im Sinne maximalen Konsums ausgerichtet ist. Dementsprechend werden leidende Menschen, vor allem Kranke, Alte und Sterbende an eigens dafür zuständige Institutionen – Krankenhäuser, psychiatrische Anstalten, Altenheime und Sterbekliniken – verwiesen, wo sie das warenästhetisch geschönte öffentliche Erscheinungsbild nicht stören und keine Beunruhigung für die auf Jugendlichkeit getrimmten Käufer- und Verkäufer-Masken mehr ausüben können. Sofern Krankheit, Alter und Tod in der Öffentlichkeit überhaupt thematisiert werden, dann zumeist unter medizinischen Aspekten. Die »Maschine Organismus«, d.h. letztlich die Arbeitskraft, intakt zu halten, ist das oberste Gebot unserer medizinischen Vorsorge- und Nachsorge-Systeme. Entsprechend schrumpft das Unheil, das mehr als alles andere gefürchtet wird, zum bloßen Korrelat »ungünstiger Meßwerte« bei Blut-, Urin-, Gewichts- und Blutdruckkontrollen. Allein diese verflachten, technisierten und *verdinglichten Leidvorstellungen*[2], die sich mit einem defekten und alternden Organismus verbinden, scheinen für das Allgemeinbewußtsein noch zugelassen. Alle tieferen seelischen Affektionen dagegen, die mit der

Erfahrung von Krankheit, Alter und Todesnähe verbunden sind, werden mehr oder weniger ausgeblendet.
Hier eine Bresche zu schlagen, die Verdrängungsmauer zu durchbrechen, die die »Gesunden« und »Fiten« von denen trennt, die gleichsam den Ausschuß unserer industriellen Hochleistungsgesellschaft verkörpern, ist eine wichtige Aufgabe der Literatur. Und soweit sich die literarische Darstellung von Krankheit, Alter und Tod als Plädoyer für das Leben vor dem Tode, d. h. für ein menschlicheres Leben versteht als das, welches wir führen oder zu führen gezwungen sind, halte ich sie für unbedingt notwendig und fortschrittlich.
Als herausragendes Beispiel für ein solches Stück Literatur möchte ich Fritz Zorns Erzählung *Mars* nennen. Der Autor, der mit 32 Jahren am Krebs gestorben ist, beschreibt hier die Geschichte seiner Krankheit. Es handelt sich um die Fallstudie einer Schweizer Bürgerfamilie von der Züricher Goldküste, ein soziales Milieu, dessen guter Ton darin besteht, alle Konflikte, seelische Krisen und Leiden zu verdrängen und die Teilnahmslosigkeit gegenüber dem Leben zum Lebensstil zu perfektionieren. Die Negation dieser scheinharmonischen Welt, deren Maxime heißt: Lieber korrekt als lebendig!, ist dann die Krankheit zum Tode. Der Krebs ist – wie Adolf Muschg in seinem glänzenden Vorwort zu diesem Buch geschrieben hat – »der niederschmetternde Name für die Zurücknahme der ganzen Existenz ... der Protest gegen die objektiv herrschenden Bedingungen des Unlebens, ein Signal zum Tode, das sich der so verkrustete Organismus selber gibt, indem er am Ende gegen sich selbst ein kompensierendes Wachstum ausbildet ... Z. ist daran gestorben, daß er *sein Leben nicht teilen, nicht mitteilen* konnte, bis es zu spät war. Wir werden weiter so sterben, solange wir weiter so leben.«[3]
Sein Leben nicht teilen und nicht mitteilen zu können – darin scheint mir eine der Hauptursachen für jenes sich ausbreitende Klima von Depression und Vereinsamung zu liegen, das sich auch in der zeitgenössischen Kultur bedrückend niederschlägt.

Wo das Leben keinen anderen Inhalt kennt als entfremdete Arbeit, Erwerb und Konsum, also eigentlich ständig verpaßt wird, nehmen notwendig auch die kollektiven Verpassensängste zu, deren extremste Form die Todesangst ist. Eine Gesellschaft, in deren Werteskala »Haben« und »Besitzen« an oberster Stelle stehen, muß Krankheit, Alter und Tod in besonderem Maße fürchten. Denn in Umkehrung der alltäglichen Praxis der Bourgois-Gesellschaft bedeutet Sterben: Hergeben. Lassen statt Ansichraffen! Wie schwer dies gerade dem Bürger fällt, hat Bert Brecht in einem Gedicht so formuliert: »Aber vor allem: der Tod / Da wird uns das Leben entrissen / Wie sollen wir Entreißer uns etwas entreißen lassen? / Immer haben wir etwas bekommen dafür, daß wir lebten. / Und nun sollen wir für den Tod nichts bekommen?«[4]

Der Tod stellt gewissermaßen die obszöne Ausnahme von der heiligen Regel des Äquivalententausches dar, dem in unserer Gesellschaft alle Verkehrsformen, die ökonomischen wie die sexuellen, unterliegen. Nicht zuletzt darum ist er für den Bürger so schrecklich, so unannehmbar, und muß mit allen Mitteln verdrängt, verleugnet oder beschönigt werden. Die vergleichende Ethnologie hat viele Belege dafür, daß die Angst vor Krankheit, Alter und Tod in vorindustriellen und agrarischen Gesellschaften, in denen das Individuum noch in die Gemeinschaft eingebettet war und auch das Alter noch geehrt wurde, längst nicht so ausgeprägt ist, jedenfalls nicht solche hypochondrischen Züge annimmt wie in unserer juvenilen Erwerbsgesellschaft. Die Atomisierung des Individuums und die kompensatorische Überhöhung des eigenen Ichs, das als kostbarster, unveräußerlicher Besitz krampfhaft festgehalten wird, ist ein wichtiger Aspekt dessen, was Brecht – etwas kaltschnäuzig – die »spezifisch bourgoise Todesangst« genannt hat. Die größte Angst vor Krankheit, Alter und Tod haben erfahrungsgemäß die Menschen, die gewohnt sind, ihr eigenes Ich für das höchste aller Güter zu halten. Auch die Vorstellung, in einem geliebten *Anderen* weiterzuleben, vermag solche Menschen kaum zu trösten.

Es fällt nun auf, daß dieser Aspekt der Verlust- und Todesangst, der an Kategorien des »Habens« und »Besitzens« gebunden ist, in der Literatur und Kultur unserer Tage eine zentrale gleichwohl verschwiegene Rolle spielt. Bei einer genaueren Betrachtung ließe sich nachweisen, daß in den meisten Büchern, die von Einsamkeit, Krankheit und Tod handeln, das Selbstmitleid des (Ich-)Erzählers den – dann larmoyanten – Ton angibt, während Mitgefühl und Trauer um den Verlust eines geliebten Objekts nur selten zum Tragen kommen. Das einzige Buch von Peter Handke, das mich je berührt hat, ist sein Roman *Wunschloses Unglück*, wo es einmal nicht um die Hypochondrien und Idiosynkrasien dieses Autors geht – sondern um den Tod seiner Mutter, deren Lebensgeschichte er mit Anteilnahme und Trauer nachzeichnet.
Ansonsten finde ich es wenig ergreifend, wenn gewisse Schriftsteller die Welt pausenlos von ihrer Kostbarkeit zu überzeugen suchen, was notwendig mit exzessiven Haß- und Ekelgefühlen gegen diejenigen »Paare und Passanten« einhergeht, die dieses preziöse Ich nicht in seiner ganzen Selbstherrlichkeit zu würdigen wissen. Es ist die narzistische Fixierung auf das eigene Selbst, das beständige Zittern und Bangen um die eigene, höchstgeliebte Person (die als so kostbar empfunden wird, daß sie sich keinem gewöhnlichen Sterblichen mehr verbinden kann), was einem Großteil unserer sogenannten Ich-Literatur ihren ebenso anmaßenden wie larmoyanten Ton verleiht. Ja, Einsamkeit und Vereinsamung, die auch eine Form des Sterbens mitten im Leben sind, werden von dieser Spezies von Schriftstellern und ihren feuilletonistischen Hilfstruppen geradezu kultiviert und zum Signum eines wahrhaft sensiblen, höheren Menschentums stilisiert. Wie anders, wie ehrlich und selbstkritisch war da noch Franz Kafka, der seine Vereinsamung, sein Scheitern mit Frauen und sein daraus resultierendes Junggesellentum noch als Versagen, als Schwäche, sogar als Schuld begriffen hat.
Auch für die sog. Väterliteratur der letzten Jahre, so wichtig sie

war, ließe sich, von wenigen Ausnahmen abgesehen, ein ähnlicher Befund mitteilen. Selbstmitleid und Mitgefühl bzw. Trauer um den Verlust des Vaters stehen bei den meisten Autoren in einem auffälligen Mißverhältnis. Die kindliche Vorwurfs- und Anklagehaltung gegenüber den Vätern – oft bis über deren Tod hinaus –, wird zumeist flankiert vom melancholischen Blick auf die eigenen Verluste und Lebensdefizite in Nachkriegskindheit und Jugend. Die noch viel größeren Lebensdefizite der Väter dagegen, die ihre besten Jahre in der Kaserne, im Schützengraben, in Gefangenschaft und in der Fron des Wiederaufbaus verloren haben, sind manchen ihrer schreibenden Söhne und Töchter nicht einmal die Erwähnung wert.[5]

Die preußisch-soldatische Härte der Vätergeneration im Umgang mit den eigenen Gefühlen, ihre »Unfähigkeit zu trauern«, hat offenbar bei der nachfolgenden das genaue Gegenteil erzeugt: übertriebenes Selbstmitleid, eine *Larmoyanz, die heute gern mit »Sensibilität«* verwechselt wird. Die martialische Todesverachtung der Kriegs-Väter, von denen gewiß nicht zu lernen ist, »wie man gern lebt«, scheint eine Generation später – nicht selten – in eine *dekadente Lebensverachtung* umgeschlagen zu sein – im Sinne Schopenhauers, für den bekanntlich »das Leben ein Umweg zum Tode« war.

Am deutlichsten ist dieser Trend in der gegenwärtigen Theaterszene, wo sich die »Negationisten des Lebens« nach Belieben tummeln dürfen. Klaus Michael Grübers theatralische Großtaten bestehen derzeit darin, Goethes *Faust* als ununterbrochenen tristen Abgesang auf das Leben, auf den Humanismus, auf die Geschichte schlechthin zu inszenieren. Der universelle Kosmos des Goetheschen theatrum mundi, in dem lebensbejahende und lebensverneinende Kräfte im Widerstreit liegen, schrumpft bei Grüber auf ein einziges monotones Sterbe-Szenarium. Hier rächt sich ein misanthropischer Regisseur am bourgeoisen Goethe-Kult, indem er *Faust* aus dem Studierzimmer geradewegs ins Alten- und Siechenheim verpflanzt. Auch Shakespeares *Hamlet* gerät – unter solcher Regie – dann nur noch zum weihraucherfüllten Grabgesang im modernisierten Schaubühnen-Mausoleum. Und die feuilletonistischen Schrumpf-Hamlets der verschiedensten Couleur klatschen der nekrophilen Theatermode als »dernier cri« auch noch Beifall. »Leben – ein Ritual zum Tode?« – so überschrieb Peter Iden von der *Frankfurter Rundschau* seine emphatische Kritik der Grüberschen *Hamlet*-Inszenierung und gab, mit weltschmerzlichem Ingrimm, seine rituelle Standarderklärung ab: Daß alle Ideologien und Utopien hoffnungslos verbraucht seien. – Nur nicht die blödeste und dekadenteste aller Ideologien: nämlich daß das Leben eine Vorfeier des Todes sei. Wie sagte doch Friedrich Nietzsche, auf den sich unsere Feuilletonisten neuerdings wieder so gerne berufen, über die »Prediger des Todes«? »Kaum sind sie geboren, so fangen sie schon an zu sterben und sehnen sich nach Lehren der Müdigkeit und der Entsagung ... Ihnen begegnet ein Kranker oder ein Greis oder ein Leichnam; und gleich sagen sie: ›Das Leben ist widerlegt!‹. Aber nur sie sind widerlegt und ihr Auge, welches nur das eine Gesicht sieht am Dasein.«[6]

Um ihren Untergangs- und Todespredigten eine zeitgemäße Begründung zu geben, berufen sich diese Negationisten des Lebens gerne auf die drohenden ökologischen und atomaren Katastrophen, angesichts derer ohnehin alles vergebens und sinnlos geworden, alle sozialen und politischen Utopien überholt, ja, nur noch tumbe Hirngespinste in den Köpfen weltfremder Spinner und ewig gestriger Nach-Denker seien. Ich meine, wir sollten in Zukunft genauer unterscheiden zwischen der berechtigten Angst vor den drohenden ökologischen und atomaren Katastrophen – als kollektiver Realangst, die erst im politischen Widerstand, z. B. gegen die Raketenstationierung, produktiv wird, – und jenem *hysterischen Katastrophismus als Ideologie-Ersatz*, der von interessierten Kreisen künstlich geschürt wird, um jeden vitalen Veränderungswillen zu brechen und sämtliche humanen und sozialen Utopien zu begraben.

Gerade in einer Zeit, in der das Überleben der Gattung auf dem

Spiel steht – müßten da nicht die Literatur und Kunst mehr denn je zum *Anwalt des Lebens* werden, statt sich an dem konformen Untergangsgewinsel zu beteiligen? Wie lebenszugewandt, wie vital waren doch jene Künstler aus Boccaccios *Decamerone*, die – konfrontiert mit dem Pesttod in Florenz – sich wieder auf die Liebe besannen! Freilich, im Zeitalter der Pornografie und der Peep-Shows halten viele Künstler und Schriftsteller auch die Liebe für »überholt« bzw. für eine »Illusion«. Wenn sie jedoch mit derselben Akribie, mit der sie ihre »Beziehungskrisen« und ihre Hoffnungslosigkeit zu Papier bringen, auch einmal beschreiben würden, welche – vielleicht verschwiegenen – Hoffnungen sie gleichwohl am Leben (und Schreiben) halten, welche – vielleicht bloß bescheidenen – Glückserfahrungen sie, trotz AKWs, Seveso und Pershings, noch machen, oder wenn sie, angesichts der drohenden Katastrophen, einmal den berühmten Satz von Pascal zu ihrem literarischen Programm erheben würden: »Lebe so, als ob Du nur noch acht Tage zu leben hast!«, dann wäre unserer Literatur und Kunst sehr geholfen!

Zitatnachweise

1 Martin Walser, *In Goethes Hand*, Frankfurt a. Main, 1982, S. 84
2 vgl. hierzu Horst Eberhard Richter, *Der Gotteskomplex*, Reinbek bei Hamburg 1978
3 Adolf Muschg, Vorwort zu Fritz Zorns *Mars*, Frankfurt a. Main, 1977
4 Bertolt Brecht, *Gesammelte Werke*, Frankfurt 1967, Bd. 10, S. 865
5 vgl. hierzu meinen Aufsatz »Väter und Söhne, posthum. Über das beschädigte Verhältnis zweier Generationen«, in: Michael Schneider, *Den Kopf verkehrt aufgesetzt*, Darmstadt 1981
6 Friedrich Nietzsche, *Also sprach Zarathustra*, Stuttgart 1975, S. 46ff.

Franz Kafka und die Schuld dem Leben gegenüber

Eine fiktive Gerichtsszene* zum hundertsten Geburtstag von Franz Kafka

GERICHT 1

STIMME DES RICHTERS: Das Hohe Gericht sieht sich genötigt, vor der Eröffnung dieses Prozesses eine Erklärung in eigener Sache abzugeben. Normalerweise pflegen die Angeklagten, unterstützt von ihren Anwälten, die Gerichte damit zu beschäftigen, möglichst viele Beweise ihrer angeblichen Unschuld zu erbringen. Hier haben wir es mit dem – in der ganzen bisherigen Rechtsgeschichte – einzigartigen Fall zu tun, daß ein Mensch, gegen den nicht der geringste Verdacht besteht, von dessen Unschuld im Gegenteil alle, die ihn kennen oder gekannt haben, zutiefst überzeugt sind, *gegen sich selbst* Anklage erhebt. Das Hohe Gericht hat dem Selbstankläger, wenn auch gegen dessen erklärten Willen, einen Verteidiger bestellt, um ihn vor sich selbst in Schutz zu nehmen. – Das Hohe Gericht fügt hinzu, daß dieser Prozeß nicht stattfinden würde, wenn er dem Hohen Gericht nicht förmlich aufgezwungen worden wäre.
(Franz K. erhebt sich von der Anklagebank)
STIMME DES RICHTERS: Name?
FRANZ K.: Kafka.
STIMME DES RICHTERS: Vorname?
FRANZ K.: Franz

* Fast alle Texte FRANZ K.s sind originale Kafka-Zitate. Die meisten stammen aus seinen späten Tagebüchern. Nur dort, wo der Prozeßverlauf dies nötig machte, habe ich eigene, den Tagebüchern nachempfundene Texte eingefügt. M. S.

STIMME DES RICHTERS: Wo und wann geboren?
FRANZ K.: Am 3. Juli 1883 in Prag
STIMME DES RICHTERS: Ausbildung und Berufsweg?
FRANZ K.: Studium der Jurisprudenz. Danach Beamtenlaufbahn ... mit all den dazu gehörigen Beamtenlastern der Schwäche, Sparsamkeit, Unschlüssigkeit, Berechnungssucht ...
STIMME DES RICHTERS: Bitte, mit der Anklageerhebung noch zu warten, bis die Aufnahme der Personalien abgeschlossen ist! ... Beruf?
FRANZ K.: Versicherungsjurist bei der Arbeiterunfall-Versicherung in Prag. Im Nebenberuf: Schriftsteller
STIMME DES RICHTERS: Familienstand?
FRANZ K.: Ledig
STIMME DES RICHTERS: Name des Vaters?
FRANZ K.: Hermann Kafka
STIMME DES RICHTERS: Von Beruf?
FRANZ K.: Kaufmann
STIMME DES RICHTERS: Name der Mutter?
FRANZ K.: Julie, geborene Löwy
STIMME DES RICHTERS: Wer waren Ihre Vorfahren?
FRANZ K.: Ohne Vorfahren, ohne Ehe, ohne Nachkommen. Doch mit wilder Vorfahrens-, Ehe- und Nachkommenslust. Alle haben mir die Hand gereicht: Vorfahren, Ehe und Nachkommen – aber zu fern für mich. Für alle gibt es künstlichen, jämmerlichen Ersatz. In Krämpfen schafft man ihn und geht, wenn man nicht schon an den Krämpfen zugrunde gegangen ist, an der Trostlosigkeit des Ersatzes zugrunde ... (leise, bestimmt) Und doch ist es meine eigene Schuld!

GERICHT 2

STIMME DES RICHTERS: Das Hohe Gericht legt Wert auf die Feststellung, daß zwischen diesem Verfahren und der höchst zweifelhaften Praxis jenes Gerichtshofes, den Franz Kafka in seinem Roman *Der Prozeß* beschrieben hat, nicht die geringste Ähnlichkeit besteht. Einen zweiten Fall »Josef K.«, der von selbigem Gericht unschuldig verurteilt wurde, wird es vor den Schranken dieses Gerichtes nicht geben.

FRANZ K.: (bestimmt) Josef K. ist nicht unschuldig.

STIMME DES RICHTERS: Und worin sollte seine Schuld bestehen?

FRANZ K.: In seiner *Lieblosigkeit!* In seiner *Beziehungslosigkeit* zu den Menschen!

VERTEIDIGER: Einspruch! Dieser Begriff ist nicht justitiabel!

STIMME DES RICHTERS: Der Ankläger möge gleichwohl dem Hohen Gericht die Schuld Josef K.s erläutern!

FRANZ K.: Seine Beziehung zu den Menschen ist zwar von beamtenhafter Korrektheit und Höflichkeit, aber ein echtes Verhältnis der Wärme, der Hingabe, der Vertrautheit hat er zu niemandem. Nicht einmal zu seiner eigenen Mutter, die er schon drei Jahre lang nicht besucht hat. Von ähnlicher Kälte ist sein Verhältnis zu Frauen, die er nur als Werkzeug seines Prozesses und als Objekt des Genusses, ja, der niedersten Sexualität benutzt ... Ich füge hinzu: Josef K. bin ich selbst. *Der Prozeß* ist der niedergeschriebene Beweis meiner Schuld. Er gehört zu den Anklageakten!

VERTEIDIGER: Einspruch! ... Hohes Gericht! Die Selbstvorwürfe meines Mandanten, gar die von ihm behauptete Identität mit der Hauptfigur seines Romans, halten den zahllosen Zeugnissen seiner Familienangehörigen, Freunde und Zeitgenossen nicht stand. Sie alle beglaubigen einmütig, daß Franz Kafka geradezu das Musterbeispiel eines liebenswürdigen, anteilnehmenden, hilfsbereiten und selbstlosen Menschen war. Max Brod, der ihn am besten gekannt hat, bezeichnet ihn – ich zitiere – »als einen Ausnahmefall des Genies – so unsagbar zart und rücksichtsvoll ist sein Wesen« ...

FRANZ K.: Ich bitte das Hohe Gericht, zu berücksichtigen, daß das Urteil Max Brods getrübt ist durch den Blick des liebenden Freundes ... Noch heute erfaßt mich oft ein trauriges, aber ruhiges Erstaunen über meine Fühllosigkeit ... Ich bin von allen Dingen durch einen Raum getrennt, an dessen Begrenzung ich mich nicht einmal dränge ... Auch die Frauen, die ich liebte oder zu lieben glaubte, haben mich aus diesem leeren Raum nicht herausziehen können. Mein Verhältnis zu ihnen gleicht einem Seilziehen, bei dem die Frau fortwährend arbeitet und siegt und doch mich niemals hinüberbekommt.

VERTEIDIGER: Aber Sie haben doch dreimal den Versuch einer Heirat unternommen: Erste Verlobung mit Felice Bauer im Juni 1914. Entlobung im Juli des gleichen Jahres. Zweite Verlobung mit Felice Bauer im Juni 1917. Entlobung im Dezember des gleichen Jahres. Im November 1919 Verlobung mit Julie Wohryzek. Entlobung im April 1920.

FRANZ K.: (mit leichter Ironie) Vielleicht hätte Sisyphos, an der Seite einer Frau, den Fels über den Berg geschafft ... Aber er war eben ein Junggeselle!

VERTEIDIGER: Hohes Gericht! Nicht aus eingefleischtem Junggesellentum hat mein Mandant all jene Verlöbnisse wieder gelöst, sondern (pathetisch) weil er sich zu Höherem berufen fühlte, als den Weg aller Familienväter zu gehen.

FRANZ K.: (schlicht) Heiraten, eine Familie gründen ist meiner Überzeugung nach das äußerste, was einem Menschen überhaupt gelingen kann!

VERTEIDIGER: (leicht irritiert) Jedenfalls war es nicht ein banales Eheglück, sondern das Ideal einer reinen und vollkommenen Liebe, nach dem er strebte. Sein fast tausend Seiten umfassender Briefwechsel mit Felice Bauer legt hiervon ein ergreifendes Zeugnis ab. Und nach Auffassung der Verteidigung enthält dieser Briefwechsel genügend Belege dafür, daß Fräulein Bauer weder dem hohen Liebesideal des Dichters entsprochen, noch seine literarische Mission gebührend zu würdigen wußte. Am 24. Januar 1915 trägt der enttäuschte Bräutigam in spe in sein Tagebuch ein: »Ich lasse nichts nach von meiner Forderung nach einem phantastischen, nur für meine Arbeit berechneten Leben, sie will, stumpf gegen alle Bitten, das Mittelmaß, die behagliche Wohnung, Interesse für die Fabrik, reichliches Essen, Schlaf von elf Uhr abends an, geheizte Zimmer ...«

FRANZ K.: (mit Nachdruck) Einspruch! ... Die Verbindung mit Felice habe ich nicht gelöst, weil sie meiner nicht wert gewesen wäre, sondern weil ein so gesundes, lustiges, natürliches und kräftiges Mädchen wie sie mit mir nur hätte unglücklich werden können ... In diesem Sinne habe ich auch ihrem Vater geschrieben.

VERTEIDIGER: Hohes Gericht! ... Die Selbstanschwärzung seiner Person war eine List – und ich füge hinzu: eine legitime List! –, die mein Mandant des öfteren anzuwenden pflegte, wenn er seine eigentliche Mission, die Literatur, seitens der Familie oder der Frauen gefährdet sah ... Ich zitiere eine Tagebucheintragung vom 9. März 1914: »Es war hauptsächlich die Rücksicht auf meine schriftstellerische Arbeit, die mich abhielt, denn ich glaubte diese Arbeit durch die Ehe gefährdet.«

FRANZ K.: Hohes Gericht! Selbst wenn die Verteidigung recht hätte – entbindet mich dies von der Schuld Felice gegenüber? Ich habe das Unrecht getan, wegen dessen sie gefoltert wurde. Und ich bediente außerdem das Folterinstrument ... Es ist auch nicht wahr, daß die Trennung von Felice meiner literarischen Arbeit zugute gekommen ist. Im Gegenteil: Nach der ersten Entlobung habe ich anderthalb Jahre, nach der zweiten Entlobung vier Jahre *beinahe nichts* geschrieben! Und nicht zufällig fiel der endgültige Bruch mit Felice mit dem Ausbruch meiner Tuberkulose zusammen ... Ich habe die Krankheit förmlich herbeigelockt ... Dahinter, daß ich meinen Körper verfallen ließ, lag eine Absicht: Ich wollte unabgelenkt bleiben, unabgelenkt durch die Lebensfreude eines nützlichen und gesunden Mannes ...Als ob Krankheit und Verzweiflung nicht zumindest ebenso ablenken würden!

VERTEIDIGER: Hohes Gericht! (pathetisch) Ein Auserwählter wie Franz Kafka mußte, um seiner hohen Berufung willen, den Gemeinplätzen des Glücks entsagen. Nur in vollkommener Askese – und niemand wußte dies besser als er selbst – konnte ein solches Jahrhundertwerk entstehen. – Milena Jesenska, die dem Dichter seit 1920 eng verbunden war, hat diese hohe Bestimmung des Dichters offenbar besser verstanden als Felice Bauer. Milena in einem Brief an Max Brod: »Gewiß steht die Sache so, daß wir alle dem Augenschein nach fähig sind zu leben, weil wir irgendwann einmal zur Lüge geflohen sind, zur Blindheit, zur Begeisterung, zum Optimismus, zu einer Überzeugung, zum Pessimismus oder zu sonst etwas. Aber er ist nie in ein schützendes Asyl geflohen, in keines ... Er ist absolut unfähig, zu lügen, so wie er unfähig ist, sich zu betrinken ... Er ist wie ein Nackter unter Angekleideten ... Das ist ein Mensch, der durch seine schreckliche Hellsichtigkeit, Reinheit und Unfähigkeit zum Kompromiß zur Askese gezwungen ist.«

FRANZ K.: (zum Verteidiger) Während Milena aus der sicheren Wiener Distanz heraus um ihren Prager Dichterfreund eine Heiligenlegende rankte, hat dieser, um seiner sexuellen Notdurft Genüge zu tun, sich mit ganz und gar unheiligen »Gelegenheiten« zu trösten versucht ... Es tut mir leid, wenn dieses »unreine« Kapitel meines Lebens nicht in Ihr reines Kafka-Bild paßt! ... Hohes Gericht! Es hat einmal Zeiten gegeben, da mich der Körper jedes zweiten Mädchens lockte, aber der Körper jenes Mädchens, in das ich – deshalb? – meine Hoffnung setzte, gar nicht! ... Ich kann offenbar, meiner Würde wegen, meines *Hochmuts* wegen – auch wenn er noch so demütig aussieht! – nur das lieben, was ich so hoch über mich stellen kann, daß es mir unerreichbar wird ... Darin gleiche ich dem »Hungerkünstler«. Ich fand nie die richtige Speise, nicht, weil es sie nicht gegeben hätte, sondern weil sie *für mich unerreichbar* war ... Darum gibt es kein größeres Mißverständnis, als aus meinem Leben, meinen Werken eine Religion der Entsagung oder gar eine Philosophie der Verzweiflung ableiten zu wollen, wie es so viele meiner Exegeten getan haben und nicht aufhören zu tun. Es ist sehr gut denkbar, daß die Herrlichkeit des Lebens um jeden und immer in seiner ganzen Fülle bereitliegt, aber verhängt, in der Tiefe, unsichtbar, sehr weit. Aber sie liegt dort, nicht feindlich, nicht widerwillig, nicht taub. Ruft man sie mit dem richtigen Wort, beim richtigen Namen, dann kommt sie ... Wenn wir das richtige Wort nicht finden, ist es nicht unsere eigene Schuld?

GERICHT 3

VERTEIDIGER: Hohes Gericht! Nach allem, was die Verteidigung über die Familie meines Mandanten in Erfahrung bringen konnte, müßte statt seiner eigentlich sein Vater, Hermann Kafka, vor Gericht stehen. Der Sohn selbst hat in zahlreichen Äußerungen, vor allem aber in seinem 1919 geschriebenen *Brief an den Vater* seine Erziehung für das Unglück seines Lebens verantwortlich gemacht.

FRANZ K.: Ich bestreite nicht, daß mir meine Erziehung in mancher Hinsicht sehr geschadet hat ... Dennoch kann ich auf keine Weise zugeben, daß die ersten Anfänge meines Unglücks innerlich notwendig waren. Sie kamen angeflogen wie Fliegen und wären so leicht wie sie zu vertreiben gewesen.

VERTEIDIGER: Hohes Gericht! Ich erlaube mir, meinen Mandanten an das zu erinnern, was er in besagtem *Brief an den Vater* geschrieben hat: »In Deinem Lehnstuhl regiertest Du die Welt. Deine Meinung war richtig, jede andere war verrückt, überspannt, meschugge, nicht normal ... Du kannst ein Kind nur so behandeln, wie Du eben selbst geschaffen bist, mit Kraft, Lärm und Jähzorn. Gegenüber jeder Kleinigkeit überzeugtest Du mich durch Dein Beispiel und durch Deine Erziehung ...von meiner Unfähigkeit. Und was bei jeder Kleinigkeit stimmte und Dir Recht gab, mußte natürlich ungeheuerlich stimmen vor dem Größten, also vor der Ehe ...«

FRANZ K.: (vehement) Hohes Gericht! Ich habe meinen Vater mein ganzes Leben bewundert. Er war ein *wirklicher* Kafka an Stärke, Gesundheit, Appetit ... (immer stockender, mühsamer) ... Stimmkraft, Redebegabung, Selbstzufriedenheit ... Weltüberlegenheit, Ausdauer, Geistesgegenwart, Menschenkenntnis ... einer gewissen Großzügigkeit ... natürlich auch mit allen zu diesen Vorzügen gehörenden Fehlern und Schwächen ...

VERTEIDIGER: Warum wollen Sie just den Menschen in Schutz nehmen, unter dessen Tyrannei Sie zeitlebens gelitten haben?

FRANZ K.: Wenn ich damals, in besagtem Brief, meinem Vater vorgeworfen habe, daß er mir alle Lebenstüchtigkeit genommen habe, so nur, um mich bequem, sorglos und ohne Selbstvorwürfe in meiner Lebensuntüchtigkeit einrichten zu können ... Darum habe ich diesen Brief auch nie abgeschickt.

VERTEIDIGER: Ich bitte das Hohe Gericht, sich von der einzigen und zugleich liebenswürdigsten Charakterschwäche meines Mandanten, seinem notorischen Hang zur Selbstbezichtigung, nicht aufs Glatteis führen zu lassen! Auch diese scheint übrigens die Frucht einer Erziehung zu sein, die mein Mandant selbst auf die Formel brachte: »Ich hatte vor Dir« – gemeint ist wieder der Vater – »das Selbstvertrauen verloren, dafür ein grenzenloses Schuldbewußtsein eingetauscht.« Ich denke, deutlicher läßt sich der heillose Einfluß dieses rücksichtslosen und despotischen Vaters ...

FRANZ K.: Ich protestiere gegen solche groben Vereinfachungen!... Hohes Gericht! Ich lebte in meiner Familie unter den besten und liebevollsten Menschen fremder als ein Fremder ... Vielleicht bin ich als Kind von meinem Vater besiegt worden. Aber warum habe ich den Kampfplatz, die Familie und Prag nicht verlassen? All die Jahre hindurch, obwohl ich immer wieder besiegt worden bin?... Auch der Mann »vor dem Gesetz« hätte ja gehen können. Wenn er sein Leben lang vor dem Lichtspalt verharrt, ist es nicht seine Schuld?

GERICHT 4

STIMME DES RICHTERS: Das Hohe Gericht erklärt noch einmal, daß es diesen Prozeß sofort abzubrechen bereit ist ...

FRANZ K.: (störrisch) Ich bestehe auf der Fortsetzung des Prozesses. Der Hauptpunkt meiner Anklage war noch nicht Gegenstand der Verhandlung.

STIMME DES RICHTERS: Und der wäre?

FRANZ K.: Der hemmungslose *Selbstgenuß* des Schreibens!

VERTEIDIGER: (leicht enerviert) Hohes Gericht! Wenn schon der Mensch Franz Kafka über jeden Zweifel erhaben ist, so erst recht der Schriftsteller Kafka. (pathetisch) Vor der Bedeutung seines Werkes, das in seiner absoluten Wahrhaftigkeit und visionären Hellsichtigkeit in der modernen Literatur einzig dasteht, haben sich selbst die größten Geister seiner Zeit verneigt!

FRANZ K.: (mit Ironie) Auch das Volk der Mäuse glaubte, daß Josefine, die Sängerin, eine besonders schöne Stimme habe. Dabei ist es sehr fraglich, ob ihr Gesang nicht bloß ein Pfeifen ist, und vielleicht sogar, wie mir scheint, über die Grenzen des üblichen Pfeifens gar nicht hinauskommt ...

VERTEIDIGER: (ebenfalls mit Ironie) Kafka wäre nicht Kafka, wenn jemals auch nur ein Wort des Selbstlobs über seine gestrengen Lippen gekommen wäre. Ich gestatte mir daher, aus der unübersehbaren Flut von Huldigungen einige exemplarische herauszugreifen. Thomas Mann rechnet Kafkas Erzählungen zu »dem Lesenswertesten, was die Weltliteratur hervorgebracht hat.« Kurt Tucholsky nennt Kafka »einen Großsohn von Kleist«, der die »klarste und schönste Prosa schreibt, die zur Zeit in deutscher Sprache geschrieben wird«. Rainer Maria Rilke ...

FRANZ K.: Ich erhebe Einspruch!... Der literarische Wert oder Unwert meiner Werke ist nicht Gegenstand dieses Prozesses. Auch die schmeichelhaften Urteile dieser berühmten Männer können nicht von meiner eigentlichen Schuld ablenken.

STIMME DES RICHTERS: Welche Schuld meinen Sie?

FRANZ K.: Daß das Schreiben für mich – in einer für jeden Menschen um mich *grausamsten Weise* – das Wichtigste auf Erden war.

VERTEIDIGER: (fassungslos, dann mehr irritiert als spöttisch) Und was sollte daran so verwerflich sein?... Soll das Hohe Gericht Sie vielleicht für Ihr Genie verurteilen? (Er lacht)

FRANZ K.: (müde, resigniert) Sie wollen mich nicht verstehen.

VERTEIDIGER: Hohes Gericht! Es gibt in diesem Jahrhundert wohl keinen Schriftsteller – und sei er noch so bedeutend! –, dessen Schaffen von so reinen, uneigennützigen und hohen Motiven beseelt war wie das Franz Kafkas! Nicht Geltungs- oder Ruhmsucht, nicht eitle Selbstbespiegelung oder Selbstvergottung liegt seinen Werken zugrunde, sondern – ich zitiere noch einmal Max Brod – »die Suche nach dem Unzerstörbaren des geistigen Lebens«, »das Streben nach dem Absoluten«, »nach Vollkommenheit in der Kunst wie in der Liebe«, ja, die »Vision eines letzten Ziels«. Auch ohne ein gläubiger Jude zu sein, war Franz Kafka seinem ganzen Wesen nach ein *Gott*sucher ...

FRANZ K.: Ich stand niemals unter dem Druck einer anderen Verantwortung als jener, welche das Dasein, der Druck, das *Urteil* anderer *Menschen* mir auferlegten.

VERTEIDIGER: Aber Sie selbst definierten Ihre Literatur als »Ansturm gegen die Grenze« und »Schreiben als eine Form des Gebets«!

FRANZ K.: Hohes Gericht! Schreiben ist ein wunderbarer, süßer Lohn. Aber wofür?... (völlig ohne Pathos) Es ist der Lohn für Teufelsdienst!... Und das Teuflische daran erscheint mir sehr klar: Es ist die *Eitelkeit* und *Genußsucht*, die immerfort um die eigene Gestalt schwirrt und sie genießt. Die Bewegung verfielfältigt sich dann, es wird ein Sonnensystem der Eitelkeit ...

VERTEIDIGER: (pikiert) Hohes Gericht! Ich protestiere dagegen, daß ein Hohepriester der Literatur sein eigenes Amt ...

FRANZ K.: (läßt sich nicht unterbrechen) In meinem Fall nahm die Eitelkeit und Genußsucht die wahrhaft teuflische, weil unangreifbare Form ihres *scheinbaren* Gegenteils an: als chronisches Leiden an der eigenen Lebensuntüchtigkeit, als begehrliches Starren auf die einmal geschlagene Wunde ... In jener langen Nacht, da ich *Das Urteil* schrieb, brach die Wunde zum erstenmal auf ... An Versuchen, mir zu helfen, hat es seither nicht gefehlt ... Aber ich wollte mir nicht helfen lassen!... Als hätte ich ein wahres Gefühl meiner selbst nur, wenn ich unerträglich unglücklich bin!... Jede Heilung, jedes Verschließen des Wundkanals hätte für mich das Ende des Schreibens bedeutet ... Und so habe ich, im hemmungslosen Selbstgenuß des Schreibens, mit kaltblütiger Neugier, mir selber zugesehen, wie ich langsam verblute.

Gericht 5

STIMME DES RICHTERS: Das Hohe Gericht bittet um die Schlußplädoyers!

VERTEIDIGER: Hohes Gericht! Auf die Frage Josef K.s, wie es um seinen Prozeß bestellt sei, erhält er die lapidare Antwort: »Der Prozeß schwebt.« Auch dieser Prozeß *schwebt*, in einem doppelten Sinn: Er würde nämlich, wenn es nach dem Willen meines Mandanten ginge, niemals zum Abschluß kommen. Er schwebt aber auch in dem Sinne, daß wir den Boden nachweisbarer schuldhafter Tatbestände schon längst verlassen haben, zumal die Schuldbegriffe meines Mandanten keine justitiablen Kategorien im Sinne der Paragraphen unseres Strafgesetzbuches sind. Wir bewegen uns hier vielmehr in einem imaginären, wahrhaft kafkaesken Raum – in einem Raum voller Schuldkomplexe, Alpträume und Strafphantasien, welche *allein* im genialen Kopf ihres Autors existieren, dort gleichwohl eine solche Macht auszuüben scheinen, daß sie das Gericht förmlich herbeizwingen ... Ja, wir haben es hier geradezu mit einem Son-

derfall des Genies zu tun: Mit einem *Genie der Selbstbezichtigung*, das schon dadurch, daß es die Funktion eines unabhängigen Anklägers außer Kraft setzt, unser ganzes herkömmliches Gerichtswesen sprengt.
Hohes Gericht! Auch wenn es im literarischen Werk meines Mandanten – meines Wissens – keinen einzigen Fall gibt, der mit einem wirklichen Freispruch endet, so stellen doch alle Indizien seines *Lebens* ebenso viele, ja, geradezu überwältigende Beweise seiner Unschuld dar. Darum plädiert die Verteidigung – auch wenn sie sich damit gewissermaßen außerhalb der Kafkaschen Legalität stellt – ausnahmsweise für einen *wirklichen Freispruch*!
FRANZ K.: Hohes Gericht! Wenn ich tatsächlich ohne Schuld wäre, wie die Verteidigung behauptet, warum habe ich dann Reue? Warum hört die Reue nicht auf?...Warum lautet das Schlußwort in all meinen Nächten immer: Ich könnte leben und ich lebe nicht!?... Wo *Reue* ist, muß auch *Schuld* sein!... Auch wenn es für meine Schuld hierzulande vielleicht keinen Paragraphen gibt ... Der Talmud weiß von dieser Schuld. Eines seiner obersten Gebote heißt: ›Sondere Dich nicht ab von der Gemeinschaft:‹. Ich aber bin vierzig Jahre lang aus Kanaan ausgewandert. Mein Leben war eine umgekehrte Wüstenwanderung. Von Anfang an nahm es die Richtung *aus* der Menschheit ... Dabei war die Anziehungskraft der Menschenwelt für mich ungeheuerlich, in einem Augenblick konnte sie alles vergessen machen ... Mit zwanzig Händen wollte ich in die Welt hineinfahren, und außerdem zu einem nicht zu billigenden Zweck ... Aber die Angst – die *Angst* hielt mich wie ein Spiegel umschlossen. Zu spät erkannte ich, daß ich meine Angst mehr liebte als die, vor denen ich sie hatte, meine Verlassenheit mehr als jene, die sie mir nehmen wollten. Nicht ich war von den Menschen verlassen – das wäre nicht das Schlimmste, ich könnte ihnen nachlaufen, solange ich lebe –, sondern ich war von mir in Beziehung auf die Menschen verlassen ... Ich habe Liebende gern, aber ich kann nicht lieben ... Ich habe versucht, diese Schuld

durch mein Werk abzutragen – und habe sie eben dadurch nur immer mehr vergrößert ... Darum bitte ich das Hohe Gericht, meinen testamentarisch verfügten letzten Willen zu erfüllen: Verbrennen Sie meine Schriften! Vernichten Sie mein Werk, das nur ein untauglicher Versuch war, die Nachwelt von meiner eigentlichen Schuld abzulenken: von meiner *Schuld dem Leben gegenüber!* ... Die Scham wird mich noch überleben.

Gericht 6

STIMME DES RICHTERS: Das Hohe Gericht verkündet das Urteil:
Das Hohe Gericht hat Franz Kafka, von Beruf Versicherungsjurist und Schriftsteller, für *unschuldig* befunden. Nicht weil er in jeder Beziehung ohne Schuld wäre, sondern weil er sich niemals der Selbstgerechtigkeit schuldig gemacht hat. »Literatur als Aussteigen aus der Totschlägerreihe« – dieses von ihm selbst geprägte Wort könnte als Motto auch über dem Leben Franz Kafkas stehen. Wenn der Geist dieses schonungslosen Selbstanklägers die Menschen wirklich ergreifen würde, dann würde hinfort alle Gerichtsbarkeit der Behörde und der Menschen überflüssig werden!
FRANZ K.: (bestimmt, beinahe zornig) Wenn das Hohe Gericht mir meine Schuld verzeiht, ich verzeihe sie mir nicht!... Ich gehe vor die nächste Instanz!

Bertolt Brecht – Ein abgebrochener Riese

Zur ästhetischen Emanzipation von einem Klassiker

Ihr, die ihr auftauchen werdet aus der Flut
In der wir untergegangen sind
Gedenkt
Wenn ihr von unseren Schwächen sprecht
Auch der finsteren Zeit
Der ihr entronnen seid.
Gingen wir doch, öfter als die Schuhe die Länder wechselnd
Durch die Kriege der Klassen, verzweifelt
Wenn da nur Unrecht war und keine Empörung
Dabei wissen wir doch:
Auch der Haß gegen die Niedrigkeit
Verzerrt die Züge.
Auch der Zorn über das Unrecht
Macht die Stimme heiser. Ach, wir
Die wir den Boden bereiten wollten für Freundlichkeit
Konnten selber nicht freundlich sein.
Ihr aber, wenn es soweit sein wird
Daß der Mensch dem Menschen ein Helfer ist
Gedenkt unsrer
Mit Nachsicht.
(Bertolt Brecht)

1. Symptome und politische Ursachen der heutigen Brecht-Müdigkeit

Wenn man den Matadoren der bundesdeutschen Literatur- und Theaterkritik glauben darf, dann ist das Theater hierzulande und sein Publikum dabei, sich von einem Dramatiker endgültig zu verabschieden, der vor kurzem noch als der größte deutsche Dramatiker dieses Jahrhunderts galt: von Bertolt Brecht. Wie Hellmuth Karasek in seinem jüngsten Buch *Bertolt Brecht – der jüngste Fall eines Theaterklassikers* konstatiert, »existiert es jedenfalls, das ›Brecht-ist-tot-Gerede‹, das erschlaffte Achsel-

zucken über einen Autor, von dem man jetzt wohl ein wenig kleinlaut sagt, man habe ihn etwas voreilig zu dem Dramatiker dieses Jahrhunderts hochstilisiert«[1]. Anzeichen einer sich mehr und mehr ausbreitenden Brecht-Müdigkeit waren freilich schon früher zu bemerken.[2] Nicht nur bei den Theaterkritikern, auch bei vielen Literaten, Regisseuren, Dramaturgen und Schauspielern, für die Brecht einst der große Autor war, ist sie festzustellen; der Dramaturg und Regisseur Ernst Wendt hat dafür unter anderem folgende Erklärung: »Man getraut sich kaum, es zu sagen, aber es will heraus an dieser Stelle: mir, und ich glaube auch vielen anderen Theatermachern, kommen die meisten brechtschen Figuren als eigentlich sehr spießige vor. Sie getrauen sich nichts, sie bleiben in jeder Situation ungefährdet, nie können sie sich verlieren ... eine solche Erkenntnis [wirft] natürlich auch einen Schatten auf Brecht selber. Verbarg sich nicht hinter dem aufrührerischen Gestus eine im Grunde spießige Natur?«[3]
Wie sagte doch der arme B. B. in einem seiner Epigramme? »Den Haien entrann ich / Die Tiger erlegte ich / Aufgefressen werde ich / Von den Wanzen.«[4] Doch bevor wir uns nach ihrer Verdauung erkundigen – denn immerhin ist es ja ein ziemlicher Brocken, den sie da auffressen –, wollen wir zunächst fragen, wie es zu der neuerlichen Treibjagd auf jenen berühmten »Elefanten« denn gekommen ist, mit dem sich Herr Keuner alias B. Brecht so gern verglich. Bekanntlich war dieser ein *zoon politicon* im wahrsten Sinne des Worts, das heißt ein politisches Tier, und zwar eines von der radikalen Sorte. Darum sind wohl auch die Gründe und Motive für die postume Leichenfledderei des radikalen Dickhäuters zuallererst im Politischen zu suchen.
Schon immer war *das Verhältnis der Deutschen zu Bertolt Brecht ein Barometer ihres politischen Bewußtseins*; die Höhe- und Tiefpunkte in der allgemeinen Brecht-Rezeption markierten immer auch die Wendepunkte im politischen Klima dieses Landes. So hatten in den fünfziger Jahren, bei Einbruch des »Kalten Krieges«, gerade die antifaschistischen und antimilita-

ristischen Stücke Brechts eine enorme ideologische Sprengwirkung gegen die verharnischten Verhältnisse der restaurierten und wiederaufrüstenden Bundesrepublik. So sehr das westdeutsche Kultur-Bürgertum damals auch bemüht war, Thomas Mann und Zuckmayer als die »wahren Dichter« gegen Brecht, den »Ideologie-Schreiber« und »Lehrstück-Verfasser«, auszuspielen; für die vom Adenauer-Staat schon wieder ins politische Abseits gedrängten Antifaschisten und Radikaldemokraten war Bertolt Brecht die große Identifikationsfigur unter den aus der Emigration heimgekehrten deutschen Dichtern. Brechts Stücke mußten im Westen allerdings erst gegen einen antikommunistischen Brecht-Boykott durchgesetzt werden; ihre Aufführungen kamen antifaschistischen Demonstrationen gleich gegen ein revanchistisches, schein-entnazifiziertes Bürgertum, das das Braunhemd nur »geweißt« (bzw. geschwärzt) und die SS-Halskrause mit dem Stehkragen vertauscht hatte. Allerdings verfehlten Brechts Klassenkampfstücke (*Die Tage der Kommune, Die heilige Johanna der Schlachthöfe* und andere) schon damals ihren eigentlichen Adressaten: die Arbeiterschaft, die, geschwächt und desorganisiert durch den Faschismus, einen hoffnungslosen Kampf gegen die westdeutsche Restauration geführt hatte und nunmehr, aller Politik überdrüssig, ihre verbleibenden Energien in einen heroischen Wiederaufbau investierte. So blieb Brechts Wirkung im Westen im wesentlichen auf oppositionelle Künstler- und Intellektuellen-Kreise beschränkt, während der Stückeschreiber in der DDR, vor allem durch die hervorragenden Aufführungen des Berliner Ensembles, schon bald zum neuen sozialistischen Klassiker avancierte.

In der Bundesrepublik erreichte die Identifikation mit Brecht einen neuen Höhepunkt in der antiautoritären Revolte von 1968, wobei sich ein Großteil der rebellierenden studentischen Jugend erstmals offen zu Brecht als *dem* kommunistischen Dichter, dem Dichter des Klassenkampfes, bekannte; während doch bis dato die westdeutschen Kulturverweser ihren ganzen Ehrgeiz darein setzten, Brecht – wie dieser selbst mit seinem

Guten Menschen von Sezuan getan hatte – in zwei Hälften zu teilen: in eine gute, poetische und in eine schlechte, politische Hälfte. Diese radikaldemokratische bis sozialistische Intellektuellen-Bewegung, die sich als neue Avantgarde begriff und nun stellvertretend für die durch Kalte-Kriegs-Propaganda taubgeschlagene und durch Konsumzauber eingeschläferte Arbeiterklasse auf die Straße ging, erkannte sich in den revolutionären Protagonisten der Brechtschen Stücke, in der *Mutter*, in *Matti*, in den Pariser Kommunarden usw. begeistert wieder; was seinen Ausdruck unter anderem in der emphatischen Aufnahme von Peter Steins Schaubühnen-Inszenierung der *Mutter* (1970) mit Therese Giese in der Titelrolle fand.
Das westdeutsche Theater, das bis dahin wesentlich von den existentialistischen Dramatikern und ihren absurdistischen Clownerien (Ionesco) bestimmt war, nahm die neuen politischen Impulse und Bedürfnisse der Studentenbewegung auf und wechselte Anouilh, Sartre, Camus, Ionesco und Beckett gegen Brecht und die an ihm orientierten sozialkritischen Dramatiker aus. Der Brecht-Boykott der fünfziger Jahre war nun einem regelrechten *Brecht-Boom gewichen, der ebenso Symptom eines sich radikalisierenden politischen Bewußtseins* (vor allem in der jüngeren Generation) *wie Symptom für die schier unbegrenzte Verdauungsfähigkeit der bundesrepublikanischen Kulturapparate war.* Das bürgerliche Theaterpublikum schien selbst die widerborstigsten, grätigsten Stücke Brechts wie Marmelade zu schlucken, ohne auch nur im geringsten an ideologischem Bauchgrimmen zu leiden. Die kulturelle Vereinnahmung des marxistischen Stückeschreibers vollzog sich durch den gleichen halb ironischen, halb sakralen Akt, durch den auch seine *Heilige Johanna der Schlachthöfe* von den Chicagoer Börsenjobbern am Ende vereinnahmt wird: So wie diese just in dem Moment, da sie die Notwendigkeit der revolutionären Gewalt erkannt hat und propagieren will, von Pierpont Mauler, dem Fleischkönig Chicagos, »heiliggesprochen« wird, so wurde auch B. Brecht just in dem geschichtlichen Augenblick, da er an

den westdeutschen Bühnen zum politischen Sprengsatz zu werden drohte, von den Kulturvätern der Bundesrepublik zum Klassiker der deutschen Literatur kanonisiert.
Für diejenigen allerdings, die in Brecht primär den Dichter des Klassenkampfs und nicht den Klassiker sahen, blieb sein Werk nicht ohne Wirkung. In den offensiven Jahren der Studentenrevolte war Brecht nicht nur der meistgelesenste deutsche Autor; er übte auch auf die politische und ästhetische Bewußtseinsbildung der »Neuen Linken« einen nachhaltigen Einfluß aus; sowohl die politische Lyrik (Enzensberger, Fried, Delius, Schütt und andere) als auch die politische Dramatik jener Zeit (Weiß, Kipphardt, Forte, Dorst und andere) war thematisch und ästhetisch wesentlich an Brecht orientiert.
Mit dem Niedergang und endgültigen Zerfall der Studentenbewegung in den Jahren 1972/73, von den Massenmedien als »Tendenzwende« gefeiert, *ging auch dem Brechtschen Werk der reale gesellschaftliche Bezugspunkt wieder verloren*; es geriet nun zunehmend in den Windschatten jener literarischen Modeströmungen, die unter dem Etikett »Neue Sensibilität«, »Neue Innerlichkeit«, »Neue Natürlichkeit« usw. den Markt überschwemmten. Ein Teil der Links-Intellektuellen und Künstler, die nach ihrem kurzen revolutionären Rausch von einem langen Katzenjammer ergriffen wurden, tauschten nun den marxistischen Stückeschreiber Brecht gegen die alten und neuen Sensibilisten wie H. Hesse und P. Handke ein. Die Literaten unter ihnen, die einst flammende Gedichte gegen die griechische Militärdiktatur geschrieben und sich in den »Werkkreisen der Literatur der Arbeitswelt« engagiert hatten, widmeten sich nun wieder ganz der Intimpflege ihrer kostbaren Innerlichkeit.
Es ist klar, daß *diese neueste Seelen-Stimmung, dieser trübe Solipsismus und kokette Nihilismus*, der da neuerdings wieder die Bücher, die Theater und die Kinos füllt, *sich schließlich und endlich auch in einer allgemeinen Brecht-Allergie*, um nicht zu sagen: Brecht-Antipathie, *entladen mußte*. Diese ist gewissermaßen nur das literarische Pendant zu jenem neoexistentialisti-

schen Ekel an Politik, Wissenschaft und Aufklärung, der in Frankreich jüngst zur »Neuen Philosophie« erhoben wurde und nun auch unter den bundesrepublikanischen Intellektuellen, Künstlern und Literaten die Runde macht. Die Selbstdemontage eines Teils der »Neuen Linken« äußert sich zur Zeit in einer masochistisch-arroganten Bilderstürmerei, der die großen Säulenheiligen von einst – Marx, Lenin, Mao und jetzt auch B. Brecht – der Reihe nach zum Opfer fallen.

So notwendig und historisch überfällig die Infragestellung und kritisch-materialistische Auseinandersetzung mit dem Werk Brechts auch ist, so fatal ist die sich neuerdings abzeichnende pauschale Verwerfung seines Werks und seiner ästhetischen Methode. Unseren zeitgenössischen Dramatikern bliebe von Brecht – weiß Gott! - noch viel zu lernen übrig; allein schon, was den hohen technischen Standard und formalen Reichtum seiner Stücke anbelangt; hat doch Brecht den gesamten dramatischen Formenfundus der Antike, des elisabethanischen Theaters und der deutschen Klassik seinem Werk einverleibt.

Nun wird bekanntlich die literarische Konjunktur nicht (oder nur in seltenen Fällen) von den Literaten selbst bestimmt. Also darf man sich auch nicht darüber wundern, daß *die im Zuge der »linken Melancholie« sich ausbreitende Brecht-Allergie nunmehr von der etablierten Literatur- und Theaterkritik auf den Begriff gebracht und im negativen Sinn »vermarktet« wird.* Den lange Zeit schleichenden, inoffiziellen »Wertverfall« des Brechtschen Werkes mußte die Kulturbörse natürlich eines Tages veröffentlichen, damit die vielen kleinen Angestellten und Agenten des Kulturbetriebs wieder wissen, wo es langgeht. Der offizielle Trendwechsel in Sachen Brecht vollzog sich denn auch, in prominentem Rahmen, auf dem Brecht-Kolloquium im Frankfurter Römer-Saal (vom 28. 9. bis 30.9.1978), das – sieht man von den vereinzelten Protesten der Brechtologen und einiger Literaturwissenschaftler ab – sehr schnell den Charakter eines »Brecht-Tribunals« annahm. Alle Argumente, die gegen Brecht sprachen, wurden eifrigst bilanziert; wer oder was noch für Brecht sprach, das ging schnell unter. Bezeichnend für den Stil und das Niveau dieser »Abrechnung« mit Brecht waren die Kommentare einiger prominenter Theaterregisseure; sie begründeten ihren »Brecht-Überdruß« – man höre und staune – damit, daß sie ihre derzeitige »persönliche Seelenlage« nirgendwo im Brechtschen Werke wiederfänden. Zum Glück hat Brecht kein Material geliefert für progressistische Regiegiganten, die ihren ganzen Ehrgeiz darein setzen, ihre höchsteigene Seelenprovinz in Szene zu setzen. Kein Wunder, daß diese Regisseure eifrig Schützenhilfe von der etablierten Literatur- und Theaterkritik erhielten, die schon seit Jahren daran arbeitet, den literarischen Riesen Brecht gegen die neueste Garnitur sensibler Liliputaner auszuwechseln – natürlich mit dem Ziel, die Politik, das heißt die Änderbarkeit der Verhältnisse, die ja Brechts großes Thema war, wieder aus der Schaubühne zu verbannen und *die Literatur auf dem Wege der Verinnerlichung zu reprivatisieren.*

Nach drei Prozeßtagen ließen die »Oberrichter« des Frankfurter Brecht-Tribunals das Urteil durch die Presse verkünden. Peter Iden von der *Frankfurter Rundschau* hatte seinen großen Tag: »Da hatte der Kongreß ihn nun dingfest gemacht: Brecht als den großen (unerträglichen) Vereinfacher, der den heutigen Regisseuren keinen Freiraum zur Selbstdarstellung (Jürgen Flimm) läßt; als den Verhinderer für die nachfolgende Generation von Autoren (Tankred Dorst), die unter seinem Schatten zu leiden haben – also: Brecht, erkannt als ein Überflüssiger! ... Was bleibt von der Veranstaltung? Sie hat die Zweifel an Brecht, mit denen Wallmann [der CDU-Oberbürgermeister; Anm. d. Verf.] den Kongreß eröffnete, bestätigt. In der Provinz werden die Stücke noch gespielt, größere Häuser vermeiden sie ...«[5] Brecht: überflüssig! Brecht: ab in die Provinz! Solche Slogans aus dem Munde eines Papstes der bundesdeutschen Theaterkritik beweisen nur eines: *die zunehmende Provinzialisierung der Kultur (und der Kulturpolitik) in diesem Lande.*

2. Werkimmanente (ästhetische) Gründe für die heutigen Schwierigkeiten mit Brecht

Indessen machte man es sich zu leicht, würde man die gegenwärtige Brecht-Müdigkeit einzig und allein auf den politischen Wetterumschlag im Lande, auf die von der hiesigen Literatur- und Theaterkritik sorgsam gehegte und gepflegte »linke Melancholie« und auf die opportunistischen Anpassungsmanöver gewisser Literaten, Regisseure und Kritiker an die neue literarische Konjunktur zurückführen. Das nachlassende Interesse an Brecht ist nicht nur Symptom eines allenthalben um sich greifenden politischen Bewußtseinsverfalls, sondern hat *auch* Gründe, die im Werk Brechts und dessen Ästhetik liegen. Damit komme ich zum eigentlichen Thema meines Aufsatzes. Nach dem Frankfurter Brecht-Kolloquium habe ich mich allerdings gefragt, ob der Zeitpunkt für eine kritisch-materialistische Auseinandersetzung mit Brecht nicht falsch gewählt sei; ob nicht der produktive Zweifel an gewissen ästhetischen Positionen seines Werkes, der mich seit längerem beschäftigt, just diejenigen bestätigt, die den Denkmalsturz des Dichters gerade jetzt als kulturpolitische Heldentat feiern. Kurzum: ich bekam Angst vor dem Beifall von der falschen Seite. Ich meine jedoch, die Linke hat aus dieser Angst es allzuoft den falschen Leuten überlassen, den Finger auf die richtige Stelle zu legen. Bloß nichts über die Berufsverbote in der DDR sagen! Springer könnte daraus Kapital schlagen! Bloß nichts gegen B. Brecht sagen, das bürgerliche Feuilleton könnte daraus Kapital schlagen! In Wirklichkeit schlägt Springer eben auch daraus Kapital, daß es den Anschein hat, diejenigen, die hierzulande gegen Berufsverbote kämpfen, seien mit den Berufsverboten drüben ganz einverstanden. Und das Feuilleton schlägt eben auch daraus Kapital, daß es den Anschein hat, die Kultur-Linke hierzulande identifiziere sich nach wie vor nicht nur mit dem Marxisten, sondern auch mit dem Vulgärmarxisten Brecht. *Im Denken und im Werk Brechts die vulgärmaterialistischen Momente auf-*

zuzeigen, mit denen wir uns heute *nicht* mehr identifizieren können, das sollten wir – so meine ich – nicht dem Feuilleton oder der bürgerlichen Literaturkritik überlassen, die mit dem Vulgärmarxisten zugleich auch den Marxisten Brecht über Bord kippt (wie auch Karasek in seinem jüngsten Buch tut, das gleichwohl sehr aufschlußreiche und differenzierte Erkenntnisse zu einzelnen Figuren Brechts enthält). Die politischen und kulturpolitischen Anschläge des Gegners auf ihre großen Identifikationsfiguren – ob sie nun Lenin oder Brecht heißen – pflegt die Linke zumeist dadurch abzuwehren, daß sie ihr Bekenntnis zu diesen Figuren treuherzig erneuert. Diese Bekenntnisliturgie treibt sie aber nicht nur in die Defensive, sondern verhindert auf die Dauer auch die kritische Überprüfung und notwendige Infragestellung ihrer Vorbilder, deren Vorbildfunktion durch die geschichtliche Entwicklung vielleicht schon relativiert, wenn nicht gar überholt worden ist. Das starre Festhalten an den linken Vorbildern als unwillkürlicher Reflex auf die Anschläge von rechts (oder sogar aus den eigenen Reihen) ist zwar verständlich, aber auf die Dauer wenig produktiv.

Von daher ist zu fragen, ob in der gegenwärtigen Brecht-Müdigkeit nicht auch *die Keime eines neuen ästhetischen Bewußtseins, die Anzeichen einer ästhetischen Emanzipation von Brecht und seiner Dramaturgie* stecken, die ja für eine ganze geschichtliche Epoche die Entwicklung der Dramatik in Ost und West bestimmt, um nicht zu sagen: dominiert hat. Für diese These spricht, daß auch unter DDR-Schriftstellern, die es kaum nötig haben, der »neuesten Stimmung im Westen« nachzulaufen, eine Abnabelungstendenz von Brecht im Gange ist. Nach Werner Mittenzwei ist diese Tendenz »weder Ausdruck einer Mode noch eine bloß individuelle, rein zufällige Erscheinung. Vielmehr ist sie Teil eines umfassenden Prozesses, der sich in den siebziger Jahren vollzog und den man [...] als die ästhetische Emanzipation der sozialistischen Literatur bezeichnen könnte [...]. Brechts Stellung in der deutschen Literatur und der Weltdramatik veränderte sich zwar nicht. Auch seine Ästhetik erwies sich nicht als erledigt [...]. Deutlich wurde aber eins: Eine veränderte gesellschaftliche Situation braucht neue ästhetische Überlegungen, neue methodische Schritte. Das bedeutet zwangsläufig auch ein Infragestellen der Kunst und der kunsttheoretischen Lösungen Brechts.«[6]

Dies vollzieht sich zur Zeit am radikalsten gerade unter jenen DDR-Schriftstellern, für die Brecht einst das große Vorbild war und die sich lange Zeit als dessen Schüler begriffen haben: bei Autoren wie Peter Hacks und Heiner Müller (aber auch bei Autoren wie Stephan Hermlin und Günter Kunert, die nicht aus der Brecht-Schule kommen). Das bewußte Abrücken der Schüler von dem großen Meister ist freilich nicht gleichzusetzen mit der weitgehend konjunkturbedingten Brecht-Antipathie der eingangs zitierten Kritiker, Literaten und Regisseure, für die die Politik, das heißt die Änderbarkeit der Verhältnisse, kein Thema der Literatur mehr ist. Sie verwerfen Brecht zumeist, ohne durch ihn hindurchgegangen zu sein. Es ist aber ein großer Unterschied, ob man Brecht noch vor sich, oder – wie Hacks und Müller – bereits hinter sich hat.

Schon 1965 sagte Hacks in einem Interview mit *Theater der Zeit:* »Alle guten Leute hier haben in einer Periode des episch-soziologischen Theaters gelernt, gesellschaftliche Vorgänge auf der Bühne darzustellen, und können jetzt darüber hinausgehen. Jetzt können sie große Geschichten von Leuten erzählen, ohne die Tatsache zu vernachlässigen, daß diese Leute in einer Gesellschaft angesiedelt sind.«[7] Inzwischen begreift sich Peter Hacks bekanntlich als Repräsentant eines neuen sozialistischen Klassizismus, dem freilich die geschönte Vorstellung einer prästabilisierten Harmonie der DDR-Gesellschaft zugrunde liegt. Da es – nach Auffassung von Hacks – in der DDR-Gesellschaft keine antagonistischen Widersprüche mehr gibt, die noch – wie im Frühwerk Heiner Müllers – zum Gegenstand der Dramatik werden könnten, mußte er sich auch von der Brecht-Dramaturgie vollends entfernen – bis auf einen halben Punkt. »Der halbe

Punkt«, schreibt Hacks 1975, »ist der, daß Brecht gelehrt hat, jede Rolle habe, über den privaten Charakter hinaus, eine genaue Definition ihres sozialen Ortes zu enthalten, Brecht hat diese Wahrheit aufs unleidlichste übertrieben, indem er seine armen Bühnengestalten zwang, ihre wissenschaftliche Definition fortdauernd ausdrücklich zu erwähnen. Seine Leute waren keine Leute, sondern es waren Brechts Ideen von Leuten, die sich da, more soziologica, von Beweis zu Beweis hin durch eine dramaturgisch dürftige Fabel schlußfolgern mußten.«[8]

Heiner Müllers Kritik an Brecht kommt zwar nicht so kaltschnäuzig daher wie die von Hacks, der gewissermaßen Brecht gegen Goethe eingetauscht hat und sich seither in der Rolle des legitimen Nachfolgers des Weimarer Klassikers gefällt; doch bekundet auch Müller sehr deutlich seine neuerliche Distanz zum Brechtschen Werk: »Was ich an Brecht – wenn man ihn mit Shakespeare vergleicht – im Moment ein bißchen langweilig finde, ist, daß er Figuren kleinmacht. Das mag in einer anderen historischen Epoche richtig gewesen sein. Jetzt kommt es, glaube ich, mehr darauf an, den subjektiven Faktor wichtig zu machen.«[9]

Hacks und Müller bezeichnen hier bereits die wesentlichen Barrieren, die uns den Zugang zu und den Umgang mit den Stücken Brechts neuerdings erschweren: Die *zuweilen penetrante Didaktik seiner Fabelführung*, die die einzelnen Figuren oft zu dramaturgischen Marionetten eines vorher bestimmbaren Geschichtsablaufs degradiert; die damit zusammenhängende *Vernachlässigung des »subjektiven Faktors«*, das heißt die Beschneidung des subjektiven Spiel- und Empfindungsraumes der Figuren, deren Binnen-Widersprüche zugunsten des sozialen Hauptwiderspruchs: Individuum – Gesellschaft zumeist gekappt werden; schließlich *die rigorose Distanz des Autors zu seinen eigenen Geschöpfen*, in denen die Spuren der eigenen Biographie wie ausgelöscht scheinen.

›Verwische die Spuren‹ heißt ein frühes Gedicht von Brecht; es liest sich wie eine Aufforderung des Autors an sich selbst, die

Züge der eigenen Biographie in seinem Werk möglichst zu tilgen. In der Tat ist die rigorose Objektivierung der eigenen Subjektivismen im Dienste einer sozialen Idee der auffälligste Zug am Leben und Werk B. Brechts. Seinem »Leben (und Schreiben) in der dritten Person« verdanken wir einerseits ein Werk, in dem Literatur und materialistische Wissenschaft, Poesie und revolutionäre Politik wie nie zuvor in der deutschen Literatur eine Einheit bilden; andererseits sehen wir heute – mit zwanzigjährigem Abstand – auch die *Spesen, die die seit Büchner wohl radikalste Erneuerung des deutschen Dramas durch B. Brecht gekostet hat.* Diese Spesen sind beträchtlich, und doch verfehlt jede Literaturkritik ihren Sinn, wenn sie – wie zur Zeit die westdeutsche – nur die Spesen der Brecht-Dramaturgie in Rechnung stellt, ohne die *Leistungen der mit ihr verbundenen ästhetischen Umwälzung* zu würdigen (und ohne diese Umwälzung samt ihren Spesen in ihren historisch-politischen Zusammenhängen zu reflektieren). Und wenn wir hier den Versuch machen, die verschiedenen Abbruchstellen in der Biographie und im Werk Brechts zu skizzieren, so vergessen wir doch keinen Augenblick, daß es sich hierbei um die Abbrüche eines Riesen (der Literatur) handelt.

3. ›*Baal*‹ und die Gefühlsverwirrungen des armen B. B.

Das Leben und Schreiben in der dritten Person, das heißt im Dienste einer sozialen Idee, war Brecht keineswegs angeboren, sondern ist – wie auch die jüngste Untersuchung Karaseks belegt – das Ergebnis einer ungewöhnlichen, langdauernden Selbstdisziplinierung, die bislang kaum ins Blickfeld der Brecht-Forschung geraten ist. *Was der junge Brecht da mit großen Mühen in sich disziplinierte und objektivierte, war die Titelfigur seines ersten großen Stücks: das war ›Baal‹*. In der Tat ist die Baal-Figur, so sehr ihr Schöpfer auch bemüht war, jeden persönlichen Zusammenhang zu ihr zu leugnen, *der* Schlüssel

zum Verständnis für Brechts Persönlichkeits- und Werkentwicklung.
Es gibt zwei sehr gängige Arten, *›Baal‹*, diesen genialen dramatischen Erstling Brechts, gründlich mißzuverstehen. Die eine sieht in Baal den antibürgerlichen Fleischklotz, den schmatzenden, gierig schlingenden, materialistischen Genußmenschen, wie ihn sich der Philister in seinen schamhaften Träumen vorstellt. »Der Philister versteht unter Materialismus Fressen, Saufen, Augenlust, Fleischeslust, hoffärtiges Wesen, Geldgier, Geiz, Habsucht, Profitmacherei und Börsenschwindel, denen er selbst im stillen frönt.«[10] So goutieren auch die Philister der Literatur› *Baal‹* für gewöhnlich mit der ihnen eigenen Doppelmoral: Einerseits verurteilen sie dieses »Vieh«, diesen »Kloß, der einst am Himmel Fettflecken hinterlassen wird«, für seine hemmungslose Ich- und Genußsucht; andererseits verfolgen sie mit gierigen, süchtigen Augen, wie Baal angeblich von Rausch zu Rausch, von Orgie zu Orgie durchs Leben taumelt. Dieser zwiespältige Blick auf Baal, der zwischen lüsterner Sehnsucht und moralischem Schaudern hin und her schwankt, ist für gewöhnlich auch der Blick der bürgerlichen Literaturkritik.
Die andere, zweite Art, *›Baal‹* gründlich mißzuverstehen, ist die von links. Sie sieht in Baal einen kühnen Vorgriff auf den »neuen Menschen«, der, von allen kleinbürgerlichen Ängsten und Hemmungen befreit, sich im Genuß der Leiber, der Landschaft und des Himmels voll auslebt. Baals Irrtum besteht, nach dieser linken Version, nur darin, daß er diese Freiheit unter den bestehenden gesellschaftlichen Verhältnissen verwirklichen will.[11] Beiden Interpretationen, der (klein)bürgerlich-philisterhaften, als auch der (vulgär)materialistischen, ist eines gemein: sie sehen in Baal – die eine mit einem Anflug von Schaudern, die andere mit verklärtem sozialistischem Fernweh – die ungebrochene, unbeschnittene vitale Saft-und-Kraft-Natur, die, alle moralischen Skrupel hinter sich lassend, aus dem Leben ein Fest machen will.
Daß Baal durchaus Züge einer befreiten Natur, Züge eines

neuen Adam hat, der »jung und nackt und ungeheuer wundersam«[12] fällt und zu Fall bringt ohne ein Gefühl der Scham und der Sünde, soll hier ohne weiteres eingeräumt werden. Doch ist Baals Genußsucht von durchaus zwiespältiger Art; sie ist Ausdruck nicht nur seiner Freiheit, sondern auch seiner Unfreiheit, und zwar da, wo sie zur Selbstbetäubung wird. Wenn Baal Menschen und Frauen verschlingt wie ein gefräßiges Tier und sie wieder ausspuckt, nachdem er ihnen die Lebenssäfte ausgesogen hat, dann sehen wir hier nicht den »neuen Menschen«, sondern Entmenschung, nicht vitale Natur, sondern Denaturierung am Werk. Zwar hat Brecht seine Titelfigur nach dem syrischen Erd- bzw. Glücksgott benannt; und doch ist Baal immer dann todunglücklich, wenn er vom liebenden Menschen zum gefräßigen, bloß genießenden Tier herabsinkt[13]: »Lieben ist besser als genießen« sagt er zu Johannes. Baals Problem besteht darin, *daß er eigentlich wie ein Mensch, wie ein Gott lieben will und doch nur wie ein gefräßiges Tier genießen kann.* Wenn man von Baals Selbststilisierungen als einer genießerischen Voll-Natur (vor allem in dem Eingangs»Choral vom großen Baal«) einmal absieht, dann erscheint er uns vielmehr als ein Gehetzter, ein Getriebener, ewig auf der Suche nach einem Menschen, in dem er Wurzeln schlagen kann.[14] Den »Himmel voller Bäume und Leiber über sich« ist er dennoch *auf der Suche nach einem Leib mit einem Gesicht, in dem er sich verankern kann. Aber er kann es nicht*; denn er weiß noch nicht, ob dieses Gesicht weibliche oder männliche Züge tragen soll. Nicht seine Genußsucht, seine Zerrissenheit zwischen der Liebe zum Mann und der Liebe zur Frau, sein *psychischer Hermaphrodismus* ist das Charakteristische an Baal.

Zuerst versucht er es mit den Frauen, obwohl ihn schon zu Anfang Ekarts Flehen, mit ihm in die Wälder zu gehen (»Wie zwei weiße Tauben fliegen wir selig ins Blau«), hart anficht. Baal: »Luise! Luise! Einen Anker! Laßt mich nicht mit dem! Kommt mir zu Hilfe, Kinder! (und zu Ekart). Es ist zu früh, Ekart! Es geht noch anders!« (S. 16/17). Die Frauen aber sind Baals hohem Liebes-Ideal, »in der Angst und Seligkeit der Kreatur zum Gott zu werden«, nicht gewachsen. Die Jungfrau Johanna verdirbt ihm die Liebe durch ihre kleinbürgerlichen Skrupel und Gewissensbisse, die sie nach der Vereinigung überkommen. Baal spuckt sie aus: »Denn wenn Ihr die Liebe nicht aushaltet, speit Ihr Euch nur!« (S. 11). Johanna geht ins Wasser. Baal sucht seine Enttäuschung und seine Schuldgefühle zu betäuben, indem er wieder pfundweise Fleisch verschlingt (die beiden Schwestern), aber er wird nicht satt davon: »Ich bin ganz ausgehöhlt, aber ich habe Hunger wie ein Raubtier« (S. 24). Baal ist gewissermaßen der umgekehrte »Hungerkünstler«, denn er wird aus demselben Grunde zum Vielfraß, aus dem der Kafkasche die Nahrungsaufnahme verweigert: Weil er das nicht bekommt, was er eigentlich will. Baal, wieder allein und von seiner Wirtin gekündigt, schleppt wieder ein Weib in seine Höhle. »In der hölzernen Kammer lagen Kaskaden von Leibern, aber jetzt will ich ein Gesicht« (S. 26). Dieses Gesicht, in dem er sanft Wurzeln schlägt, heißt Sophie Barger. Er arbeitet für sie – als Balladensänger – in einem Nachtcafé. Aber Sophie betrügt ihn: erst mit dem Kellner Lupu, dann mit seinem besten Jugendfreund Ekart.

Jetzt zieht Baal seine Wurzel aus der schwangeren Sophie wieder heraus. »Du hast gewollt, daß ich Dich ausspeie!« (S. 45). Er wendet sich endgültig Ekart zu: »Ich mag kein Weib mehr« (S. 52). Eifersüchtig bewacht Baal nun seinen Geliebten; dessen Amouren (mit Frauen) kränken ihn zwar mehr als die Untreue seiner verflossenen Geliebten, doch läßt er Ekart deswegen nicht fallen. Seine Liebe zum Mann erweist sich als stärker, als dauerhafter: »Jetzt halte ich Dich, es gibt mehr als Weibernähe« (S. 46). Baal kämpft um Ekarts Liebe, wie er nie zuvor um die Liebe einer Frau gekämpft hat. Verzweifelt versucht er, die Frauen wegzuräumen, die Ekarts Weg immer wieder kreuzen. Zum Gott in der Liebe kann Baal nur werden, wenn er keine anderen Götter neben sich hat. Man sieht: Baal ist, was die Liebe betrifft, das Gegenteil von einem »Materialisten«. Denn er hat eine ganz *reine, ideale* Vorstellung von Liebe, die ihn ungeheuer verletzbar macht. Jedenfalls ist seine Haut nicht so dick wie er, der ja den Spitznamen »Elefant« trägt, von sich glauben machen möchte. Auch Ekarts Seitensprünge erträgt er nur bis zu einer gewissen Grenze. Als dieser in der Branntweinschenke mit einer Kellnerin, die Sophies Züge trägt, herumpoussiert, während Baal seine Lieder vorträgt, geht ihm die Sicherung durch. Er wirft sich auf den Freund und ersticht ihn. Die gekränkte Liebe macht Baal am Ende – wie Woyzeck – zum Mörder. Mit der Wurzel, die er in Ekart geschlagen hat, reißt er zugleich seine Lebenswurzel aus. Baal, einst den »Himmel voller Bäume und Leiber über sich«, und jetzt um *eines* unreinen Leibes willen aus dem Himmel seiner Liebe gefallen, verendet im Wald wie eine Ratte.

›*Baal*‹ – das ist keineswegs die lyrische Ekstase einer selbstbewußt genießerischen Voll-Natur, die nur ihrer Amoralität und Asozialität wegen zugrunde geht; Baal ist vielmehr, und wenn noch so viele literarische Vorbilder von Verlaine bis Rimbaud, von Villon bis Wedekind bei seiner Geburt Pate gestanden haben, eine *Chiffre für die existentiellen Gefühlsverwirrungen des jungen Brecht.* Selbst wenn dieser jeden autobiographischen Zusammenhang mit der Baal-Figur leugnete und sein Stück als materialistische Erwiderung auf Johsts expressionistisches Genie-Drama ›*Der Einsame*‹ (dessen Hauptfigur der Dichter Grabbe war) verstanden wissen wollte: es ist *sein* Stück; das erste und einzige Stück, das er sich ganz aus dem eignen Fleisch geschnitten hat (sieht man von den Anleihen bei François Villon einmal ab, die ja mehr Baals Selbststilisierung dienen); ein tieftrauriges, eher verzweifeltes denn ein Aufbruchs-Stück, eher Büchners ›*Woyzeck*‹ denn Wedekinds ›*Lulu*‹ verwandt; die erste und letzte Tragödie, die Brecht geschrieben hat. Er wußte, warum.

4. Die rationalistische Bewältigung der ›*Baal*‹-Krise

Eigentlich gibt es für uns »Nachgeborene« nur den jungen und den alten Brecht. »Der eine, das ist der Brecht der Schwabinger und Berliner Bohème; der Bürgerschreck und *poète maudit* der überschäumenden zwanziger Jahre, ein raubvogelartiges Kraftgenie, das zur Gitarre Lieder zum besten gab, die Zigarre nie im Mund ausgehen ließ, schlecht rasiert war, sich in schwarz glänzendes Leder kleidete, die Schiebermütze auf dem Kopf. Das ist der Brecht, der Menschen an sich zog und verbrauchte, Frauen wie Freunde, ein Autor zwischen Wedekind und neuer Sachlichkeit, der das O-Mensch-Pathos des Expressionismus zynisch verhöhnte und beerdigte. Der andere, das ist der Brecht der späten Jahre, ganz chinesischer Weise und freundlicher Lehrer ... Dem provokanten Proletkult-Look der zwanziger Jahre entspricht und widerspricht jetzt eine unauffällige proletarische Schlichtheit, halb mönchische Uniform, halb Arbeitsanzug eines Theater-Ingenieurs.«[15] Zwischen diesen beiden Bildern fehlen, so scheint es, die Übergänge; wohl auch deshalb, weil die Metamorphose des jungen »baalischen« in den alten abgeklärten Brecht sich in der Emigration, das heißt unter Ausschluß der Öffentlichkeit, vollzog. Und dennoch ist der Bruch zwischen beiden Selbstdarstellungen Brechts, die fast übergangslose, gleichsam magische Verwandlung des einen in den anderen, auffällig.

Man kann sich vorstellen, daß Brechts »baalischer« Drang zur radikalen Selbstverwirklichung, der sein literarisches Pseudonym in den Abgrund riß, in dem Maße, wie er literarisch und politisch Partei für die sozialistische Bewegung ergriff, mit seinem neu inthronisierten sozialen Gewissen schwer in Konflikt geraten mußte. Es hat den Anschein, daß Brecht diesen existentiellen Konflikt dadurch beigelegt bzw. vorzeitig »harmonisiert« hat, daß er seine baalisch-wilden Triebe gleichsam in Fesseln legte und dem Urteilsspruch seines marxistischen Gewissens überantwortete. Für den sozialistischen Stückeschreiber hieß Baal fortan nur noch »der böse Baal, der asoziale«, von dem er sich mit einer Härte distanzierte, aus der gleichwohl noch die Lustangst vor dem eigenen Frühwerk spricht. Zwar ließ ihn das Baal-Thema sein Leben lang nicht los; doch war die Annäherung an diese nunmehr verbotene Frucht nur noch auf dem Umweg über soziologisch-marxistische Begründungen möglich: »Die Lebenskunst Baals«, schreibt Brecht viele Jahre später, »teilt das Geschick aller Künste im Kapitalismus: sie wird befehdet. Er ist asozial, aber in einer asozialen Gesellschaft«[16], eine, weiß Gott, dürftige Erklärung, die Baal – diesen zerrissenen Gefühlsriesen, der zwischen all seinen »weißen Leibern« unter den »violetten Himmeln« doch keine Wurzeln schlagen kann – im nachhinein zum Lebenskünstler hochstilisiert.

Indem Brecht sein eigenes Geschöpf gleichsam verleugnete bzw. mit mühsam geklitterten marxistischen Argumenten zu rationaliseren suchte, rationalisierte bzw. *verleugnete er zugleich einen wesentlichen Teil seiner früheren Identität.* Dieses Stück Selbstverleugnung war nur durch eine ungeheure Selbstdisziplinierung zu leisten, welche die Form einer steinernen Objektivierung im literarischen Werk annahm. Auf dem Wege zum sozialistischen Dramatiker ließ Brecht das »baalische« Kernstück seiner Biographie gewissermaßen hinter sich; sei es, weil es in das Weltbild des sozialistischen Humanismus nicht mehr paßte; sei es aus Angst vor der gesellschaftlichen Tabuisierung jener homoerotisch geprägten Gefühlslandschaft, die Baal durchwanderte. Damit aber legte er einen konstitutiven Bereich seiner eigenen Subjektivität, ja, gerade ihre gefühlsträchtigsten, gefährdetsten Bezirke still (was ihm freilich nie ganz gelingen sollte)! Er schnitt sich gewissermaßen den Teil seiner bürgerlich-antibürgerlichen Gefühlsvergangenheit ab, der zu seiner selbstgewählten öffentlichen Rolle nicht mehr paßte.

Es ist vielleicht kein Zufall, daß Herr Keuner alias der Brecht der mittleren Jahre, anknüpfend an den »Elefanten« Baal, sein Selbstbildnis wiederum im Bild des Elefanten stilisierte. Doch dieser Elefant war nun, im Gegensatz zu dem leicht verletzbaren jungen Möchte-Gern-Dickhäuter, wirklich ein Dickhäuter. »Er hat eine dicke Haut, darin zerbrechen die Messer.«[17] Es ist klar, daß sich bei so starkem psychischem Dicken-Wachstum jede Art von besonderer »Einfühlung«, sei es in die eigenen Leiden, sei es in die Leiden anderer, gleichsam wie von selber verbot. »Ich glaube, ich bin nicht sehr begabt zu leiden«[18], notierte schon der junge Brecht in sein Tagebuch. Schon früh strebte er »nach einer Objektivierung, die nachvollziehendes Mitleiden mit Erlebtem ebenso ausschloß wie das Waten in Erfühltem ... Die Distanz zwischen sich und seinen Figuren ist geschaffen. Sie sollte sich zu der einen großen Theatertheorie Brechts auswachsen, die es uns wie von selbst verbietet, auch danach zu fragen, wieviel Autobiographie in die Brechtschen Helden eingeflossen sei ...«[19]

Wenn auch Brechts Theatertheorie primär politisch-didaktischen Erwägungen entstammt, die Karasek hier unterschlägt, und seine Entwicklung zum sozialistischen Stückeschreiber in erster Linie objektive Gründe hatte, das heißt Ausdruck seiner politischen Bewußtwerdung (in die Notwendigkeit des Klassenkampfes, des Sozialismus als einzig konsequenter Alternative zum Faschismus usw.) war, so steckt doch in dem *jähen Frontwechsel vom »baalischen« Gefühlsmenschen zum marxistischen Rationalisten* auch eine subjektive Motivation, die Brecht freilich nie hat durchblicken lassen. Dieser Frontwechsel, so richtig und politisch fortschrittlich auch immer, war zugleich eine *Schutzhaltung*, eine Art Reaktionsbildung *gegen die Anfechtungen und Gefährdungen seiner eigenen Gefühlsvergangenheit.* Indem Brecht den »wissenschaftlichen Sozialismus« auf sein literarisches Banner schrieb, panzerte er sich zugleich gegen die Kleistischen Gefühlsverwirrungen seiner Jugend ab. Gewappnet mit dem Schild der materialistischen Vernunft führte er einen schonungslosen Kampf gegen sich selbst, das heißt gegen jene Stimmungen und Gefühle, die ihn noch einmal in den Strudel seiner »baalischen« Leidenschaften zu reißen drohten. Das ist auch an der Entwicklung seiner Lyrik abzulesen, die zunächst noch voller Irritationen und existentiellen Verunsicherungen steckt, in der rauschhafte Aufschwünge mit tief depressiven und nihilistischen Stimmungen abwechseln, dann aber immer mehr in den Dienst »gesicherter« sozialer und politischer Themenstellungen tritt.

Wohl verstanden: Nicht Brechts Engagement für die »Dritte Sache« an sich, sondern *die rigorose Form dieses Engagements*, die erbarmungslos puritanische Strenge, mit der der Dichter sein persönliches Leben, seine Sehnsüchte, Ängste, Träume, Leidenschaften der »Dritten Sache« unterordnete, hat Züge einer Reaktionsbildung gegen frühe Gefährdungen, zugleich *Züge einer auferlegten augustinischen Selbstbuße*, einer nachträglichen Wiedergutmachung für die zerstörerischen und selbstzerstörerischen Ausschweifungen seiner »baalischen« Vergangenheit. Mit dieser Feststellung oder vielmehr Hypothese soll Brechts Engagement für den Sozialismus in keiner Weise relativiert oder entwertet werden (worauf letztendlich Karasek – und erst recht Peter Hamm in seiner boshaften Kritik an Brechts frühen Tagebüchern[20] – hinauswill), sondern nur der »subjektive Faktor«, der bei diesem Engagement mitwirkte, ins recht Licht gerückt werden.

Tatsächlich scheint Brecht eine ähnliche Entwicklung durchlaufen zu haben, wie gerade jener Dichter, für dessen ›*Baden in Gefühlen*‹ er schon als Augsburger Theaterkritiker nur Spott und Hohn übrig hatte: wie Friedrich Schiller nämlich. So wie Schiller, wie Ernst Bloch ausgeführt hat[21], nach seinem feurig-anarchistischem Frühwerk ›*Die Räuber*‹, ›*Kabale und Liebe*‹, ›*Fiesco*‹) vorzeitig durch die Kühlung der Weimarer Klassik gegangen ist, so scheint auch Brecht *vorzeitig durch die Kühlung der marxistisch-leninistischen Vernunft gegangen* zu sein. Auf diese Weise fand der empfindsame, leicht kränkbare und aufbrausende junge Dichter, den die Gier der Selbstverwirklichung an den Rand des Abgrunds getrieben hatte, zwar Halt und dauerhafte Orientierung und gewann sein Werk jene Helle und luzide Klarheit, für die es weltberühmt ist; aber der vulkanische Brecht, der noch im ›*Baal*‹ poetische Bilder, unbekümmert ob ihrer sozialen Zulässigkeit, ausspuckte wie glühende Lava, war merklich abgekühlt.[22]

Dennoch hat Brecht jenen »feurigen Dreckkloß«, wie er seinen ›*Baal*‹ nannte, aus seinem Werk nie ganz verbannen können. Zum Glück für die Nachwelt! Denn aus heutiger Sicht erscheinen uns gerade diejenigen Stücke und Figuren Brechts am geglücktesten und lebendigsten, in denen bestimmte Züge des »baalischen« Lebensgefühls, wenn auch zumeist in verschobener und sublimierter Form, überwintert haben. So begegnen wir der unbedingten Genußsucht Baals selbst noch in den abgeklärtesten Stücken des sozialistischen Klassikers wieder: Im Galilei, der seinen unstillbaren Welthunger in immer neuen Erkenntnissen sublimiert, der Denken als sinnlichen Genuß und alle sinnlichen Genüsse als Denkantriebe auffaßt; in dem schnapssaufenden, fleischhungrigen Puntila, der seine Bräute zum Teufel wünscht und vergeblich versucht, sich seinen Knecht Matti zum Freund zu machen; in dem Fleischkönig Pierpont Mauler, der sein blutiges Geschäft aufgeben will, weil er ein Mensch und kein Ausbeuter sein möchte, am Ende aber mit noch volleren und noch blutigeren Händen vom Fleischmarkt zurückkehrt, nachdem er seine besten (Geschäfts)-Freunde ruiniert hat; in dem besoffenen Wirrkopf und Traumtänzer Azdak, der sich um der Gerechtigkeit willen bestechen läßt und so erst eine humane Rechtsprechung ermöglicht; in dem Physiker Ziffel, der alle Tugenden wie Vaterlandsliebe, Gerechtigkeitsliebe, Tapferkeit, Opferbereitschaft, Fleiß, Disziplin usw. satt hat und von einer Gesellschaft träumt, in der der Mensch fauler, feiger, wehleidiger, kurz: glücklich sein kann; und selbst noch in »Fatzer«, der die Revolution und damit das Glück auf Erden sofort, ohne Aufschub, ohne Vertagung auf einen St.-Nimmerleins-Tag will. Diese Stücke und Figuren sind gewiß diejenigen, wo am meisten Autobiographisches eingeflossen ist; allerdings durfte dies nur geschehen unter der

Bedingung, daß die »baalisch-asozialen« Momente nun entweder eindeutig als Attribute gesellschaftlicher Ausbeutertypen erschienen (Puntila, Mauler, Don Juan), mit denen das klassenbewußte Proletariat schon aufräumen werde, oder aber sie wurden zu menschlichen Schwächen umstilisiert, die sich große Leute leisten können, ja, sogar eine Bedingung ihrer Produktivität (Galilei, Ziffel) sind bzw. gerade als Schwächen zu Stärken werden, die humane Entscheidungen in einer inhumanen Gesellschaft erst ermöglichen (Azdak).

Wenn hier mit besonderem Nachdruck auf die »baalischen« Momente hingewiesen wurde, die sich in Brechts mittlerem und Spätwerk erhalten haben, so soll damit keineswegs jener bürgerlichen Literaturkritik Vorschub geleistet werden, die nur allzu gern den jungen »baalischen« Brecht, den sie zum vitalen Kraftprotz hochstilisiert, gegen den angeblich blutleeren marxistischen Lehrstück-Schreiber ausspielt.[23] Dagegen bleibt festzuhalten, *daß das marxistische Engagement ganz wesentlich zu Brechts Identität gehört*; daß dieses Engagement, auch wenn es den Lyriker und Poeten Spesen kostete, für den Dramatiker und Theoretiker eine ungeheure Bereicherung darstellte und dessen Stoffwahl und Ästhetik entschieden beeinflußte. Erst sein soziales und politisches Engagement prägte seinen mittleren und späten Stücken jenen tiefen Humanismus ein, der seinem »baalischen« Frühwerk jedenfalls noch fehlt. Das Werk des sozialistischen Klassikers kann man auch als den Versuch interpretieren, den Idealismus und das Lustprinzip, an dem sein Baal zugrunde ging, über den Sozialismus zu verwirklichen. *So gesehen war der Marxismus für Brecht nicht nur ein Kälte-, sondern auch ein »Wärmestrom«* (E. Bloch). Der Riese Brecht kühlte zwar in den Tiefen ab, dort, wo die Wurzeln der Gefühle sitzen; dafür erwärmten sich bei ihm die oberen Zonen, wo das Sozialgefühl, die Solidarität und die politischen Instinkte sitzen.

5. Der Mann Brecht und seine idealisierten Frauengestalten

»Es ist besser mit einem Freund als mit einem Mädchen«, lautet eine frühe Tagebucheintragung Brechts. Die Freundschaft hat für ihn wohl immer eine größere Rolle gespielt als die Liebe. Das spiegelt sich auch in seinem Werk. Baal hat, wie gezeigt, ein viel intensiveres Verhältnis zu seinem Freund Ekart als zu den Frauen. Das ›*Dickicht der Städte*‹ handelt von einer zur Todfeindschaft pervertierten Männerfreundschaft, das ›*Leben Eduards des Zweiten*‹ von einer unglücklichen Liebesgeschichte zwischen Männern. Im ›*Leben des Galilei*‹ hat die Beziehung zwischen dem Meister und seinem Schüler Andreas mehr Gewicht als die zwischen dem Vater und seiner Tochter Virginia; und auch im ›*Puntila*‹ kommen die herzlichsten Töne aus Männerherzen und gelten – allen Bräuten zum Trotz – dem Manne, der bald Freund, bald Feind ist. Ja, selbst noch in einer so streng objektivierten Parabel wie ›*Der aufhaltsame Aufstieg des Arturo Ui*‹ hat Brecht dem Thema der verratenen Männerfreundschaft, wenn auch in parodistisch-karikierender Absicht, immerhin eine ganze Szene gewidmet (vgl. Romas Alptraum, worin er seinen Freund Ui verflucht). Läßt man nun die Galerie der Brechtschen Frauenfiguren an sich vorüberziehen, so fällt etwas Merkwürdiges auf: Sie wirken fast alle ungeheuer stilisiert, maßgeschneidert und eben dadurch irgendwie fern, fast unwirklich; als seien sie mehr aus dem Stoff gemacht, aus dem die Märchen und Legenden sind – eine erstaunliche Eigenart bei einem so wirklichkeitsbezogenen Schriftsteller wie Brecht. Im Gegensatz zu seinen Männergestalten, die er viel mehr aus dem wirklichen Leben und aus der eigenen Haut geschnitten hat, haben seine Frauen-Gestalten zumeist etwas Legendäres und Idealistisches an sich. Das gilt für Brechts Prostituierte ebenso wie für seine Jungfrauen und Mütter.

Seinen Huren, etwa Jenny oder Shen Te, pflegte der Autor jedenfalls echtere Gefühle zuzubilligen als den sogenannten anständigen Frauen. In Gestalt seiner Freudenmädchen geißelte der junge Brecht die bürgerliche Ehe als »Besitzverhältnis«, in dem sich die Frau oft auf ganz andere Weise prostituieren muß. Dabei aber romantisiert er die wirklichen Prostituierten in zweierlei Hinsicht: Erstens haben diese in der Regel ganz »bürgerliche« Sehnsüchte nach dem *einen* Mann, nach Heim, Herd und Familie; zweitens stumpft die Prostitution, wie viele Untersuchungen ergeben haben, die sexuelle und seelische Empfindungsfähigkeit ab; Ausdruck einer allmählichen Identitätszerstörung, die bis zum Selbstmord gehen kann. (Nicht zufällig ist die Selbstmordrate unter Prostituierten besonders hoch.) Die ›*Hure mit Herz*‹ war für den jungen Brecht denn auch eher ein literarischer Topos für (von bürgerlichen Schamgefühlen) befreite Sinnlichkeit denn eine realistische Figurenfindung.

So idealisiert wie seine Freudenmädchen erscheinen auch seine Jungfrauen und Mütter; nur mit umgekehrtem Vorzeichen: Sind jene frech-fröhliche Phantasiegestalten, beschwingt-exotische Bilder einer tabufreien Sexualität, so erscheinen uns diese als zumeist völlig entsexualisierte Wesen, *die nur noch die selbstlose, aufopfernde Liebe kennen*: Entweder in Form der reinen, geschlechtslosen Mutterliebe (Grusche im ›*Kaukasischen Kreidekreis*‹) oder in Form der allgemeinen Menschenliebe, der Liebe zur »Dritten Sache« (›*Die heilige Johanna der Schlachthöfe*‹, *die* ›*Mutter*‹).

So läßt Brecht die proletarische Mutter Pelagea Wlassowa, die zunächst nur aus Liebe zu ihrem Sohn Pawel Flugblätter in die Fabrik einschleust, obwohl dies ihrer Auffassung von Recht und Ordnung zutiefst widerspricht, einen Lernprozeß durchlaufen, der nur dadurch glaubhaft wird, daß »das augenscheinlich individuellste menschliche Verhältnis, das Verhältnis zwischen Mutter und Kind, zum allgemeinsten Verhältnis umgeformt (wird) ... So erlischt der Kampf der Mutter für den Sohn auch nicht mit dem Tod des Sohnes – ganz im Gegenteil, Brecht formuliert die scheinbare Paradoxie, daß sie erst jetzt, wo die

Aufgabe für den einen Sohn eigentlich hinfällig geworden ist, allgemein mütterlich handeln kann, das heißt: als die Mutter aller Söhne.«[24] Diese »abstrahierte«, ins Allgemein-Menschliche gewendete Mutterliebe gerät nun aber nicht mehr – wie noch bei Gorki – mit der individuellen Liebe zu dem *einen* Sohn in Konflikt; als die Gorkische Mutter von einem Freund Pawels besucht wird, ertappt sie sich zum Beispiel dabei, daß ihr das Schicksal ihres (inzwischen verhafteten) Sohnes mehr am Herzen liegt als das seiner Mitgenossen; über diese »Bevorzugung« empfindet sie Scham. Bei Brecht aber geht die Mutter, einmal auf dem Weg des »richtigen Bewußtseins«, nicht mehr in die Irre; selbst dann nicht, als sie vom Tod ihres Sohnes erfährt. Dabei wäre es durchaus realistisch, wenn sie im ersten Schmerz auch an der »Dritten Sache«, die solche grausamen Opfer kostet, irre würde, ja, vielleicht sogar der Partei die Schuld am Tode ihres Sohnes gäbe. Solche Anfechtungen hat sie bei Brecht nicht zu bestehen. Der Standpunkt der Partei, für die Pawel als ein Genosse unter vielen ersetzbar ist, und der Standpunkt der Mutter, für die der eine, besondere Sohn unersetzbar ist, wird vom Autor nicht als Widerspruch (schon gar nicht als Antinomie) behandelt. Vielmehr hat sich die Mutter rechtzeitig zum Standpunkt der Partei durchgearbeitet, wodurch ihr der eigene Sohn ersetzbar wird. Damit aber hört sie auf, als individuelle Mutter – mit ihrer individuellen Liebe zu und ihrem individuellen Leiden um ihren Sohn – zu existieren. *Der Widerspruch zwischen der individuellen und der politischen Existenz der Mutter wird dadurch »gelöst«, daß die eine Seite dieses Widerspruchs (die der individuellen Existenz) gekappt wird,* ein für die Brecht-Dramatik ziemlich typischer Vorgang. Dadurch aber bekommt die Mutter, deren Materialismus uns der Autor gerade demonstrieren will, jene abstrakt-idealischen Züge, die sie uns – darin nicht unähnlich den Schillerschen Frauengestalten – irgendwie entrückt und fern erscheinen lassen.

Brecht, der wie kaum ein anderer Schriftsteller seiner Zeit gegen die bürgerlichen Verzichts- und Opfer-Ideologien angekämpft und uns immer wieder gelehrt hat, daß man ohne eine gehörige Portion Selbstsucht und Egoismus in dieser wölfischen Welt nicht überleben kann, hat diese Lehre offenbar nur seinen Männergestalten auf den Leib geschrieben. Von seinen Frauen – sowohl von denen, die mit ihm lebten und arbeiteten, als auch von denen, die er zu Papier brachte – erwartete er ganz selbstverständlich jene aufopfernde Liebe, vor der doch Herr Keuner, der Physiker Ziffel und der chinesische Weise Meti so beredt zu warnen pflegten. Es hat den Anschein, als ob der Autor *sein soziales Gewissen überwiegend an seine Frauengestalten delegiert hat* (mit Ausnahme der ›*Mutter Courage*‹, die ja Brecht auch eindeutig als Kleinbürgerin charakterisiert hat), während die selbstsüchtig-genießerischen Eigenschaften Baals immer doch ein Privileg seiner Männergestalten blieben.

Nicht nur der Dichter, auch der Mann Brecht gestand sich – wie Klaus Völker berichtet – durchaus Vielfalt zu, wo er weibliche Einfalt forderte. Und wehe, wenn seine Frau(en) sich die gleichen Rechte anzumaßen schien(en), die der junge Meister ganz selbstverständlich für sich selbst in Anspruch nahm!

Daß Brecht zwischen Liebe und Sexualität streng zu trennen wußte, spiegelt sich auch in der fast stereotypen Klassifizierung seiner Frauengestalten in: Huren, Jungfrauen und Mütter. Was in seinem Werk fehlt, ist die *liebende* Frau, *das heißt, die Frau, die alle wesentlichen Rollen: Geliebte, Freundin (bzw. geistige Partnerin) und Mutter in sich vereint.* Darum laufen auch die Liebesgeschichten bei Brecht »je und je ins Leere (›*Puntila*‹, ›*Sezuan*‹, ›*Galilei*‹). Der Fisch gelangt nicht in den Topf – um eines der hintergründigsten Bilder von ›*Mann ist Mann*‹ zu zitieren. Es fehlt durchaus das junge Paar, das in seiner Verbindung die Welt verändert oder an der versuchten Weltveränderung zugrunde geht. Sowohl im ›*Kreidekreis*‹ wie im ›*Guten Menschen von Sezuan*‹ wird das Mädchen, kaum ist das Liebesverhältnis ungefähr exponiert, bereits als Mutter vorgestellt, in der Mutterrolle gezeigt, wird es zur Mutter transfiguriert. Und die Beziehung Matti-Eva scheitert explizit an der imaginären Gegen-

wart von Mattis Mutter, vor welcher Eva nicht zu bestehen vermag.«[25]
Konnte sich Brecht die liebende Frau, die Wollust und Mütterlichkeit, Eros, Intelligenz und Charakter in sich vereint – ein Frauentypus, wie ihn etwa Shakespeare in seinen Lust- und Trauerspielen (Rosalinde, Viola, Julia und andere) gestaltet hat, nicht vorstellen? Oder hat er diesen Frauentypus, in dem mehr Zukunftsmusik liegt als in seinen asexuellen Jungfrauen und seinen sozialistischen Müttern, nicht gestalten *können*, weil er selbst *seine diversen Frauen einer ziemlich strikten Arbeitsteilung unterworfen hat*: in die (legitime) Ehefrau, die Mitarbeiterin (Freundin) und die Bettgenossin a part!?[26] Die existentiellen Verwicklungen, die sich für seine Mitarbeiterinnen aus seiner »polygamen Veranlagung« (Völker) und seiner kollektiven Arbeitsweise ergaben (etwa im dänischen Exil, wo er nebst der Weigel auch noch mit Margarete Steffin und Ruth Berlau zusammenlebte), hat er jedenfalls nie thematisiert.
Brecht schien, so groß auch sein Bedarf an Frauen war, die Frauen dennoch schlecht gekannt zu haben. Schreibend stand er gewissermaßen neben ihnen, nicht sie, vielmehr die Ideen beschreibend, die er von ihnen hatte. Der folgende Traum von Ruth Berlau sagt darüber mehr aus als jede biographische oder Werk-Analyse: »Das Dach stürzt ein. Und ich merke, daß ich brenne. Komisch, daß die Haare um meinen Schoß vom Feuer zuerst gefangen wurden. Das kann ich löschen – ich greife hin mit beiden Händen, versuche die schönen Flammen auch mit der Nässe meines Schoßes zu löschen. Meine rechte Hand heb ich hoch, wie eine Fackel brennt meine Hand. Ich zeig auf ihn – weil jetzt bist Du dazugekommen. Paar Meter entfernt stehst Du und sprichst mit vielen Leuten. Du schaust schräg herüber, sprichst dann weiter eifrig. Ich schnappe Sätze auf: Es geht für Dich um Leben und Tod Deiner Werke. Doch zeig ich noch einmal die Fackel her, meine brennende rechte Hand und rufe leise durch die Nacht: ›Bertolt‹! Noch einmal schaust Du Dich um und sagst drohend zu mir: ›Wenn Du zu kalter Asche

kehrst, ist's aber aus. Davon hab ich nichts.‹ Ich versuche Dir ein Zeichen zu geben: In Kassiopeia fehlt ein Stern, der hat das Feuer angezündet, dieser fehlende Stern hat mich getroffen. Du schüttelst den Kopf, schaust nicht einmal rauf zum Himmel. Ich merke, Du glaubst, ich bin wieder mal irre, und Weigel greift Dir in Deinen Arm und sagt: ›Hol die Feuerwehr, nur die Feuerwehr hat damit was zu tun. Wenn es brennt, muß man die Feuerwehr holen. Du kannst nichts helfen.‹ Schnell sehe ich Dich Order geben, man muß die Feuerwehr anrufen. Da fällt der zweite Stern von Kassiopeia. Aber schon ist die Feuerwehr da und nimmt mich rein und deckt mich zu.«[27]
Vielleicht war Brechts weitgehend instrumentelles Verhältnis zu Frauen, seine mangelnde »Einfühlung« in ihre Sehnsüchte, Leiden und Leidenschaften der Grund dafür, daß er – außer seinen »Müttern« – keine wirklich großen Frauengestalten geschaffen hat. Polly, Jenny, Johanna Dark, Grusche, Shen-Te, Eva usw. – was sind sie doch, verglichen mit den Frauengestalten bei Shakespeare, Balzac, Goethe, Tschechow, Tolstoi und Gorki für schmale Erfindungen!

6. Verkürzte Aneignung des »klassischen Erbes«. Brecht und die »protestantische Ethik«

Die Einengung der Subjektivität der Figuren in den mittleren und späten Werken Brechts ist indessen nicht nur auf jene unmittelbaren »Abbrüche« zurückzuführen, die man in seiner Biographie und in seinem Verhältnis zu Frauen aufzeigen kann; sie hat – mittelbar – auch etwas mit seiner spezifischen Aneignung bzw. »Aufhebung« des klassischen Erbes zu tun. Von Brechtologen und Literaturwissenschaftlern ist wiederholt darauf hingewiesen worden, daß Brechts Werk – wie kaum ein anderes – in den Traditionen der (deutschen) Klassik wurzelt.[28] Bezeichnend für Brechts Verhältnis zur Klassik ist jene Anekdote, nach der der Schüler Brecht, als man das Standbild Schillers für Kriegszwecke einschmolz, sich in die frei werdende Nische des Augsburger Stadttheaters stellte und erklärte, er werde nunmehr diesen Platz in der deutschen Dramatik einnehmen. Und tatsächlich stellte sich Brecht dem herausforderndem Anspruch der Klassiker mit einer ebenso herausfordernden Kampfansage. Wenn nach einem Wort von Gramsci die Tradition »der Bleimantel und poetische Produktivkraft zugleich ist«, so mußte Brecht diesen Bleimantel erst einmal abschütteln. Er mußte sich zunächst gegen die Tradition stellen, um Tradition zu gewinnen. Denn etwas Neues durchzusetzen heißt, sich zunächst einmal vom Alten abzusetzen. Brecht tat dies vornehmlich *auf dem Wege der Parodierung und Travestierung des klassischen Humanismus* und seines abstrakt-idealen Freiheits- und Persönlichkeitsbegriffs. Diese spezifische Aneignung des »Erbes« durch die parodistische Umstülpung der Vorbilder, bei der diese, wie Hegel durch Marx, vom Kopf auf die Füße gestellt werden, ist gewiß eine der größten und kühnsten Leistungen der Brecht-Dramatik. Brecht wollte zeigen, daß die Themen der Klassik Weltflucht waren oder jedenfalls geworden waren und daß sich die eigentlichen Tragödien in der Epoche des Hochkapitalismus auf sozialem und ökonomischem Gebiet abspielen. So versetzt er seine ›*Heilige Johanna*‹ aus dem Schillerschen Ideenhimmel in die kapitalistische Hölle von Chicago und läßt diese scheiternd demonstrieren, daß das humanistische Ideal »Edel sei der Mensch, hilfreich und gut« gegenüber den Zwangsgesetzen der kapitalistischen Ausbeutung zum rührenden Anachronismus wird; wobei er – aller ästhetischen Pietät zum Hohn – den schmutzigen Geschäften des Fleischkönigs Pierpont Mauler das klassische Versmaß umhängt und den Zusammenbruch der Börsen, Banken und Fabriken in Hölderlin-Versen exekutiert. Überhaupt erweist sich Brechts literarisches Genie vor allem darin, wie er den gesamten Formenfundus der abendländischen Literatur – von Sophokles bis Shakespeare, von Goethe bis Hölderlin – aufbewahrt und für seine Zwecke »umfunktionalisiert« hat – eine in der deutschen Dramatik einzigartige Form der Aneignung.

Und doch ging Brechts materialistische Umstülpung der klassischen Vorbilder nicht ohne Spesen ab. Die *unerbittliche Reduktion seiner Themen auf ihren politökonomischen Interessenzusammenhang* – als radikale Antwort auf eine Literatur, die ökonomische und soziale Fragen überhaupt leugnete, verschwieg oder verharmloste – verleiht manchen Stücken Brechts jenen vulgären Beigeschmack, auf den wir heute vielleicht empfindlicher als früher reagieren. Schon in seinen Anmerkungen zu ›*Trommeln in der Nacht*‹ schrieb Brecht: »Ich war also bereit, die Liebesgeschichte zu liefern, aber natürlich interessierte mich daran hauptsächlich die Besitzfrage.«[29] Zwar wandte sich Brecht gegen die weltentrückte, die materiellen Lebens- und Klassenverhältnisse überfliegende Ideal- und Kitschsicht der Liebe, die die Liebenden am Ende eher kaputt als glücklich macht; so parodiert er in der ›*Dreigroschenoper*‹ oder in ›*Mahagonny*‹ mit beißendem Spott die von der deutschen Klassik und Romantik überkommenen Liebesbegriffe, die das wilhelminische Bürgertum nur noch als Gefühlskitsch reproduzieren konnte. Doch bleibt seine wohltuende Korrektur der klassisch-romantischen Liebesbegriffe vielfach in einem *platten Materialismus stecken, der die Figuren nicht nur klein, sondern auch zu vulgär-materialistischen Schablonen macht,* die so in der Wirklichkeit nicht vorkommen.
Ein Beispiel dafür bietet die verunglückte Liebesgeschichte im ›*Puntila*‹. Matti, der aufgeklärte Knecht, in den sich Eva, die Tochter des reichen Gutsbesitzers, verliebt, behält von Anfang bis Ende den Kopf oben. Er geht wohl mit Eva nachts zum Fluß, zum »Krebsfang«; doch ihren Heiratswunsch schlägt er aus; als gestandener Materialist weiß Matti natürlich, daß die Ehe zwischen reich und arm nur schiefgehen kann; zumal die verwöhnte, luxuriöse Gutsbesitzerstochter, wie er ihr in der sogenannten Brautprobe beweist, den schweren Lebensbedingungen eines Chauffeurs nicht gewachsen ist. Denken wir an ein thematisch verwandtes klassisches Stück, etwa an Schillers ›*Kabale und Liebe*‹, so steckt in dem überschwenglich-idealisti-

schen Versuch Luises und Ferdinands, den Klassenwiderspruch in der Liebe zu überwinden, den sie in der Wirklichkeit nicht überwinden können, jedenfalls mehr Realismus des Gefühls (und auch mehr Utopie) als in dem präventiven, so furchtbar klassenbewußten Laufpaß, den Matti der Gutsbesitzerstochter gibt. Realistisch wäre vielmehr, daß sich Matti erst mal bis über beide Ohren in die hübsche Eva verliebt, daß ihm darüber sein klassenbewußter Witz abhanden kommt und er, anstatt so geistreich daher zu räsonieren: »Warum wollen's denn sicher sein? Sie sollen doch nicht ihr Geld anlegen ... Ich mag die Frauen unsicher!«[30] – nur noch stammeln kann: »Ich will dich, Eva, und keine andere!« Realistisch wäre, wenn seine Liebe mit seinem besseren Wissen, mit seinem Klassenbewußtsein in Konflikt geraten würde, anstatt die Erkenntnis (daß die Liebe zwischen arm und reich nicht geht) gleich im Kopf zu haben, ehe er noch seinen Kopf verliert. Dann wäre Matti auch zu einem gleich starken, dramatischen Gegenpart zu seinem Herrn, dem Puntila geworden, der ja auch zwischen zwei Seelenzuständen hin und her gerissen wird: zwischen dem Zustand der Trunkenheit, in dem allein er noch zu Freundschaft, Liebe, Poesie und Menschlichkeit fähig ist; und dem nüchternen Zustand, in dem er wieder in seine »ökonomische Charaktermaske« als Gutsbesitzer zurückschlüpft. Doch im Gegensatz zu seinen »baalischen« Ausbeuterfiguren, die ihren theatralischen Reiz und Reichtum ihrer Widersprüchlichkeit verdanken, *hat Brecht seine fortschrittlichen Proletarier zumeist gerade dort »abgebrochen«, wo sie sich selbst in Widersprüche, etwa in einen Konflikt zwischen ihrer klassenbewußten Ratio und ihrem klassenunbewußten Gefühl, verwickeln könnten*, vielleicht auch aus Angst, daß solche Konflikte in der Realität nicht immer zu einem guten Ende führen. Denn nicht alle Fortschrittsmänner, und schon gar nicht alle fortschrittlichen Proletarier, sind aus dem trocken-idealen Holz Mattis geschnitzt, der seine Gefühle so rigoros seinem Klassenbewußtsein unterordnen kann. Dialektiker, der er war, hat Brecht so gerade *sei-*

nen »positiven Helden«, denen doch die Zukunft gehören sollte, *die Dialektik ausgetrieben*, indem er sie vom Ballast der (»klein-)bürgerlichen« Leidenschaften befreit hat.
Brechts materialistische Kritik an den hohen, idealen Gefühlen der Klassik und am Gefühlskitsch des wilhelminischen Bürgertums blieb selbst noch weitgehend in bürgerlichen bzw. vulgärmaterialistischen Vorstellungen von Liebe, Leidenschaft usw. befangen. Seine Fortschrittsmänner und -frauen lieben immer »vernünftig«, das heißt das Risiko ihres Gefühls genau kalkulierend; damit aber reproduzieren sie auf der Gefühlsebene gerade jene Verdinglichung, von der die gesellschaftlichen Beziehungen im Hochkapitalismus ohnehin geprägt sind. Darin war Brecht, jener radikale Kritiker des Kapitalismus, selbst noch ein Kind des kapitalistischen Zeitalters, das – wie Marx gezeigt hat – auch die irrationalen Gefühle, Triebe und Leidenschaften zunehmend der »kalkulierenden Vernunft« des Marktes unterwirft. Brechts ›*Materialismus in der Liebe*‹ hat daher mehr Züge der alten »protestantischen Ethik« (Max Weber) und ihrer Sparsamkeit (in materieller und emotionaler Hinsicht) denn Züge einer neuen sozialistischen Liebesmoral. Daß Brecht nicht immer so dachte und fühlte, zeigt sich an seinem Frühwerk, vor allem im ›*Baal*‹, der sich durchaus noch – ohne Sicherheiten für die eigene Haut – verströmen kann (wenn auch eher in eine Männer- – denn in eine Frauenseele).
Wenn der Prozeß der dialektischen »Aufhebung« nach Hegel dreierlei bedeutet: nämlich »zerstören«, »aufbewahren« und »auf eine höhere Stufe heben«, dann hat Brecht das klassische Erbe nur bedingt »aufgehoben«. Zwar hat er in vielen seiner Stücke den klassischen Humanismus und Idealismus einer wohltuenden materialistischen Korrektur unterzogen und in diesem Sinne »zerstört«; auch hat er den reichen ästhetischen Fundus des Erbes für sein eigenes Werk – wie kaum ein anderer deutscher Dichter – fruchtbar gemacht und in diesem Sinne »aufbewahrt«; doch hat er *die hochentwickelte Gefühls- und Liebeskultur der Klassiker*, die Utopien einer vom Kalkül und

Interesse befreiten Beziehung zwischen den Geschlechtern, wie sie in den besten Dichtungen Shakespeares, Goethes, Balzacs, Tolstois usw. »aufgehoben« sind, *auf vulgäre Weise negiert*. Die skizzierten Abbrüche in seiner Biographie als auch sein auf Distanz bedachtes Verhältnis zu Frauen haben den Dichter wohl daran gehindert, sich der klassischen Gefühlskultur anders denn auf parodistische Weise zu nähern. Es ist klar, daß die (an die Frauen adressierte) Devise des jungen Brecht: »In mir habt Ihr einen, auf den könnt Ihr nicht bauen«[31] auch eine Verweigerung, eine Art Affektsperre gegenüber jener leidend-leidenschaftlichen Bekenntnisliteratur darstellte, wie Goethe sie in den ›*Leiden des jungen Werther*‹ und in den ›*Wahlverwandtschaften*‹ zur Hochblüte gebracht hat. Darum verkörpern auch die Liebespaare bei Goethe oder Shakespeare, etwa Orlando, der auf der Suche nach seiner Rosalinde »Zungen an die Bäume hängt« (das heißt den ganzen Wald mit seinen Liebesgedichten bestückt) mehr erotische Utopien als in Mattis allzu vernünftigen Räsonnements über die Liebe und das Geld.

7. Im Bann des Sowjetmarxismus: Hitler, Ui und der »subjektive Faktor«

Die Auflösung der subjektiven Befindlichkeiten in politökonomische Wesenheiten – diese Eigenart der mittleren und späten Brecht-Dramaturgie – gründet nicht zuletzt auch in einer *Marxismus-Rezeption*, die, den historischen Umständen entsprechend, entschieden *vom Sowjetmarxismus und dessen ideologischen Verkürzungen geprägt* war. Unter der Ägide Stalins war der wissenschaftliche Sozialismus von Marx und Engels zu einer objektivistischen Doktrin verkümmert, die mit dem Subjekt zugleich dessen Psychologie liquidierte. Die *Eskamotage des »subjektiven Faktors«*, die sich unter anderem auch in scharfen Verdikten gegen die Freudsche Psychoanalyse und die deutschen Freudo-Marxisten (W. Reich, E. Fromm, S. Bern-

feld und andere) äußerte, fand ihren Höhepunkt in der stalinistischen Faschismustheorie. Für die stalinistische Dritte Internationale und die von ihr abhängige KPD war der Faschismus die offene, terroristische Diktatur der reaktionärsten, militaristischsten und chauvinistischsten Fraktion des Finanzkapitals (nach Dimitroff). Diese Definition war zwar nicht falsch, jedoch in zweierlei Hinsicht verkürzt: Erstens konnte sie nicht erklären, warum der Faschismus als kleinbürgerliche *Massen*bewegung auftrat, die zunächst eine gewisse ideologische und politische Eigendynamik entfaltete (sogar mit einer deutlich antikapitalistischen Komponente), bevor sie vom großen Finanz- und Rüstungskapital für deren politische Zwecke funktionalisiert wurde. Zweitens waren die stalinistischen Theoretiker blind für »die subjektiven Bedingungen der objektiven Irrationalität« (Adorno), das heißt für die psychischen und psychopathologischen Reservoirs, aus denen sich die Bewegung der Nazis speiste (und die W. Reich in der ›*Massenpsychologie des Faschismus*‹ glänzend analysiert hat).
Gewiß war Hitler letzten Endes der Agent der Kapitalinteressen, der bezahlte Büttel der Ruhrindustriellen, der die Arbeiterbewegung zu zerschlagen und die Verwertungskrise des Kapitals über die Aufrüstung und schließlich den Angriffskrieg aufzufangen hatte. Hitler war aber auch der Mann, in dem die Rachephantasien und latenten (Größen-)Wahnvorstellungen des deklassierten, durch die Wirtschaftskrise ruinierten Mittelstands ihren manifesten Ausdruck fanden; und zugleich der Mann, der seine höchsteigene Pathologie mit Hilfe eines riesigen propagandistischen Apparats in gespenstischer Weise zu vergesellschaften verstand. Ersteres machte ihn zur großen Identifikationsfigur, letzteres zur großen Projektionsfigur von mehreren Millionen Deutschen, was sich durch die Agententheorie allein nicht erklären läßt. Das Manko der kommunistischen Bewegung lag unter anderem darin, daß sie diese irrationalen Gefühls- und Ideologiekomplexe, die die Masse an den »Führer« banden, *nicht* zum Gegenstand der antifaschistischen

Propaganda und Aufklärung gemacht hat, wie schon E. Bloch kritisierte: »Eine allzu abstrakte Linke hat die Massenphantasien unterernährt ... Die Nazis sprechen betrügend, aber zu Menschen, die Kommunisten völlig wahr, aber nur von Sachen.«[32]

Auch der Kommunist Brecht sprach in seinen antifaschistischen Parabelstücken (›*Die Rundköpfe und die Spitzköpfe*‹, ›*Der aufhaltsame Aufstieg des Arturo Ui*‹) »völlig wahr, aber nur von Sachen«; standen diese doch ganz im Bann der stalinistisch verkürzten Faschismustheorie. So lobenswert auch immer Brechts didaktische Absicht war, komplizierte geschichtliche Zusammenhänge auf ihre wesentlichen Elemente zu reduzieren und damit auch dem normalen Publikum durchschaubar zu machen, so kam es hierbei doch zu einer *doppelten Vereinfachung*.[33] Die Wissenschaft, an der Brecht sich orientierte, war bereits eine vereinfachte: der um die (massen)psychologische Dimension verkürzte Sowjetmarxismus, der ein relativ einfaches Erklärungsmodell des Faschismus anbot. Diese wissenschaftliche Vereinfachung bzw. Verkürzung wurde dann bei der Übertragung in die Parabel noch einmal – ästhetisch – vereinfacht.

Daß uns heute ein Stück wie der ›*Arturo Ui*‹ so merkwürdig krud und konstruiert erscheint, liegt aber nicht so sehr an der ästhetischen Vereinfachung, an der vom Autor virtuos gehandhabten Parabeltechnik, die Hitler in ›*Arturo Ui*‹, seine »nationale Erhebung« in einen »Karfioltrust«, das »Dritte Reich« in die Gangsterstadt Chicago übersetzt; es liegt vielmehr an dem vom Parabelcharakter relativ unabhängigen *vulgär-materialistischen Reduktionismus der Geschichte und ihrer führenden Gestalten.* »Keine Angst vor der platten Wahrheit«, bemerkt Brecht zu seinem Stück, »wenn sie nur wahr ist. So wenig das Mißlingen seiner Unternehmungen Hitler zu einem Dummkopf stempelt, so wenig stempelt ihn der Umfang dieser Unternehmungen zu einem großen Mann. Die herrschenden Klassen im modernen Staat bedienen sich bei ihren Unternehmungen meistens recht durchschnittlicher Leute.«[34] Einerseits war Hitler durchaus der Durchschnittsmensch, als den Brecht ihn sah: ein schon auf der Realschule gescheiterter, heruntergekommener, arbeitsloser Kleinbürger mit dem charakteristischen Zug zum Höheren (er wollte Kunstmaler werden, konnte aber bestenfalls Postkarten kopieren), dessen Weltbild zwischen Männerheim und Obdachlosenasyl geprägt wurde und der sich für alle erlittenen Kränkungen und Versagungen an der Welt noch einmal zu rächen hoffte – eine gestrandete, ressentimentgeladene Dutzend-Existenz, wie die zerfallende Donau-Monarchie und die Weimarer Republik sie en masse erzeugten.

Andererseits – und hier beginnt die außergewöhnliche, monströse Seite seiner Biographie – war Hitler ein extrem narzistischer, hochgradig gemütskranker Mensch, der sich schon früh in eine reine, von Karl May und Kriegsspielen geprägte Phantasiewelt flüchtete und – wie E. Fromms Untersuchungen ergeben haben – immer kurz vorm Ausbruch in die Psychose stand. Wäre Hitler nur der Durchschnittsmensch gewesen, für den Brecht ihn hielt, so wäre er früher oder später an dem klaffenden Widerspruch zwischen Phantasie und Wirklichkeit zerbrochen, und nicht die Reichskanzlei, das Irrenhaus wäre sein Schicksal geworden. Doch Hitler fand einen anderen Ausweg aus diesem Konflikt, der – nach Fromm – nur außergewöhnlichen, ebenso talentierten wie psychopathischen Persönlichkeitsstrukturen möglich ist: »Sie können versuchen, die Realität so umzuwandeln, daß ihre grandiosen Phantasien sich als real erweisen. Das erfordert aber nicht nur, daß der Betreffende Talent hat, sondern auch, daß die historischen Umstände dies ermöglichen. Meist steht diese Lösung politischen Führern in sozialen Krisenperioden offen. Wenn sie die Begabung haben, die große Masse anzusprechen, und wenn sie geschickt genug sind, sie organisieren zu können, können sie die Realität ihren Träumen anpassen. Häufig rettet sich der Demagoge, der sich noch diesseits der Grenze zur Psychose befindet, dadurch vor dem Wahnsinn, daß er Ideen, die zunächst ›verrückt‹ schienen, ›vernünftig‹ erscheinen läßt. In seinem politischen Kampf wird er nicht nur von der Leidenschaft zur Macht angetrieben, sondern auch *von der Notwendigkeit, sich vor dem Verrücktwerden zu retten.*«[35]

Natürlich wollte Brecht mit seinem ›*Arturo Ui*‹ den bürgerlichen Faschismusbegriff, der das Dritte Reich und den Zweiten Weltkrieg aus der »dämonischen Persönlichkeit« des »Führers« ableitete (wie neuerdings auch wieder H. C. Fests Film ›*Hitler – eine Karriere*‹), materialistisch demontieren, das heißt vom Kopf auf die Füße stellen; allerdings um den Preis, daß in seiner geistreichen politökonomischen Lektion über den Aufstieg des Faschismus die Biographie der Schlüsselfigur gleichsam verschwindet. In der parabolischen Verkleidung des ›*Ui*‹ stellt Brecht nur den äußeren, politischen Kampf Hitlers um die Macht im Staate dar; die innere psychische Frontsituation dieses zwischen Realität und Wahn hin und her gerissenen Kleinbürgers, der schließlich, »um sich vor dem Verrücktwerden zu retten«, alle Hebel in Bewegung setzte und die Spielregeln der Machtergreifung in der krisengeschüttelten Zweiten Republik: Intrige, Lüge, Raub, Erpressung, Mord mit einer Rigorosität handhabte wie nur noch Shakespeares Richard der Dritte und dennoch all diese blutigen Geschäfte geschickt zu delegieren wußte, so daß er vor sich selbst und vor dem deutschen Volk immer mit reinen Händen dastehen konnte – *diese monströse Eigendynamik der Person Hitlers, der den deutschen Kleinbürger par excellence und zugleich die monströse Negation* des (normalerweise schwankenden, skrupelhaften und daher handlungsunfähigen) *Kleinbürgertums* verkörperte, *hat Brecht nicht thematisiert* bzw. seiner politökonomischen Didaktik zuliebe aufgeopfert.

Um den »Respekt vor den großen Tötern (zu) zerstören« und diese »durchaus preiszugeben, und vorzüglich der Lächerlichkeit«[36], hat Brecht sich zumeist der Mittel der Satire und der Parodie bedient. Hitler war für ihn der »Wie-heißt-er-doch-gleich?«, und über seine vegetarische Lebensweise hat er manchen schönen Witz gemacht. Doch sind die Spesen dieses Verfahrens ziemlich hoch: Bei der didaktisch-parodistischen Verarbeitung einer Figur wie Hitler gehen deren *realistische Tiefendimensionen notwendig verloren*; die Figur wird flach.

Gerade Hitlers Vegetariertick bietet dafür ein Exempel. Hinter diesem Tick, auf den ersten Blick ein harmloses, leicht zu bespöttelndes Accessoire seines Charakters, verbarg sich gerade dessen eigentliche Wahrheit, dessen Wesen. Nach E. Fromm wurde Hitler erst zum Vegetarier nach dem Selbstmord seiner Nichte Geli Raubal, die seine Geliebte war. »Mit seiner Fleischabstinenz sühnte er seine Schuld an ihrem Selbstmord und bewies sich, daß er nicht fähig war zu töten.«[37] Auch nach der »Machtergreifung« war Hitler niemals bei einem Mord oder einer Hinrichtung zugegen. Als Röhm, bevor er umgebracht wurde, darum bat, der Führer selbst sollte kommen und ihn erschießen, wußte er, was er sagte. Auch seine Generale suchten später vergeblich, Hitler je zu einem Frontbesuch zu bewegen. Doch wich er Frontbesuchen nur deshalb aus, weil er den Anblick Toter und Verwundeter nicht ertragen konnte. »Solange Hitler nur Befehle erteilte und unterschrieb, hatte er nur geredet und unterschrieben. Mit anderen Worten, ›er‹ hatte kein Blut vergossen, solange er es vermied, die Leichen in Wirklichkeit zu sehen.«[38]

Hitler, der größte Schlächter und Massenmörder dieses Jahrhunderts, *mußte sich fortdauernd selbst beweisen, daß er unfähig war zu töten* und daß nicht »er« für das Blutvergießen verantwortlich war. An dieser Lebenslüge hing, wie an einem Faden, sein Selbstverständnis und sein Selbstbewußtsein als »Führer« des deutschen Volkes. Wie platt nimmt sich dagegen Brechts *Arturo Ui* aus, der – ein ganz gewöhnlicher Chicago-Gangster – ohne Skrupel morden kann, während das Charakteristische des »Führers« gerade in der unaufhörlichen wahnhaften Ableugnung seiner eigenen Destruktivität lag. Die psychologische bzw. pathologische Eigendynamik der Hitler-Figur aber macht sie erst zu einer realistischen – und darüber hinaus zu einer dramatischen, das heißt wirklich kunstfähigen Figur und steht gar nicht im Widerspruch zu der von Brecht zu Recht geforderten Aufklärung der politökonomischen Zusammenhänge, in denen der Aufstieg Hitlers zur Macht gesehen werden muß. Doch *auf die monströse, irrationale Seite dieses Kapital-Agenten*, auf die relative Eigengesetzlichkeit seiner Pathologie, die, als vergesellschaftete, zur »materiellen Gewalt« wurde, *hat sich Brecht, darin ein Opfer seines Rationalismus und seines ökonomistisch verkürzten Marxismus-Verständnisses, nicht eingelassen.*

8. Die Spesen der Aufklärung. Brechts Fortschrittsoptimismus

Bekanntlich wollte Brecht, anknüpfend an die großen literarischen Traditionen der europäischen Aufklärung, aus der Literatur wieder ein Instrument der Aufklärung und der sozialen Pädagogik machen. Darin war er durchaus ein Erbe Lessings (oder auch Diderots). Er selbst definierte sein Theater als das »Theater eines wissenschaftlichen Zeitalters«, was oft dahingehend mißverstanden wurde, er plädiere für ein »wissenschaftliches Theater«. Wie Peter Hacks bemerkt, ist aber Brechts Literatur nicht so sehr die des wissenschaftlichen Zeitalters, vielmehr »die Literatur im Zeitalter der *Einführung* der Wissenschaft«[39], wobei hier unter Wissenschaft die materialistische Gesellschaftswissenschaft verstanden wird. Brecht lebte in Zeiten, da diese noch keineswegs Allgemeingut war, vielmehr im Nebel bürgerlicher und faschistoider Ideologien darniederlag. Angesichts des drohenden Faschismus und der relativ niedrigen gesellschaftlichen Aufklärungsrate mußte auch die materialistische Wissenschaft, die »Aufhellung des sozialen Kausalnexus« zum bevorzugten Gegenstand einer politisch verantwortungsbewußten Kunst werden. *Die »finsteren Zeiten« zwangen so einen geborenen Poeten wie Brecht aufs Katheder der Aufklä-*

rung. Hacks: »Brecht beherrschte die Wissenschaft und erkannte ihre Notwendigkeit ... und er fand eine seiner Aufgaben darin, sein Publikum mit ihr bekannt zu machen. *Eine solche Haltung ist nicht falsch, sie ist historisch.*«[40]

Und sie kostet – leider – ihre Spesen. Die Kunst, die nun stellvertretend für die Parteien, Gewerkschaften, Bildungsinstitutionen usw. die Aufgabe der politischen Erziehung mitübernahm, mußte oft genug ihr ureigenstes Gebiet verlassen, um das »Aushilfsmädchen« für die darniederliegende Gesellschaftswissenschaft zu spielen. So glaubte Brecht, sein bürgerliches Theaterpublikum in der ›*Heiligen Johanna*‹ mit dem Krisenzyklus des Kapitals oder im ›*Arturo Ui*‹ mit der materialistischen Faschismustheorie vertraut machen zu müssen, obgleich es sehr fraglich ist, ob diese Gegenstände wirklich kunstfähige Gegenstände sind. Immerhin: Brecht hat durch seine stilistische Meisterschaft, durch die travestierende Einkleidung dieser an sich »niedrigen«, kruden Stoffe aus dem reichen ästhetischen Fundus des antiken, des elisabethanischen und des klassischen Theaters diese am Ende doch noch zu kunstfähigen Stoffen gemacht; wenngleich die Schweißspuren dieser poetischen Kraftakte manchen Stücken noch anhaften.

Allerdings hat Brechts Wissenschaftsgläubigkeit ihn die spezifischen Wirkungsweisen der Kunst zugunsten der Wissenschaft zuweilen übersehen lassen. Zwischen einem Galilei, der die Gesetze der Himmelskörper beobachtet, und einem Schriftsteller, der aus der Wirklichkeit die gesellschaftlichen Bewegungsgesetze ableitet, bestand für ihn kaum noch ein Unterschied. Der Einzug der Wissenschaft in die Kunst führte aber auch bei Brecht nicht immer zu einer besseren Gestaltungsweise, sondern oft nur *zur besseren Illustration der wissenschaftlichen (politökonomischen) These mit Hilfe der Kunst*. Der Poetisierung an sich unpoetischer Gegenstände, die dem Bereich der Wissenschaft entlehnt sind, sind eben auch immanente Grenzen gesetzt, wie groß auch immer das Talent des Poeten sein mag.

Zwar muß der Künstler im Zeitalter der Wissenschaft die Wissenschaft beherrschen (wenn er nicht in jenen Agnostizismus verfallen will, der die gegenwärtige sensible Literatur von Peter Handke bis Botho Strauß beherrscht); nur darf er sie nicht propagieren. Tut er es dennoch oder glaubt er, es in »finsteren Zeiten« dennoch tun zu müssen, so zahlt er seinen Preis; denn später, wenn die Zeiten nicht mehr gar so finster sind, das heißt, die gesellschaftliche Aufklärungsrate entweder höher liegt oder aber soziale Aufklärung aus konjunkturellen Gründen nicht mehr gefragt ist – wie es im Augenblick der Fall zu sein scheint –, bekommt er den Unmut des Publikums und seiner Kritiker zu spüren, die sich nun nicht mehr »belehren« lassen wollen. Daß Brecht, weiß Gott!, in guter Absicht, in jenen »finsteren Zeiten« das Katheder auf die Bühne brachte, das läßt die etablierte Literaturkritik – von Benjamin Henrichs bis Hellmuth Karasek, von Peter Iden bis Günter Rühle – ihn heute büßen.

Es ist allerdings, wie wir einräumen müssen, nicht nur die direkte Erziehungsfunktion des Brecht-Theaters, sondern auch der hinter ihr stehende *ungebrochene Fortschrittsoptimismus seines Begründers*, auf den wir heute empfindlicher reagieren als früher. *Im Weltbild Brechts*, der darin ein Schüler Hegels war, *gibt es sozusagen nur die Aufklärung – ohne die »Dialektik der Aufklärung«* (Adorno / Horkheimer). Das »Erschrecken an der Aufklärung«[41], am Fortschritt der Wissenschaft, der Technik usw., wie es Hahn bei der Entdeckung der Kernspaltung und Oppenheimer bei ihrer militärischen Nutzanwendung verspürt haben, ist dem Denken des Brechtschen Galilei völlig fremd. Brecht glaubte, wie der Christ, an die Auferstehung, an die totalen Meisterungsmöglichkeiten des menschlichen Lebens und an die völlige rationale Durchdringung der Welt mit Hilfe der materialistischen Wissenschaft. Er glaubte, daß die Wissenschaft den Planeten endlich bewohnbar machen würde. Wir erleben heute allerdings gerade das Gegenteil: daß die Welt durch die immer perfektere wissenschaftlich-technische Ausnutzung der Naturkräfte im Dienste des Profits und eines zügellosen Wirtschaftswachstums immer unbewohnbarer wird und die Menschheit an den Rand einer ökologischen Katastrophe treibt, deren Folgen noch nicht abzusehen sind. In der kapitalistischen wie leninistischen Fetischisierung der Produktivkräfte, die im industriell rückständigen Rußland vielleicht ihre historische Berechtigung hatte, erkennen wir heute eine der Hauptursachen für jene irreversiblen ökologischen Gleichgewichtsstörungen, mit denen die hochentwickelten Industriegesellschaften des Westens (aber auch zunehmend die des Ostens) den Fortschritt bezahlen müssen.

Vor diesem Hintergrund können wir auch *Brechts leninistische Vergötzung der Produktivität*, seinen ungebrochenen Glauben an die schrankenlose Ausnutzbarkeit der Naturkräfte, wie er unter anderem auch in dem berühmten Vorspiel zum ›*Kaukasischen Kreidekreis*‹ zum Ausdruck kommt, nicht mehr teilen. Im Streit um das Tal, bei dem die Mitglieder des Ziegenkolchos ihre berechtigten Besitzansprüche zugunsten der Pioniere des Obstbau-Kolchos freiwillig abtreten, die das Tal bewässern und sogar durch den Bau eines Staudamms elektrifizieren wollen – in diesem Streit sind wir heute eher geneigt, die Haltung des alten Ziegenbauern einzunehmen, der befürchtet, das Tal nach der Bewässerung nicht mehr wiederzuerkennen: »Du wirst einen Garten sehen«, versichert ihm zwar der Agronom (in einer älteren Fassung des Stücks), doch die zweideutige Antwort des Bauern lautet: »Gnade Euch Gott, wenn es nicht ein Garten ist!« Nun – der skeptische Ziegenbauer, dessen »Obstgarten« inzwischen zugunsten des Baus von Staudämmen, Autobahnen oder Atomkraftwerken einplaniert worden ist, sollte mit seiner Skepsis recht behalten![42]

Auch gewisse Aspekte der Brechtschen Kapitalismuskritik scheinen uns heute historisch überholt; und zwar so weit diese sich noch auf die Marxsche Verelendungstheorie stützt; so etwa in der ›*Heiligen Johanna*‹, wo noch die hungernden und frierenden Arbeitslosenheere eines Manchester-Kapitalismus die Bühne bevölkern. Der Spätkapitalismus hat ja aus dem großen wirtschaftlichen Zusammenbruch von 1929 gelernt und durch ein kompliziertes wirtschaftspolitisches Instrumentarium (staatliche Arbeitsbeschaffungsprogramme, antizyklische Konjunkturpolitik, Sozialversicherungssystem usw.) seine periodisch aufbrechenden Krisen zwar nicht beseitigen, doch immerhin »dämpfen« können. Jedenfalls sieht sich die Arbeiterschaft heute nicht mehr, auch nicht in Krisenzeiten, der absoluten ökonomischen Verelendung ausgesetzt; die Formen ihrer Verelendung haben sich vielmehr gewandelt: Sie äußert sich weniger in Hunger, Armut, Obdachlosigkeit usw., wie noch zu Brechts Zeiten, sondern unter anderem in ganz neuen horrenden Krankheitsbilanzen; in der steigenden Rate von »funktionellen« Störungen und Organneurosen (Magen-, Gallen-, Herz- und Kreislaufkrankheiten), von psychosomatischen und Suchtkrankheiten (Alkoholismus, Drogen- und Tablettensucht), von psychotischen Zusammenbrüchen (vgl. die hohe Schizophrenenrate in der werktätigen Bevölkerung), die selbst wiederum unmittelbare oder mittelbare Folgeerscheinungen der zunehmenden Entfremdung der Arbeit infolge fortschreitender Rationalisierung und Automatisierung des Produktionsprozesses sind.[43] Angesichts der zunehmenden *psychischen Verelendung* ganzer Bevölkerungsschichten inmitten unserer »Wohlstands- und Überflußgesellschaft« *greifen auch Brechts materialistische* Slogans: »Nur wer im Wohlstand lebt, lebt angenehm« oder: »Erst kommt das Fressen, dann kommt die Moral« *notwendig zu kurz*. In den Ländern der Dritten Welt dagegen, wo die Massen noch von der absoluten ökonomischen Verelendung bedroht sind, bleibt Brechts traditionelle Kapitalismuskritik nach wie vor aktuell. Dies ist vielleicht auch der Grund dafür, daß Brecht-Stücke in diesen Ländern zur Zeit einen wahren Boom erleben (vgl. das letzte Brecht-Festival in Kalkutta im Sommer dieses Jahres), während in den Metropolen des Kapitalismus ihre politische Sprengwirkung deutlich nachzulassen scheint.

Schließlich und endlich können wir Heutigen in Brechts »Lob

des Kommunismus«, das auch durch die Erfahrung des Stalinismus kaum gebrochen wurde, nicht mehr vorbehaltlos einstimmen. Auch wenn Brecht gewisse politisch-ideologische Deformationen und Fehlentwicklungen im stalinistischen Rußland wohl registriert hat[44], so hat er doch das ganze Ausmaß der sowjetischen Degeneration, sowohl im Überbau als auch in der sozio-ökonomischen Basis der UdSSR, noch nicht übersehen können bzw. nicht mehr sehen wollen. Vor den ungeheuren und unnötig blutigen Spesen der »ursprünglichen sozialistischen Akkumulation« unter der Ägide Stalins verschloß auch der Marxist Brecht die Augen. Seit seinen Marxismus-Studien Ende der zwanziger Jahre hat sich der Dichter offenbar keinen großen ideologisch-politischen Verunsicherungen mehr ausgesetzt. Weder die Moskauer Prozesse, bei denen die ganze alte Garde der Bolschewiki über die Klinge sprang, noch der Stalin-Hitler-Pakt, über dem selbst gestandene Kommunisten wie Paul Nizan den Verstand verloren, haben Brechts Weltbild erschüttern können. Er, der das ›*Lob des Zweifels*‹ gesungen hatte, geriet nie in die Gefahr, zweifelnd zu verzweifeln. Er behielt den Kopf immer oben. Diese Haltung, so imponierend auch immer, hat für uns »Nachgeborene« etwas Gezwungenes, Aufgesetztes; auch wenn sie vielleicht in jenen »finsteren Zeiten« eine Bedingung des Überlebens, ja die Bedingung dafür war, daß wenigstens einer unter den emigrierten deutschen Dichtern seine Virginia – und seinen wunderbaren Humor – nicht ausgehen ließ.

9. Über die individuelle und die kollektive Emanzipation (Goethe und Brecht)

Die größte Provokation, die Brecht dem bürgerlichen Selbstverständnis seiner Zeit zugefügt hat, lag wohl darin, daß er den Begriff des Individuums, auf dem die abendländische Kultur seit Shakespeare und Goethe fußt, unerbittlich demontiert hat.

Im sogenannten Kölner Rundfunkgespräch von 1928 antwortet Brecht auf die Frage des Kritikers Ihering, ob er denn alle Dramen, die Schicksale des Individuums behandelten, also Privattragödien seien, abbauen wolle: »Ja, die großen Einzelnen! Die großen Einzelnen waren der Stoff, und dieser Stoff ergab die Form dieser Dramen. Es war die sogenannte dramatische Form ... Spätere Zeiten werden dieses Drama ein Drama für Menschenfresser nennen und werden sagen, daß der Mensch am Anfang als Dritter Richard mit Behagen und am Ende als Fuhrmann Henschel mit Mitleid gefressen, aber immer gefressen wurde.«[45] Brecht demonstrierte in seinen Stücken die Untauglichkeit des alten Individuumbegriffs in einer Epoche tobender Klassenkämpfe und Kriege, in der das Individuum entweder der imperialistischen Kriegsmaschine einverleibt oder aber im kollektiven Kampf der um ihre Befreiung ringenden Klassen und Völker »aufgehoben« wurde. Schon in ›*Mann ist Mann*‹, wo die Verwandlung des Packers Galy Gay in eine »unpersönliche Kampfmaschine« vorgeführt wird, demontierte Brecht den »oberflächlichen Firnis des Individualismus in unserer Zeit«[46], den sich ohnehin nur die besseren Kreise leisten konnten. Aber auch vom Standpunkt des um seine Befreiung kämpfenden Proletariats war – für Brecht – der alte bürgerliche Individualismus mit seinem idealistischen Freiheitsbegriff unbrauchbar und obsolet geworden. So sagt der radikale Kommunarde Vargin (aus: ›*Die Tage der Kommune*‹) in seiner Brandrede im Stadthaus der Kommune: »Wenn Ihr die Freiheit wollt, müßt Ihr die Unterdrücker unterdrücken und von eurer Freiheit so viel aufgeben, als dazu nötig ist!«[47] Oder wie es im Refrain des Lieds der Kommunarden heißt: »Keiner oder alle. Alles oder nichts. / Einer kann sich da nicht retten. Gewehre oder Ketten / Keiner oder alle. Alles oder nichts.«[48] Die Aufgabe der individuellen Freiheit zugunsten der kollektiven Befreiung kann – wie Brecht in seinem berühmt-berüchtigten Lehrstück ›*Die Maßnahme*‹ zeigt – in bestimmten historischen Situationen (etwa der illegalen Arbeit im feindlichen Land) sogar so weit gehen, daß der

»einzelne Genosse«, der durch voreilige, unüberlegte, ultrarevolutionäre Handlungen die Parteiarbeit gefährdet hat, mit seiner eigenen Liquidierung einverstanden ist (was sich heute allerdings wie eine makabre, vorweggenommene Rechtfertigung der Moskauer Prozesse liest).
Brecht erkannte früh, daß ihn der Faschismus in eine Auseinandersetzung auf Tod und Leben verwickeln würde, den er als einzelner, als schriftstellerndes Individuum nicht bestehen konnte, sondern nur als Teil einer großen Bewegung, die ihm auch seine literarischen Sujets vorgab und ihm kein Ausweichen mehr in luxurierende Themen, in individuelle Träumereien, Liebesromanzen, Naturschwärmerein usw. mehr gestattet; obwohl auch ihn der erzwungene Verzicht auf die luxurierenden Themen der Kunst, die ja die Kunst eigentlich erst ausmachen, hart ankam: »Was sind das für Zeiten, wo ein Gespräch über Bäume fast ein Verbrechen ist, weil es das Schweigen über so viele Untaten einschließt!«
Von dieser Position aus, der rigorosen Unterordnung seiner literarischen Produktion unter das Primat der Politik, bestimmte sich auch Brechts polemisches Verhältnis zu den deutschen Klassikern, die vor den brennendsten politischen Fragen ihrer Zeit ins Ästhetische, ins »Reich des schönen Scheins« ausgewichen seien. Vor allem Goethe warf Brecht ästhetischen Eskapismus vor, kritisierte seinen »Aristokratismus«, nannte ihn einen »Fürstenknecht« und bezichtigte ihn, hinsichtlich seiner Einstellung zur Französischen Revolution des »politischen Reformismus«. Tatsächlich war das Verhältnis der Weimarer Klassiker zur Französischen Revolution durchaus zwiespältig, und es ist – nach den jüngsten Untersuchungen des DDR-Literaturwissenschaftlers Wolfgang Harich über Jean Paul, den literarischen und politischen Opponenten der Weimarer Klassiker[49] – durchaus fraglich, ob deren ästhetisches Programm nicht eine allzu glatte Konzession an die feudalen Macht- und Herrschaftsverhältnisse war. Werner Mittenzwei in seiner Rezeption des Harich-Buches: »Die menschliche Emanzipation voranzu-

treiben, ohne die politische zu wollen, und sich für sie im Rahmen der bestehenden gesellschaftlichen Möglichkeiten einzusetzen, konnte nicht ohne nachteilige Auswirkungen bleiben. Goethe und Schiller retteten sich als Dichter. Die Lösung, die sie fanden, ist nicht nur zu loben und nicht nur zu tadeln. Nach den Folgen, nach dem Preis dieser Entscheidung ist zu fragen.«[50]

Wie hoch auch immer dieser Preis war, so kann doch Goethes Rückzug aus der Politik – und damit auch von politischen Themenstellungen – nicht nur unter politischen Gesichtspunkten betrachtet werden. Denn wie der Dichter im ›*Tasso*‹ gezeigt hat, *bestehen zwischen der poetischen Aneignung (Tasso) und der politischen Aneignung (Antonio) der Welt*, die auf ihre Änderung bzw. Besserung aus ist, *gravierende Unterschiede*; beide Aneignungsformen stehen durchaus im Widerspruch zueinander und schließen sich in bestimmten historischen Situationen sogar aus. Das scheint auch Brecht gesehen zu haben, wenn er in sein Arbeitsjournal notiert: »Dem Goethe floß aus seiner Zeit mehr zu als dem Schiller. Er besorgte die private, nicht die politische Befreiung, nicht die des Kollektivs, sondern die des Individuums. Im Ideologischen sehen wir deshalb den Schiller reichlicher versehen mit Zeitgemäßem.«[51]

Vermutlich kam Goethe in der poetischen Weltaneignung und in der individuellen (menschlichen) Emanzipation deshalb weiter als Brecht, weil er auf die politische, das heißt kollektive Emanzipation verzichtete bzw. vor dieser Aufgabe resignierte (angesichts der relativen Rückständigkeit und Schwäche der bürgerlich-revolutionären Kräfte in Deutschland und auch angesichts der hohen Spesen, die ein aktives politisches Engagement für sein persönliches Leben und Schaffen als Dichter bedeutet hätte). Umgekehrt Brecht: Da er – ähnlich wie Jean Paul – die revolutionäre Politik, das heißt die Emanzipation des Kollektivs in den Mittelpunkt seines literarischen Schaffens stellte (worin er objektiv bestärkt wurde durch die Existenz einer hochentwikkelten, wenn auch durch Zersplitterung geschwächten Arbeiterbewegung, auf die er seine ganze Hoffnung setzte), *kam er auch in der poetischen Weltaneignung nicht so weit wie Goethe* bzw. mußte er an seiner individuellen Emanzipation deutliche Abstriche machen. Der antikapitalistischen und antifaschistischen Aufklärung, in deren Dienst er ab 1928 seine literarische Produktion stellte, opferte er wesentliche Themen der Literatur auf, vor allem jene Dimensionen der »Empfindsamkeit«, die Goethe für sich selbst voll ausgeschöpft hat. Brechts Invektiven gegen Goethe (die er erst nach seiner Rückkehr aus dem Exil eingestellt hat) sind daher auch nicht ganz frei von Eifersucht; leistete sich der Weimarer Klassiker in seiner schönen Abgeschiedenheit doch jenen Luxus »baalischer« Selbstverwirklichung, den sich der sozialistische Klassiker in einer Epoche tobender Klassenkämpfe und Weltkriege unter großen Mühen gerade abgewöhnt hatte.

Daß Brecht vielmehr »der Not gehorchend als dem eigenen Triebe« (Schiller) sein poetisches Schaffen in den Dienst der politischen Emanzipation stellte, bezeugen seine früheren Unmutsäußerungen gegen ein allzu politisches Leben. So schrieb er noch in der Zeit seiner marxistischen Untersuchungen: »Ich will zum Beispiel leben mit wenig Politik. Das heißt, ich will kein politisches Subjekt sein. Aber das soll nicht heißen, daß ich ein Objekt von zuviel Politik sein will. Da aber die Wahl nur lautet: Objekt von Politik zu sein oder Subjekt, nicht aber: Kein Objekt, kein Subjekt oder Objekt und Subjekt, muß ich wohl Politik machen, und die Menge davon bestimme ich auch nicht selber.«[52] Wenn Brecht sein Leben durch die Politik auch nicht verlor, so ging durch sie doch seinem Dichterleben einiges verloren. Dies ist ihm wohl manchmal auch bewußt geworden: »Was mich lange Zeit behinderte bei der Produktion für die Bühne: Ich war willens, eine Parabel zu erzählen zur allgemeinen Belehrung, aber nicht Leben zu imitieren, wie es sich widerspruchsvoll aufwirft, oder gar die Empfindungen zu erregen, um damit die erschlafften Gemüter zu massieren ... Hätte ich nicht diese Vorstellung gehabt, könnte ich weit naivere und blühendere Stücke gemacht haben, auch verzweifeltere.«[53]

In jener Epoche zugespitzter Klassen- und Völkerkriege, in der Brecht lebte und dichtete, mag seine Haltung: die individuelle menschliche zugunsten der kollektiven Emanzipation zurückzustellen, ihre historische Notwendigkeit und Gültigkeit gehabt haben. Doch für uns »nachgeborene« Schriftsteller und Künstler kann diese Haltung nicht mehr ohne weiteres als Vorbild dienen. Erstens sehen wir heute, deutlicher als früher, die Kosten einer solchen Haltung – selbst bei einem Genie wie Brecht; um wieviel höher werden diese erst bei kleineren Talenten ausfallen, die nicht über die poetischen Ressourcen eines Bertolt Brecht verfügen!? Zweitens leben wir zur Zeit in einer Phase, in der die Klassenauseinandersetzung stagniert; das westeuropäische Proletariat scheint sich mit dem Klassenkompromiß, sei es in Form der »sozialen Partnerschaft«, sei es in Form des »historischen Kompromisses«, vorerst abgefunden zu haben. Eine revolutionäre Avantgarde, von der der Schriftsteller eine neue politische Aufgabenstellung beziehen könnte, ist nicht in Sicht. Drittens ist der Spätkapitalismus dabei, die letzten Rudimente individueller Selbstverwirklichung und Kreativität aus dem Bereich der (Lohn-)Arbeit als auch der Privatsphäre zu verbannen. Die Standardisierung und Uniformierung der gesellschaftlichen Verkehrs- und Verhaltensformen bis in die Intimsphäre hinein, die Normierung der ästhetischen und erotischen Leitbilder, die Nivellierung des Geschmacks und der Empfindungen (auch innerhalb der sogenannten linken Gegenkultur) nehmen heute so beängstigende Ausmaße und Formen an, daß im Prinzip *jeder Versuch zur Individuation auf dem Gebiet der Kunst, der Sitten und Gebräuche erst einmal gefördert werden muß*. Viertens läßt sich auch in den Staaten, in denen die soziale Revolution gesiegt hat oder per Dekret eingeführt wurde, bislang noch keine Entwicklung zu jener »höheren Art der Individualität« ausmachen, die Marx als Utopie der kommunistischen Gesellschaft vorschwebte. Im

Gegenteil: Der »primitive Kommunismus« (nach Marx die erste Stufe der Aufhebung des Privateigentums und des von ihm abgeleiteten Individuumsbegriffs) mit seinen gleichmacherischen Tendenzen und der zur ästhetischen Doktrin erhobene »sozialistische Realismus« haben den Individuationsprozeß auf dem Gebiet der Kunst, der Liebe und der Sitten allenthalben blockiert.

Brecht folgte in seiner polemisch-aufklärerischen Demontage des bürgerlichen Individuumsbegriffs noch dem Marxschen Satz, »daß die höhere Entwicklung der Individualität durch einen historischen Prozeß erkauft wird, in dem die Individuen geopfert werden«[54]. Marx meint hier mit »opfern« nicht etwa »liquidieren« (wie ihn böse Zungen auslegen könnten), sondern »aufheben«, »negieren« im dialektischen Sinne. Brechts Werk führt diesen historischen Prozeß der »Aufhebung« des alten (bürgerlichen) Individuums exemplarisch vor; allerdings nur in seinen ersten beiden historisch gegenwärtigen Stufen bzw. Formen: sowohl in Form seiner Zerstörung (Beispiel: *Mann ist Mann*) als auch in Form seines Aufgehens im sozialistischen Kollektiv (Beispiel: *Die Tage der Kommune*) als der primären, noch primitiven Stufe seiner Vergesellschaftung. In beiden Fällen *verschwindet das Individuum*, das eine Mal im negativen, das andere Mal im positiven Sinne. *Was Brechts Werk noch nicht enthält, ist* die dritte Stufe der dialektischen Negation: *Die »Aufhebung« des Individuums im Sinne des »Auf-eine-höhere-Stufe-Hebens«*, wodurch dieses überhaupt erst wieder als Individuum *erscheinen* kann. *Jene »höhere Entwicklung der Individualität« (Marx) lag außerhalb des Brechtschen Horizonts* und der Brechtschen Gestaltungsweise. Um sie literarisch zu antizipieren, reichte das Studium der Kollektivierungsprozesse in der Sowjetunion, das Studium der Werke Tretjakows etc. nicht aus. Dazu hätte es eines doppelten Rückgriffs bedurft: Zum einen des Rückgriffs auf die eigene Subjektivität, auf den ersten großen Versuch poetischer Weltaneignung im *Baal*, den sich der »Dichter der dritten Person« zwar immer wieder vornahm und doch immer wieder liegenließ; zum anderen des Rückgriffs auf die hochentwickelte aristokratische und frühbürgerliche Individualkultur des 18. und 19. Jahrhunderts, auf die Werke Goethes, Balzacs, Stendhals, Flauberts, Tolstois, Turgenjews, Tschechows und andere. Doch gerade diese literarischen Gipfelpunkte des abendländischen Individuationsprozesses konnte oder mochte Brecht sich und seinem Werk nicht (mehr) einverleiben.

Für uns »Nachgeborene« kann es sich jedenfalls nicht mehr darum handeln, unsere ohnehin schon geschrumpfte und beschnittene spätbürgerliche Individualität der »Dritten Sache« aufzuopfern; im Gegenteil: Dieser dienen wir am ehesten damit, daß wir wieder *in der ersten Person leben und schreiben*, das heißt: schon im Schoße der alten Gesellschaft unsere individuelle menschliche Emanzipation im Rahmen der kollektiven Emanzipation so weit wie möglich treiben. Nur so können wir dazu beitragen, daß der Sozialismus von morgen statt einer Notgemeinschaft von plattgewalzten Individuen *die Verwirklichung des »reichen Individuums im Kollektiv«* (Marx) wird.

Anmerkungen

1 Hellmuth Karasek: *Bertolt Brecht. Der jüngste Fall eines Theaterklassikers*, Kindler 1978, S. 123

2 Vgl. Peter Hamm: Der wahre und die Ware Bertolt Brecht oder Die umgeschlagene Brecht-Stimmung.« In: *Frankfurter Rundschau*, 6.9.1975; Benjamin Henrichs in: *Die Zeit*, Nr. 22, 7.5.1976; Peter Iden: Die pessimistischen Rebellen.« In: *Frankfurter Rundschau*, 27.9.1977

3 Ernst Wendt: »Zum 80. Geburtstag von Bert Brecht.« Gesendet vom Hessischen Rundfunk, 10.2.1978

4 Bertolt Brecht: *Gesammelte Werke* in 20 Bänden. Frankfurt a. M. 1967, X, S. 942

5 Peter Iden: »Keine Zukunft für den armen B.B.?« In: *Frankfurter Rundschau*, 2.10.1978

6 Werner Mittenzwei: »Der Realismus-Streit um Brecht III.« In: *Sinn und Form*, Beiträge zur Literatur, Rütten & Loening, Berlin 1977, 2. Heft, S. 363 und 374
7 Peter Hacks in: *Theater der Zeit*, Berlin 1965
8 Peter Hacks, zitiert nach Mittenzwei, a. a. O., S. 362
9 Heiner Müller in: *Die Zeit*, Nr. 22, 24. 5. 1974
10 Friedrich Engels, zit. nach Klaus Völker, *Bertolt Brecht*. Eine Biographie, München 1976, S. 56
11 Vgl. beispielsweise Völker, a. a. O., S. 56/57
12 Bertolt Brecht: »Baal«. In: *Gesammelte Werke* Bd. 1, a. a. O., S. 3. Die im folgenden in Klammern angegebenen Seitenzahlen verweisen auf diese Ausgabe
13 Vgl. Baals Gespräch mit seinem Schüler Johannes, ebd., S. 11, 13
14 Vgl. die Geschichte des Bettlers, die ein Gleichnis auf Baal ist, ebd., S. 48
15 Karasek, a. a. O., S. 9
16 B. Brecht, *GW*, XVII, 947
17 B. Brecht: *Geschichten*, Suhrkamp 1962, S. 178
18 B. Brecht: *Tagebücher 1920–1922*, Suhrkamp-Verlag 1975
19 Karasek, a. a. O., S. 27
20 Vgl. Hamm, a. a. O.
21 E. Bloch: »Weimar als Schillers Abbiegung und Höhe.« In: *Literarische Aufsätze*, Suhrkamp 1965
22 Diese Abkühlung hat auch dort noch ihre Frostspur hinterlassen, wo der Poet und Lyriker Brecht zu uns spricht. In einer jüngst erschienenen Arbeit hat Peter von Matt auf die enorme Bedeutung der Kälte-Chiffre für die Brechtsche Poetik aufmerksam gemacht. Vgl. Peter von Matt: »Brecht und der Kälteschock.« Vortrag vor dem Kongreß der Internationalen Brecht-Gesellschaft in Montreal (3.–5. Oktober 1974)
23 Wie auch jüngst wieder Benjamin Henrichs in: *Die Zeit*, Nr. 20, 7. 5. 1976
24 Karasek, a. a. O., S. 67
25 von Matt, a. a. O.
26 Vgl. hierzu Völker, a. a. O., S. 144
27 Ruth Berlau: Aus dem Nachlaß, zit. nach: *Material Brecht-Kontradiktionen 1968–1976*, Broschüre aus Anlaß des 4. Kongresses

der Internationalen Brecht-Gesellschaft, vom 17. bis 20. Nov. 1976 in Austin, Texas

28 Vgl. hierzu Werner Mittenzwei: *Brechts Verhältnis zur Tradition*, Akademie-Verlag, Berlin 1972

29 B. Brecht, *GW* XVII, S. 964

30 B. Brecht, *GW*, IV, S. 1649

31 B. Brecht, *GW*, VIII, S. 261

32 E. Bloch: *Erbschaft dieser Zeit*, Frankfurt a. M. 1962, S. 149 und 153

33 Vgl. hierzu Hans Dieter Zimmermann: »Thesen zum Frankfurter Brecht-Kolloquium vom 28. 10. bis 30. 10. 1978«

34 B. Brecht: *Der aufhaltsame Aufstieg des Arturo Ui*, Edition Suhrkamp 144, S. 130/131

35 Erich Fromm: »Adolf Hitler. Ein klinischer Fall von Nekrophilie.« In: *Anatomie der menschlichen Destruktivität*, Deutsche Verlags-Anstalt, 1974, S. 355

36 Brecht, *Arturo Ui*, a. a. O., S. 130

37 Fromm, a. a. O., S. 367

38 Ebd., S. 368

39 Peter Hacks: »Literatur im Zeitalter der Wissenschaften.« In: *Die Maßgaben der Kunst, Gesammelte Aufsätze*, Claassen 1977, S. 54

40 Ebd., S. 55

41 Hartmut Lange auf dem Brecht-Kolloquium in Frankfurt vom 28. Oktober bis zum 30. Oktober 1978

42 Vgl. hierzu auch das Referat von Klaus Völker. »Der Kaukasische Kreidekreis.« Gehalten zum Brecht-Kolloquium in Frankfurt

43 Vgl. hierzu mein Buch: *Neurose und Klassenkampf*, 3. Teil: »Kapitalverwertung und psychische Verelendung«, Rowohlt 1973

44 Vgl. hierzu die vielen kritischen Bemerkungen Brechts zum Stalinismus, zum Russisch-Finnischen Krieg, zum Verfall der Dialektik usw. im Arbeitsjournal. Hg. von Werner Hecht, Suhrkamp 1975

45 B. Brecht, *GW*, XV, S. 149

46 B. Brecht, *GW*, XVII, S. 974

47 B. Brecht, *GW* V, S. 2179

48 B. Brecht, *GW* V, S. 2181

49 Vgl. Wolfgang Harich: *Jean Pauls Revolutionsdichtung*. Rowohlt 1975

50 Mittenzwei, a. a. O., Teil III, S. 357

51 B. Brecht: *Arbeitsjournal*, S. 166
52 B. Brecht: *GW*, XX, S. 66 ff.
53 B. Brecht: *Arbeitsjournal*, S. 180
54 Karl Marx: *MEW*, Bd. 26, S. III

Regietheater, Theater des Feuilletonismus oder: Das Drama findet nicht mehr statt

– Eine Polemik –

1. Das Theater als Novitäten-Karussell

Der Regisseur Adolf Dresen, Intendant des Frankfurter Schauspiels, hat vor seinem Amtsantritt in der »Deutschen Bühne« sein Unbehagen an der derzeitigen Theater-Kultur vehement formuliert. Das Dilemma des westdeutschen Theaters – so Dresen – bestehe darin, daß es sich nur noch um sich selber drehe, »nicht mehr um irgendeine Sache, die da bewegt wird«. Zu sich selbst aber könne das Theater nur kommen, wenn es über der Welt, die auf ihm verhandelt werde, das Theater vergesse. Statt dessen aber bestimme der Zwang zum Andersmachen als der Kollege XYZ das hiesige Theater, die inszenatorische Novität um ihrer selbst willen werde als ästhetischer Progreß, als »Avantgardismus« gefeiert. Die Kehrseite solchen Avantgardismus sei ganz natürlich »die Nostalgie: Zukunft und Vergangenheit, beide ihrer historischen Dimension beraubt«.[1]

Ernst Wendt, viele Jahre Redakteur von *Theater heute* und seit zehn Jahren selbst Inszenator, hat anläßlich seines Abschieds von den Münchner Kammerspielen eine Rede gehalten, in der er zu einem ähnlichen Resultat kommt wie Dresen: »Es ist aber, was wir in den Künsten betreiben, seit langem die Perfektionierung eines Systems der Austauschbarkeit von ästhetischen Spielmarken. Valeurs, Effekte, Reize und Anti-Valeurs, Anti-Effekte, Anti-Reize werden zu immer neuem Patch-Work aneinandergeflickt; da ist eine aleatorische Reihe möglich, wir brauchen deshalb keine Angst zu haben, daß das irgendwann aufhören könnte und statt der täglichen Simulation des Neuen entweder eine Besinnung auf den Nullstand der Gegenwart stattfände oder eine Besinnung und Wiedergewinnung von Qualitäten der Tradition, die imstande wären, den Modekreislauf zu durchbrechen. Ihm das künstliche Blut abzudrehen.«[2]

Ein so kritisches Fazit war von bundesrepublikanischen Theatermachern in leitender Position schon lange nicht mehr zu hören. Wenn schon etablierte Erfolgsregisseure wie Wendt und Dresen derart öffentliche Klage führen, dann muß am deutschen Theater allerhand faul sein. – In der Tat haben die beiden Regisseure die Symptome der aktuellen Theatermisere sehr treffend beschrieben, ohne allerdings ihre tieferen Ursachen zu analysieren. Im modernen Regietheater, wie es vor allem an den großen Häusern praktiziert wird, wird schon lange nicht mehr das Drama – als kritischer Spiegel des jeweiligen Weltzustandes – verhandelt, sondern vornehmlich die privatistischen Bedürfnisse, Vorlieben, Abneigungen, Marotten und Spleens einzelner Großregisseure, die um jeden Preis originell sein wollen oder müssen, um ihre Stellung am Markt zu behaupten; selbst um den Preis, daß das Stück dabei vor die Hunde geht. Vor allem die alten Dramen, die Prunkstücke des Repertoires, werden immer erbarmungsloser durch den Wolf des Regietheaters gedreht, wobei sie entweder bis zur Unkenntlichkeit entstellt oder aber per »Aktualisierung« auf den engen und öden Horizont des »Zeitgeistes« heruntergebracht, d. h. einplaniert werden.

So wurde kürzlich eine Inszenierung des *Kirschgartens,* in der Tschechows sensible und poetische Fin de siècle-Figuren genauso kalt und deprimiert daherkamen wie der im Parkett sitzende Großkritiker, als »besonders gelungene und zeitgemäße« Tschechow-Adaptation gefeiert. Daß der Regisseur hier mit dem Stück genauso verfährt wie dessen Hauptfigur, der Großbauer Lopachin mit dem Kirschgarten, den er einfach abholzen läßt, kam der Kritik nicht mehr zu Bewußtsein. Ein anderer Regisseur, der Gorkis *Nachtasyl* in einem U-Bahn-Schacht spielen und die – bei Gorki – immerhin noch vitalen und hitzigen Asylbewohner schließlich die Eiseskälte des Bühnen-Environs, d. h. des gekachelten Untergrundes, annehmen ließ, wurde gleichfalls für seinen »modernen und zeitgemäßen Blick« auf den russischen Klassiker hochgelobt. »Modernisierung« am westdeutschen Regietheater bedeutet in der Regel: den humanen und poetischen Gehalt der alten Stücke zu liquidieren, indem deren Lebensgefühl dem antarktischen Klima der westdeutschen Kulturzone angepaßt wird. »Aktualisierung« der Klassiker heißt heute, diese möglichst tiefgekühlt dem Publikum zu servieren.

Eine andere, ebenso verbreitete Form der Entsubstantialisierung des Dramas besteht darin, dessen kritischen oder subversiven Gehalt dem persönlichen Imponiergehabe progressistischer Regie-Giganten aufzuopfern. Ein Regisseur beispielsweise, der ein kritisches Stück über die Geschichte des Preußentums drei Stunden lang in einem »Wasserbad« spielen läßt, findet hierzulande genügend Kritiker, die dieser Übung im kollektiven Freischwimmen noch einen tieferen geschichtsphilosophischen »Sinn« abzutrotzen wissen. Ein Regisseur, der dreist genug ist, den Chor einer griechischen Tragödie auf einen Ein-Mann-Chor zu reduzieren und diesen mit dem Kopf nach unten an einem Seil aufzuhängen, das aus dem Schnürboden kommt, darf sicher sein, daß die Theaterkritiker seinem »genialen Einfall« seitenlange Besprechungen widmen. Ein Star-Regisseur, der uns Shakespeares *King Lear* in Unterhosen präsentiert oder die Geschichte des »Dritten Reiches« als multimediale Sex- und Porno-Show inszeniert (weil die Nazis »so sexy« sind), bekommt hierzulande nicht nur millionenschwere Subventionen, sondern auch noch respektvolle Kritiken. Wenn das verbrecherischste System dieses Jahrhunderts, das »Dritte Reich«, nicht mehr als geschichtlicher Skandal, der auf dem Theater zu verhandeln wäre, sondern nur noch als ästhetisches und Revue-Material interessiert, dann haben wir hier den Gipfel des modernen Regietheaters erreicht: Vergangenheit und Zukunft, beide ihrer historischen Dimension beraubt. Statt dessen Nostalgie in ihrer reaktionärsten Form.

Das moderne Regietheater hat die klassische Schaubühne längst in eine theatralische Dependance desselben kapitalistischen Novitäten-Karussells verwandelt, das wir tagtäglich in den Supermärkten und Kaufhäusern rotieren sehen. Seine von Dresen und Wendt beklagten Auswüchse sind allerdings das fast zwangsläufige Resultat einer Verkehrsform, die auf der privaten Aneignung gesellschaftlicher Produktion basiert. Wie in der kapitalistischen Industrie sich der Eigner der Produktion gesellschaftliche Arbeit, nämlich das fertige Produkt, aneignet, so eignen sich die Verfüger über das Produktionsmittel Theater, sprich: die Regisseure und Intendanten, das Drama aller Jahrhunderte *privat* an. Und niemand, weder die Schauspieler noch das Publikum, am wenigsten der Dramenschreiber, kann etwas daran ändern. Ob das fertige Produkt noch einen Gebrauchswert, d.h. einen ästhetischen oder Erkenntniswert für das Publikum hat, das interessiert die Intendanten und Regisseure im Prinzip so wenig, wie es einen Schuhfabrikanten interessiert, ob seine Schuhe nach einem halben Jahr aus dem Leim gehen. Im Unterschied zu letzterem aber, dessen Schuhe – Verschleiß hin, Verschleiß her – noch eine minimale Haltbarkeit bewähren müssen, wenn sie sich verkaufen sollen, sind die Theaterproduzenten selbst dieser letzten Rücksichten enthoben. Sie können es sich leisten, Produkte herzustellen, die gänzlich ohne Gebrauchswert sind; und wenn das Publikum ausbleibt, wird das Loch in der Kasse eben durch Subvention gestopft. Hier werden die Nachteile unseres Staats- und Stadttheatersystems offenkundig, das ja, was seine öffentliche Bezuschussung betrifft, in der Welt einzig dasteht. Aber da, infolge der hohen Subventionierung, auch der Angebot-Nachfrage-Mechanismus außer Kraft gesetzt ist und unsere Theater vom zahlenden Publikum weitgehend unabhängig sind, können sie es sich leisten, im eigenen Saft zu schmoren, d.h. Stücke und Inszenierungen auf die Bretter zu bringen, die, außer das

Feuilleton und die Kulturschickeria, eigentlich niemanden interessieren.

Wenn Herrn Neuenfels zum Beispiel das Gelüst anfiele, Kleists *Penthesilea* – statt wie früher im matten Abglanz von Polyester – in einer schimmernden Glaskugel zu inszenieren, oder Herr Grüber auf den Spleen verfiele, Hölderlins *Hyperion* – statt auf dem stillgelegten Berliner Anhalter Bahnhof – auf der Verladerampe des Hamburger Hafens zu inszenieren, wobei die blinkenden Leuchttürme dieser forensischen Kulisse das nötige Rampenlicht lieferten – wer würde sie im Ernst daran hindern? Und selbst wenn derartige Inszenierungen ein Verlustgeschäft werden, so geht es den Inszenatoren noch lange nicht an den Kragen. Denn wie der moderne Sozialstaat die Verlustgeschäfte der freien Wirtschaft nach dem Motto ausgleicht: Gewinne werden privatisiert, Schulden sozialisiert, so fungiert auch unser Staats- und Stadttheater als Subventionsbetrieb der zügellosen Launen seiner Regie-Divas.

So sehr Künstler und Theatermacher heute gehalten sind, die im Grundgesetz verankerte »Freiheit der Kunst« gegen alle Anschläge seitens der Kultur- und Ministerial-Bürokratien zu verteidigen, so darf andererseits nicht übersehen werden, daß die »Freiheit der Kunstausübung« oft nur noch eine liberale Bemäntelung dessen darstellt, was im Klartext, d. h. in der Praxis des heutigen Regietheaters, heißt: private Aneignung eines gesellschaftlichen Produkts, des Dramas. Mithin: vollständige Verfügung über dieses Produkt, einschließlich seiner willkürlichen Entstellung und Verstümmelung nach dem Gutdünken des Regisseurs. Und je privater, sprich: launischer, willkürlicher, exzentrischer, spleeniger usw. er mit ihm umspringt, desto »genialer« erscheint er zumeist in der Sicht in der Kritik, desto höher klettert sein »Marktwert«.

2. Mißbrauch und Krise der künstlerischen Mitbestimmung

Im Schub der Achtundsechziger-Revolte und ihren Nachwehen an den Bühnen geriet das Regietheater zunehmend in Mißkredit und wurde nicht selten von denen, die es auszubaden hatten, einer öffentlichen Kritik unterzogen: von Schauspielern, Dramaturgen und Theaterautoren, die es leid waren, alle zwei Monate nach einer anderen Pfeife tanzen zu müssen, Wachs in den Händen eines selbsternannten Regie-Gottes zu sein oder ihr eigenes Stück auf der Bühne nicht mehr wiederzuerkennen. In der Folge wurden an einigen deutschsprachigen Bühnen die künstlerische Mitsprache und Mitbestimmung eingeführt, die als sachliches und demokratisches Korrektiv gegen den Originalitätswahn und die ästhetische Willkürherrschaft der Regie-Statthalter gedacht waren. Tatsächlich nahm das deutsche Theater, unterm Banner der Mitbestimmung, einen neuen Aufschwung, und es entstanden damals viele gehaltvolle Inszenierungen, die sich nicht nur durch eine neue Qualität des Ensemble-Spiels, sondern auch durch mehr stückbezogene Sachlichkeit und inhaltliche Relevanz auszeichneten. Auch die epochemachenden Aufführungen der Berliner »Schaubühne am Halleschen Ufer« in den späten sechziger und frühen siebziger Jahren verdankten sich keineswegs nur dem inszenatorischen Genie Peter Steins, sondern auch – und nicht zuletzt – einem Ensemble, das in den künstlerischen Entscheidungsprozeß weitgehend einbezogen wurde und, bis zu einem gewissen Grade, Theaterdemokratie praktizierte.

Freilich war im gleichen Atemzuge auch die gegenteilige Entwicklung zu beobachten: daß infolge einer vulgär gehandhabten künstlerischen Mitsprache, die oft darauf hinauslief, über heikle ästhetische und inszenatorische Fragen per Handzeichen zu entscheiden, die Qualität der Aufführungen sank. Viele Köche verderben bekanntlich den Brei, und eine Inszenierung wird nicht schon dadurch besser, daß jeder Schauspieler sich

auch als Regisseur versteht. Ein falsch verstandener Demokratismus und Egalitarismus in der Kunst führt nur zu schlechten Kompromissen und zum ästhetischen Mittelmaß. Manche mitbestimmten Theater der siebziger Jahre, wie zum Beispiel das Schauspiel Frankfurt in der Palitsch-Ära, sind in solchen linken Kinderkrankheiten steckengeblieben und haben, nach anfänglich sehr guten und interessanten Aufführungen, durch ihren fortschreitenden Niveauverlust der Restauration des alten Regietheaters wider Willen Vorschub geleistet.
Auch wurde die künstlerische Mitbestimmung oft von solchen Regisseuren praktiziert, die aus ihrer eigenen Führungsschwäche eine demokratische oder antiautoritäre Tugend machten – und mit denen dann die vom Regietheater erst geduckten, nunmehr losgelassenen Schauspieler gewöhnlich Schlitten fuhren. Das Ergebnis waren chaotische Produktionen, die zumeist keine individuelle Handschrift, keinen Stil mehr erkennen ließen. Dann gab es unter den »progressiven« Regisseuren der siebziger Jahre nicht wenige, die in der künstlerischen Mitbestimmung kein emanzipatorisches Instrument für die Schauspieler, sondern nur ein Mittel der ästhetischen Produktivitätssteigerung sahen – vergleichbar jenen cleveren Managern kapitalistischer Großbetriebe, die die »Selbsttätigkeit« und Eigeninitiative ihrer »Mitarbeiter« nur deshalb ankurbeln, um den Output des Betriebes, d. h. seinen Profit, zu steigern. Solche Regisseure ließen nicht selten die kollektive Phantasie eines Ensembles für sich arbeiten, ohne indessen ihr Image, ihren angesehenen Status als künstlerische Alleinunternehmer auch nach außen hin in Frage zu stellen. Im Falle eines Erfolges heimsten sie die Lorbeeren ein, ohne den Anteil ihrer Mitarbeiter an der ihnen allein zugeschriebenen ästhetischen Leistung auch in der Öffentlichkeit herauszustellen. Dies wäre aber dringend nötig gewesen, um die künstlerische Mitsprache und Mitbestimmung auch im Kulturbetrieb salonfähig zu machen. Denn für die etablierte Theaterkritik gilt es ohnehin als ausgemacht, daß ein Ensemble, eine Gruppe, ein Kollektiv niemals der Schöpfer ei-

nes Kunstwerkes sein kann, sondern daß sich dieses einzig und allein dem Ingenium eines »großen Einzelnen«, sprich: eines begnadeten Regisseurs verdankt. – Im Fall eines Mißerfolges aber konnte man oft den gegenteiligen Vorgang beobachten: daß das mitbestimmende Ensemble seinen »künstlerischen Koordinator« rückwirkend wieder zum Regisseur deklarierte, dem man die Alleinverantwortung für das Fiasko zuschieben konnte. Beide Mechanismen – sowohl die private Ausbeutung einer Ensembleleistung durch den (Star-)Regisseur als auch die kollektive Schuldzuweisung an denjenigen, der im Programmheft für die Inszenierung verantwortlich zeichnete – haben die künstlerische Mitbestimmung inzwischen auch bei vielen Theatermachern in Verruf gebracht. Wozu sich den Kopf des Regisseurs zerbrechen, wenn dieser am Ende doch als der »alleinige Macher« dasteht? Und wozu die eigene Regiekompetenz freiwillig beschneiden, wenn die zu gleichberechtigten »Mitarbeitern« ernannten Schauspieler sich zuletzt doch vor der Mitverantwortung drücken?
Das heißt freilich nicht, daß sich das Modell künstlerischer Mitsprache und Mitbestimmung, das mir nach wie vor das einzig wirksame Korrektiv gegen die verheerenden Auswüchse des Regietheaters zu sein scheint, historisch überlebt oder für alle Zeiten desavouiert habe. Desavouiert hat sich einzig und allein die vulgäre, demokratistische Handhabung und der Mißbrauch dieses Modells durch solistische und erfolgssüchtige Regisseure und Schauspieler.

3. Der Autor als schwächstes Glied und Textlieferant für ein aufgeblähtes Regietheater

Was bedeutet die seit Mitte der siebziger Jahre wieder restaurierte Macht des Regietheaters für den aktuellen Dramenschreiber, den Autor von heute?
Zunächst ist klar, daß unsere Theater, aufgrund ihrer hohen Subventionierung, die sie vom Zuspruch wie von der Zahlungs-

kraft des Publikums weitgehend unabhängig macht, gar nicht darauf angewiesen sind, die Stücke neuer Autoren zu spielen. Lieber auf Nummer Sicher gehen, und das heißt im Zweifelsfall: aufs Repertoire bauen! Lieber die hundertfünfzigste Version von Schillers *Räubern* – vielleicht diesmal mit Franz Moor in Punk-Maske – oder die dreihundertsechsundfünfzigste Version von Shakespeares *Hamlet* spielen – vielleicht diesmal den Titelhelden als Transvestiten anlegen! –, als das Risiko eines neuen Stückes auf sich nehmen: So heißt die landauf, landab gebräuchliche Devise aller Spielplanpolitik.

Dem scheint zu widersprechen, daß die Zahl der Uraufführungen an den deutschsprachigen Bühnen in den letzten Jahren zugenommen hat. Tatsächlich gibt es einige Bühnen, wie z. B. das Schauspielhaus Bochum unter Claus Peymann, die sich als Uraufführungstheater einen Namen gemacht haben. Doch sieht man genauer hin, sind es zumeist die Stücke der längst durchgesetzten und trendkonformen Autoren wie Thomas Bernhard oder Heiner Müller, die hier zur Uraufführung gelangen. Unbekanntere Theaterautoren, zumal solche, die nicht auf dem Trend liegen, kommen auch in Bochum nur ganz selten zum Zuge. Auch scheint es jenen Bühnen, die gerne auf die stolze Zahl ihrer Uraufführungen verweisen, weniger um die Förderung wichtiger neuer Autoren als vielmehr um die Inszenierung des Uraufführungsrummels zu gehen, für den der Autor bloß den Anlaß, sprich: die Textvorlage hergibt. Ist die Uraufführung vorbei, der dazugehörige Presserummel abgeklungen, verschwinden Stück und Autor wieder in der Versenkung. Eine Kontinuität in der Zusammenarbeit zwischen dem »geförderten« Autor und der Uraufführungsbühne gibt es nur in ganz seltenen Fällen. Es ist klar, daß ohne eine solche Kontinuität auch kein neues Drama entstehen kann.

Daß die Theater an neuen Stücken und Autoren um der schieren Novität, weniger um ihres Gehalts, ihres Anliegens willen interessiert sind, beweist die katastrophale Praxis des Nachspielens. Ich kenne – und hier spreche ich auch in eigener Sache –

etliche Autoren, die nicht nur wichtige neue Stücke geschrieben, sondern auch eine erfolgreiche Uraufführung ihrer Stücke erlebt haben. Trotzdem werden sie nicht nachgespielt. Und warum nicht? Entweder weil sie das »Pech« hatten, auf einer Provinzbühne uraufgeführt zu werden – und welche größere Bühne hierzulande spielt der Provinz schon ein Stück nach, selbst wenn es ein gutes und wichtiges Stück ist? Das würde ja dem Eingeständnis gleichkommen, daß die Provinz womöglich fortgeschrittener ist als das Theater der Metropole! – oder weil sie »nur« einen Publikumserfolg, nicht aber auch einen Kritikererfolg zu verzeichnen hatten. Und bekanntlich hat der Pressespiegel hierzulande einen größeren Einfluß auf die Spielplangestaltung als die Stimme des Publikums.
Wenn der aktuelle Dramenschreiber überhaupt das Glück hat, uraufgeführt zu werden, dann muß er sich in der Regel den privatistischen Anwandlungen und Eitelkeiten der Regisseure unterwerfen. Überwindet er sich, unterwirft er sich samt seinem Produkt, dann kann er leben. Ist er aber naiv oder redlich genug, ein Produkt herzustellen, das einen gesellschaftlichen Gebrauchswert hat, d. h. ein Drama zu schreiben, das weder auf die höchstpersönlichen Launen, Vorlieben, ästhetischen Valeurs etc. der Theaterregisseure noch auf die saisonbedingten Moden zugeschnitten ist, dann wird er kaum reüssieren. Ein immerhin nicht erfolgloser Bühnenautor wie Thomas Brasch hat seine Erfahrungen mit der westdeutschen Theaterszene so beschrieben: »Theaterautoren in diesem Land müssen, wenn sie Erfolg haben wollen, und damit meine ich zunächst, um in den Genuß gesellschaftlicher Auseinandersetzung zu kommen, theoretisch wie Staubsaugervertreter herumfahren und ihre Sache anbieten. Punkt eins. Punkt zwei, was sie tun müssen, ist, streng darauf zu achten, die Eitelkeit von Regisseuren, die hier wichtiger und höher gehandelt werden als die Leute, die Stücke schreiben oder spielen, nicht zu verletzen. Das heißt, ihnen so oft und so viel wie möglich in den Arsch kriechen. Wo immer diese Leute politisch stehen, das ist völlig uninteressant, sie ha-

ben das deutsche Theater zu einer Anstalt dummer Eitelkeiten gemacht. Und da schließe ich fast alle ein, auch wenn sie sich noch so links und außerdordentlich gebärden. Die Regisseure sind die Verhinderer einer wirklichen Veranstaltung, die zwischen Schauspielern und Theaterschriftstellern, die die wichtigsten Leute im Theater sind, stattfinden könnte.«[3]

Hinzu kommt, daß der Dramenschreiber nicht nur seines Reproduktionsmittels beraubt, ohne Einfluß auf die Bühne und die Spielplangestaltung, sondern auch noch von aller Subvention ausgeschlossen ist. Hartmut Lange: »Der Theaterproduzent, der bei freiem Verkauf, beim puren Austausch Theaterabend gegen Eintrittsgeld, längst seine Existenz aufgegeben hätte, wird vom Staat, von der Stadt an seiner Agonie gehindert. Der aktuelle Dramenschreiber aber, der vom Gnadenbrot, von der Spielplanpolitik der Theaterproduzenten abhängig ist, muß diese Abhängigkeit auch noch mit dem ganzen Risiko, mit der Chancenlosigkeit der ›Freien Marktwirtschaft‹ erkaufen ... Er verelendet doppelt: Er verliert seinen Einfluß auf die Reproduktion seiner Arbeit, und seine Tantieme schrumpft von Jahr zu Jahr. Er bekommt Tantieme nur von der freiverkauften Karte. Der Dramenschreiber stirbt also stellvertretend für das Theater, das seinen eigenen Tod zweifach an ihm vollzieht: Es enthält ihm die Subvention vor, die den Rückgang des freien Verkaufs ausgleicht, läßt ihn aber am Rückgang des freien Verkaufs voll partizipieren. Vollzieht das Theater den eigenen Tod, der durch Subvention verhindert werden soll, am Dramenschreiber, dann stirbt das Theater ebenso, und zwar mit der vollen Schönheit seiner Subvention. Sicherstes Indiz für die Agonie des Theaters ist das Regietheater.«[4]

Die Sache ist einfach: Wer vom Dramenschreiben nicht leben kann, wird auch keine Dramen mehr schreiben. Wer aber heute vom Dramenschreiben leben kann, schreibt meistens keine Dramen mehr, sondern liefert nur noch »Vorlagen«, sprachliches Rohmaterial, das sich unter den Midashänden der Regie dann gewöhnlich in Blattgold verwandelt. Mit anderen Worten:

Die Texte der zeitgenössischen Theaterautoren werden immer dünner, die Inszenierungen dieser Texte dagegen immer üppiger und ausschweifender. Ob ein Theaterstück heute Erfolg hat, hängt immer weniger von der literarischen oder dramatischen Qualität des Textes, vielmehr von der Opulenz und Extravaganz der Inszenierung, d. h. von seiner Verpackung, ab. Es ist wie mit den Jogurthbechern: Vierzig Prozent der Herstellungskosten entfallen auf den Inhalt, auf das eßbare Substrat, sechzig Prozent der Kosten dagegen auf die Verpackung. So konnte etwa ein lyrisches Feature von Thomas Brasch über den expressionistischen Dramatiker Georg Heym dadurch zu einem bundesdeutschen »Theaterereignis« werden, daß die Regisseure die Bochumer Raumbühne als große Eiskunstlauf-Bahn arrangierten und die schlittschuhlaufenden Schauspieler über die Löcher im Braschschen Text elegant hinwegschlittern ließen. Oder die *Hamletmaschine*, ein sieben Seiten langer Text von Heiner Müller, wurde dadurch zu einem abendfüllenden »Drama«, zu einem symbolischen Staatsbegräbnis des Autors aufpoliert, daß Ophelia in die Tiefsee verpflanzt wurde und die Zuschauer Gelegenheit hatten, die Protagonistin eine geschlagene Stunde im Bühnen-Aquarium herumrobben zu sehen. Je mehr der eigentliche Bühnentext schrumpft, um so dicker und umfangreicher werden in der Regel die Programmhefte, gleichsam als redaktionelle Entschädigung des Publikums für das schwindsüchtige Stück. Der jüngste Theatertext von Heiner Müller *Verkommenes Ufer*, eine dramatische Short-Story von zwölf Seiten über den antiken Jason-Medea-Stoff, wurde bei der Bochumer Uraufführung durch ein Programmheft flankiert, das – sage und schreibe – vierhundertneunzig Seiten umfaßte.
Wie man sieht, haben die Gesetze unserer kapitalistischen Waren- und Wegwerfkultur längst auch die Sphäre der Theaterproduktion eingeholt und korrumpiert. Wie in der übrigen Warenwelt muß der zunehmende Gebrauchswertschwund der dramatischen Produkte durch warenästhetische Verpackungskünste, d. h. durch inszenatorische Schaumschlägerei, Ausstattungs--

Orgien und durch immer umfangreichere Publik-Relation-Aktionen in Form aufgeblähter Programmhefte kompensiert werden. So sagte mir neulich ein bekannter Theaterautor in vollem Ernst, er schreibe überhaupt nur noch Zwanzig- bis Dreißig-Minuten-Stücke. Wozu noch längere Stücke schreiben, wenn die Herren Regisseure einen Zweistunden-Text ohnehin auf eine halbe Stunde zusammenstreichen, um ihn dann durch ihre höchstpersönlichen Regie-Fürze auf einen zweistündigen Theaterabend aufzublähen? Der Mann wird wahrscheinlich kein Drama mehr schreiben, dafür hat er den »Geist« des heutigen Theaters begriffen!

4. Rückkehr zum Drama oder konservative Kehrtwende?

Der marktschreierischen Innovationswelle der siebziger Jahre, die das alte Drama unter sich begrub und das neue gar nicht erst hochkommen ließ, folgt nun, so scheint es, die Immanenzwelle auf dem Fuß. Nachdem die Herren Regisseure die alten Werke bis zur Unkenntlichkeit entstellt oder als bloße Materialvorlage für ihre inszenatorischen Profilierungsneurosen benutzt haben, wollen einige von ihnen sich nun wieder in den »Dienst des Dramas« stellen und seinen »reinen«, seinen »ursprünglichen« Gehalt zum Vorschein bringen. »Zurück in die Kunst«, »Rekonstruktion des Theaters«, »Theater der Erinnerung«, »Theater des Wiedersehens« – so lauten die neuen Fremdbegriffe für das Theater der achtziger Jahre, wenn man Günther Rühle im Jahrbuch der Zeitschrift *Theater heute* von 1983 glauben darf. Der theatralischen Ausschweifungen und inszenatorischen Orgien überdrüssig, legen die Regisseure nun wieder das Mönchsgewand der frommen Entsagung an. Nach dem Faschingszug nun also die Aschermittwochstimmung. Nach all der eitlen Effekthascherei und dem Innovations-Zirkus, den man uns jahrelang als »Avantgardismus« verkauft hat, nun also die nostalgische Rückbesinnung auf die Tradition, der quasi-religiöse Purismus der werkgetreuen Interpretation.

Man kann die Sache freilich auch so sehen: Die Regisseure und Bühnenbilder, die bislang aus vollen Etats geschöpft haben, müssen nun, angesichts stetig schrumpfender Subventionen, den Gürtel enger schnallen. Der neue ästhetische Reduktionismus, der uns den »Weg zurück in die Kunst« weisen soll, macht aus der Finanzkrise, in die das subventionierte Stadt- und Staatstheater geraten ist, nur eine feine künstlerische Tugend. Der Rotstift, der die derzeitigen Theateretats zusammenstreicht, wird zum stilgebenden Wegweiser verklärt. Und es macht sich immer gut, wenn diese ästhetische Sparbrötchen-Politik samt höherer Sinngebung von berufener Seite vorexerziert wird.
Ist es Zufall oder »tragische Ironie«, daß ausgerechnet Klaus Michael Grübers *Faust*-Inszenierung von 1982, in der nicht nur der Bühnenbildner und alle inszenatorischen Zutaten (mit Ausnahme des Theatervorhangs) eingespart, sondern auch all jene Szenen und Textstellen ausgespart wurden, in denen sich noch Goethesche Lebens- und Sinnenlust manifestierte (Auerbachs Keller, Walpurgisnacht u.a.) – daß ausgerechnet dieses zum Skelett abgemagerte Stück von den maßgeblichen Theaterkritikern, allen voran Günther Rühle, als beispielgebend für das Theater der achtziger Jahre gefeiert wurde? Das dazu passende Lebens- bzw. Zeitgefühl hat uns der Regisseur gleich mitgeliefert, indem er das Goethsche Theatrum mundi, in dem lebensbejahende und lebensverneinende Kräfte im Widerspruch liegen, auf ein einziges trübes Alters- und Sterbeszenarium, auf den monotonen Abgesang eines wehleidigen Tattergreises namens »Faust« reduziert hat. Und diese zynische Einplanierung eines großen Stücks, seine ästhetische Gleichschaltung mit dem morbiden Zeitgeist wird uns nun als allerneueste Offenbarung, ja, geradezu als Regie-Großtat angepriesen!
Desgleichen Grübers *Hamlet*-Inszenierung, die als zweite »Setzung für das Theater der achtziger Jahre« apostrophiert wurde. Sie kommt zwar wieder opulenter daher als seine *Faust*-Inszenierung – offenbar hat Grüber seinen ästhetischen Hungerstreik nicht lange durchgehalten –; doch nun ist es wieder die

Opulenz, die Pracht und Festlichkeit des alten Hof- und Staatstheaterstils, der uns den »eigentlichen Gehalt« des Shakespeareschen Werkes, »unbefleckt von modischen Zutaten«, offerieren will. Was hier als Absage an die Eitelkeiten des modernen Regietheaters gelten will, ist in Wirklichkeit ein ästhetischer Rückfall in den konventionellen, steifen und verstaubten Theaterstil der fünfziger Jahre, wo Hamlet mit hoheitsvollen Gebärden, melodramatischer Stimme und natürlich immer in Rampenposition die deutschen Bildungsbürger das Frösteln und Fürchten lehrte. Daß nicht nur im Staate Dänemark, sondern auch in der Bundesrepublik Deutschland »etwas faul« sei – dieser Gedanke war ihnen, bei so viel Pathos und Festlichkeit, schon damals vergangen. »Einschüchterung durch Klassizität« (B. Brecht) – das ist das neue alte Rezept der Grüberschen Hamlet-Inszenierung, eine zutiefst bourgoise Ästhetik, die nun ausgerechnet von der Berliner Schaubühne, dieser einstigen, grandiosen Avantgarde des deutschen Theaters, wieder in großem Stil restauriert wird. Auf dem gefeierten Weg vom Halleschen Ufer zum Lehniner Platz, vom bescheiden subventionierten Privattheater zum hochsubventionierten Berliner Staatstheater hat Peter Steins Schaubühne mehr als bloß sein Protest-Image eingebüßt. Ihr wurden auf sozialdemokratisch behutsame Weise die Zähne gezogen. Von der Kunst als Waffe zur Kunst als Waffel – so könnte man ihren Karriere-Weg überschreiben.

Es entbehrt übrigens nicht der Ironie, daß ausgerechnet Peter Zadek, der wohl skrupelloseste Abdecker und Bilderstürmer der sechziger und siebziger Jahre, nun – zusammen mit Klaus Michael Grüber – zum Vorreiter des neuen ästhetischen Rekonstruktivismus wird. Seine Bekehrung vom blasphemischen Saulus der deutschen Regieszene zum lammfrommen Saulus der werkgetreuen Interpretation kommt mir vor wie eine konjunkturbedingte Schmierenkomödie. Schien Zadek jahrelang von dem zwanghaften Trieb besessen, jedes alte Stück, vornehmlich Shakespeare-Dramen, ihrer poetischen Unschuld zu berauben und zu verboulevardisieren, so ist sein neuerlicher Umgang mit den alten Meistern, wie seine hochgerühmte Münchner Inszenierung von Ibsens *Baumeister Solneß* zeigt, von einer geradezu esoterischen Keuschheit. Nun liegt der alte Lüstling vor seiner wiederentdeckten Kunstschönen förmlich auf dem Bauch und läßt sie so »unberührt« und »unbefleckt« die Bühne betreten, daß man als Zuschauer fast geneigt ist, sein Knie zu beugen. Nach der ästhetischen Vergewaltigung nun wieder die Heiligsprechung, die stupide Versäulung der alten Meister und der Regisseur, wie gehabt, als Hohepriester der Kunst. Rückkehr zum Drama oder konservative Kehrtwende – das ist hier die Frage! Im übrigen bezweifle ich sehr, ob der neue ästhetische Rekonstruktivismus zu einer echten »Rückbesinnung und Wiedergewinnung von Qualitäten der Tradition« führt, wie Ernst Wendt fordert. Viel wahrscheinlicher scheint mir, daß es sich bloß um eine neue Theatermasche, eine Nostalgie-Masche handelt, die ebenso rasch vermarktet und abgelegt wird wie alle Maschen davor.

5. Das Theater des Feuilletonismus

Der eigentliche Skandal unseres hochsubventionierten Theatersystems besteht darin, daß es von den Steuermillionen der Kommunen und Länder zwar lebt, d. h. von *allen* Bürgern mitfinanziert wird, letztlich aber zur ästhetischen Bedürfnisanstalt einer minoritären Bevölkerungsschicht degeneriert ist. Diese repräsentiert noch nicht einmal *das* Bildungsbürgertum in seiner Gesamtheit, sondern nur dessen desolateste Fraktion, die, von Zeitungen und Feuilletons unterstützt, die Schaubühne derzeit vornehmlich zur Ausstellung ihres morbiden Lebensgefühls benutzt. Von der öffentlichen Hand wie nirgendwo sonst auf der Welt subventioniert, hat jene gleichwohl längst aufgehört, Ort der *öffentlichen* Auseinandersetzung über die großen Themen der Epoche zu sein. Hierzu noch einmal Thomas

Brasch: »Der Kulturbetrieb will gar nicht die wirkliche Auseinandersetzung über die öffentlichen Angelegenheiten, eine phantasievolle, widerspruchsvolle Erweiterung öffentlichen Bewußtseins, sondern der Kulturbetrieb will, diktiert von Zeitungen oder Feuilletons, daß ›Emilia Galotti‹ in Turnhosen gespielt wird oder daß der Kritiker so pfiffig ist, herauszufinden, warum da hinten ein Herz an die Wand genagelt ist ... Ich glaube, das Theater könnte sich hier möglicherweise erholen, wenn es zwei Jahre lang keine Rezensionen gäbe. Das halte ich dann schon für möglich, daß die Maßstäbe aus den Bedürfnissen der Ensembles und der Zuschauer kommen und nicht aus den Bedürfnissen von herumreisenden Voyeuren.«[5]

Das wirkliche Drama sucht sich die Zeit anzueignen, indem es sie vorauseilend durchdringt und auf den poetischen Begriff bringt. Das derzeitige Theater dagegen sucht sich der Zeit anzuhängen und bringt es bloß auf feuilletonistische oder journalistische Kürzel. Jenes sucht die Konfrontation mit dem herrschenden »Zeitgeist«, welcher – nach Goethe – immer der »Herren eigener Geist« ist, dieses jedoch ist auf der permanenten Suche nach dem »Zeitstück«, d. h. nach demjenigen Text, der am meisten Zeitgeist enthält. Und wie der zu sprechen hat, darüber entscheidet letztlich der Geist der Journaille, der heute mit dem Bewußtsein unserer Theatermacher auf erschreckende Weise gleichgeschaltet ist. Seit einem Jahrzehnt erleben wir den triumphalen Einzug der derzeitigen Feuilleton-»Kultur« – mitsamt ihren weltschmerzlichen Posen, ihren depressiven Abgesängen und ihrem apokalyptischen Wehgeschrei – in das deutsche Gegenwarts-»Drama«, zu dessen stilgebendem Prinzip jene ideologische Aschermittwochstimmung geworden ist, in die die Fortschrittsideologien der frühen siebziger Jahre umgeschlagen sind. Nicht zufällig wurde gerade das poröseste und desolateste Stück von Botho Strauß, nämlich *Groß und Klein*, zum »Stück des Jahres« gekürt: fungieren die Figuren darin doch nur mehr als dramaturgische Stichwortlieferanten für jenes Klima von Verfall und Hoffnungslosigkeit, über das die

Herren der Feuilletons spontan in Jubel ausbrechen, wo immer sie es, in schöne Worte und Bilder gefaßt, antreffen. Wie es in den deutschen Blätterwald hineinruft, so schallt es mittlerweile aus dem Gegenwarts-»Drama« heraus.

Die Folge dieser Mesalliance zwischen dem zeitgenössischen Feuilletonismus und »seinem« Theater ist, daß ihm – und seinen Figuren – die Dialektik, dieses innere Gestaltungsprinzip echter Dramatik – fast vollständig ausgetrieben wurde. Man erinnere sich nur des ungeteilten Jubels, mit dem Botho Strauß' Absage an die Dialektik (in *Paare Passanten*) vom deutschen Feuilleton aufgenommen wurde. Kein Wunder also, daß im deutschen Gegenwarts-»Drama« *Menschen* mit all ihren *Widersprüchen* kaum mehr vorkommen, statt dessen Menschen-Attrappen, mehr oder weniger beredte Träger von Zeitgefühl, die unseren Feuilletonisten wieder einmal das Stichwort liefern. Dem entspricht eine Technik des Erzählens, die über das Episodenhaft-Fragmentarische kaum mehr hinauskommt. Das heißt: Die Leiden und Schicksale der Menschen mitsamt ihren »gescheiterten Beziehungen« werden nur noch en passant gestreift und versinken gewöhnlich im Nebel eines dumpf-unglücklichen Lebensgefühls, das keines klaren Gedankens, keiner Erkenntnis in die Ursachen der Angst und Depression mehr fähig ist, so daß das Scheitern als unentrinnbares Schicksal, als neuzeitliches Fatum erscheint, das über allen menschlichen Beziehungen steht. Rien ne vas plus – das ist die einzige, die ewig wiederkehrende Botschaft heutiger »Dramatik«, die vom Feuilleton wie eine Gebetsmühle breitgetreten wird. An den Grund der zeitgenössischen Depression zu rühren und ihn *aufzurühren*, den sozialen und psychologischen Kausalnexus wieder sichtbar zu machen, in den die Menschen eingebunden sind, kurzum: die *Veränderbarkeit* menschlicher und sozialer Verhältnisse darzustellen, ist schon längst kein Anliegen mehr der heute tonangebenden Theaterschriftsteller und Regisseure. Im Gegenteil: der herrschenden *Theater heute*-Kultur gilt ein Stück um so tiefgründiger, je mehr Trübsal es bläst, um so kostbarer, je hoffnungsloser seine Botschaft ist, und um so wahrhaftiger, je depressiver der Blick des Autors auf seine Figuren ist. Vergeblichkeit, Hoffnungslosigkeit und der »mitleidslose Blick« – das sind die erhabensten, und schon fast die einzigen Kategorien derzeitiger Theaterkritik.

Wenn uns daher Günther Rühle verspricht, daß »der Weg zurück in die Kunst eine Rekonstruktion des Theaters in allen seinen Teilen« mit sich bringen wird, dann frage ich mich, worauf er seine frommen Hoffnungen auf eine Rehumanisierung des Theaters eigentlich gründet. »Spielen und teilnehmen zu lassen an Menschen: das kann neben der Liebe nur die Kunst.«[6] Schön wär's! Für Lessing, dessen *Hamburger Dramaturgie* zur Pflichtlektüre aller deutschen Theaterkritiker gemacht werden sollte, galten Teilnahme und Mitleidsfähigkeit noch als *die* humanen Tugenden schlechthin, die auszubilden er auch der dramatischen Literatur auftrug. Desgleichen für Dramatiker wie Tschechow und Gorki. Die meisten unserer heutigen Theatermacher und -kritiker jedoch halten diese Tugenden für längst »überholt« und »unzeitgemäß«. Und man merkt es noch ihren erfolgreichsten Produkten an, wie »chic« und »modern« sie sich vorkommen mit ihrer Un-»Kultur der Teilnahmslosigkeit«, wie Martin Walser jüngst, mit Blick auf die deutsche Theaterszene, diagnostiziert hat. Der kalte, mitleidslose, zynische und denunziatorische Bühnenblick auf die Menschen ist heute »en mode«, ein kaltschnäuziger Misanthropismus, mittels dessen eine intellektuell heruntergekommene Kleinbourgeoisie sich für ihre politische Ohnmacht und geschichtliche Bedeutungslosigkeit zu rächen sucht. Wehe dem Bühnenautor, der erkennen läßt, daß er für seine Figuren auch um Sympathie, Anteilnahme und Verständnis wirbt! Wenn es heute einen gäbe, der – sagen wir – die Sensibilität und Mitleidsfähigkeit eines Anton Tschechow hätte, die Kolumnisten von »Theater heute« wären die ersten, die ihn »zerreißen« würden.

7. Innerlichkeit versus Engagement. Verfall der dramatischen Technik

Der vielleicht größte Schaden, den die derzeitige Feuilleton-»Kultur« und der Medienjournalismus dem Drama zugefügt haben, besteht in der Zerstörung seiner ganzheitlichen Ästhetik infolge der nahezu vollständigen Arbeitsteilung, dem das gesamte Genre unterworfen wurde. Der Kulturbetrieb zwingt den Theaterautor heute, sich entweder für die Innerlichkeit *oder* das Engagement, für die Psychologie *oder* das aktuelle (politische) Zeitstück zu entscheiden. Jene Autoren, die überhaupt noch die Courage haben, die heißen Eisen unserer sozialen und politischen Realität anzupacken, entbehren zumeist der Psychologie (und der entsprechenden ästhetischen Mittel) und bleiben gewöhnlich in einem dokumentarischen und historisierenden Journalismus stecken. Jene anderen aber, die das psychologische Interieur einer bestimmten Schicht oder eines bestimmten Typus abzubilden suchen, sind zumeist außerstande, den sozialen und geschichtlichen Kontext erkennbar zu machen, in dem ihre freischwebenden Bühnenfiguren stehen. Sie kommen gewöhnlich über den psychologischen Journalismus nicht hinaus, der uns heute vor allem als »Dramatik« verkauft wird. Soweit ich sehe, gibt es derzeit nur ganz wenige Bühnenautoren, die sich um die Wiedergewinnung der im zeitgenössischen Theater verlorengegangenen *Einheit von Geschichte und Psychologie* bemühen. So zum Beispiel Tankred Dorst mit seinem jüngsten Stück *Merlin* – ein Stück, das nicht zufällig auf die alten dramatischen Formen, vor allem des Shakespeare-Theaters, zurückgreift, in dem diese Einheit noch gegeben war. Zugleich ist *Merlin* ein im besten Sinne volkstümliches Stück, indem es Narren, Clowns, Hexen, Teufel und andere Erfindungen der volkstümlichen Phantasie auf die Bühne bringt. Enthielte es nicht allzuviel theatralisches Pappmaché und hätte Dorst nicht allzu viele Verbeugungen vor dem »Zeitgeist« gemacht, dann wäre *Merlin* ein wirklich großes Drama

geworden. Dramatische Fabeln zu (er)finden, die subversiv sind, d. h. quer zum Zeitgeist stehen (und ihn deshalb überdauern), und die zugleich Dichtung sind, d. h. zur poetischen Metapher einer ganzen Epoche werden können (wie z. B. Tschechows *Kirschgarten*) – diese Fähigkeit scheint unseren heutigen Stückeschreibern zunehmend abhanden zu kommen. Und das ist keineswegs nur eine Frage des Talents – das natürlich auch! –, sondern primär Ausdruck eines gesellschaftlichen wie ästhetischen Bewußtseinsschwundes infolge der schier universalen Ausbreitung unserer journalistischen Phrasen-, Vorurteils- und Lügen-»Kultur«, gegen die schon Karl Kraus – er wußte, warum – einen schier verzweifelten Kampf geführt hat.
Da haben vor einigen Jahren die Päpste der bundesrepublikanischen Theaterkritik, unter dem Beifall maßgeblicher Regisseure und Theaterautoren, eine großangelegte Kampagne gegen den bis dahin bedeutendsten deutschen Dramatiker dieses Jahrhunderts, gegen Bertolt Brecht, geführt. Und da hierzulande immer das Kind mit dem Bade ausgeschüttet wird, haben sie nicht bloß Brechts – zugegeben: oft penetrante – Didaktik und Zeigefinger-Dramaturgie, sondern seine gesamte Ästhetik, auch seine dialektische Verarbeitung von Geschichte, für »überholt« erklärt. Und dies alles, um – angeblich – den Weg für das neue deutsche Drama freizumachen, das, wie man uns versicherte, in den Fesseln der Brecht-Dramaturgie zu ersticken drohte. Nun, seit dieser ästhetischen Säuberungswelle, die freilich auch uneingestandenen politischen Motiven entsprang, sind inzwischen fünf Jahre ins Land gegangen. Da ist wohl die Frage gestattet: Wo ist das neue deutsche Drama, das uns den großen Brecht heute ersetzen könnte? Wo sind die Stücke, die uns die brennenden Themen der Epoche – von der Atombedrohung bis zur ökologischen Selbstzerstörung unserer Zivilisation – als dramatische Dichtung auf die Bühne bringen? Die seelischen Bauchschmerzen unserer depressiven Kulturbürger und Intellektuellen ergeben vielleicht ein abendfüllendes Feuilleton, aber noch lange kein epochemachendes Drama.

Der einzige Dramatiker in der westdeutschen Theaterszene, der noch über den ästhetischen Horizont und das poetische Verdichtungsvermögen eines Bertolt Brecht verfügt, ist der Ex-Brechtianer Heiner Müller. Doch leider schreibt er nur noch nekrologische Fragmente, Chiffren einer poetischen Selbstverstümmelung und schier universalen Geschichtsverzweiflung, die unserer Kultur-Schickeria schon längst in den Kram paßt und höchstens noch konservative Humanisten und blauäugige Weltverbesserer zu provozieren vermag. Mich wundert nur, daß Heiner Müller es noch immer nicht leid ist, ewig mit demselben Bleihammer auf die Menschen einzuschlagen. So platt wie diese ist auch die Botschaft seiner letzten Stücke. – Der Tod von Peter Weiß und Heinar Kipphard hat ein schweres Loch in die zeitgenössische Dramatik gerissen; haben doch beide, wenn auch mit bescheideneren ästhetischen Mitteln als die Autoren der Brecht-Nachfolge, die großen Themen ihrer Zeit, der jüngsten deutschen Vergangenheit zumal, auf die Bühne gebracht. Auch waren beide von einer moralischen und politischen Integrität, die unter heutigen Theaterschriftstellern kaum mehr zu finden ist. Aus dieser Generation von Dramatikern sind uns nur Tankred Dorst und Rolf Hochhuth geblieben. Letzterer imponiert zwar immer wieder durch seinen Mut, heiße politische Eisen anzufassen, in seiner dramatischen Technik jedoch ist er leider rudimentär geblieben. Das Beste an Hochhuth-Stücken sind seine wunderbar genau recherchierten Stoffe, seine Dialoge aber sind bessere Leitartikel und nahezu unspielbar. Neben Tankred Dorst, von dem gewiß noch einiges zu erwarten ist, fühlt sich auch Dieter Forte immer wieder zu großen (geschichtlichen) Stoffen hingezogen. Mit seinem jüngsten Stück *Das Labyrinth der Träume oder: Wie man den Kopf vom Körper trennt,* ein Stück über Hitler und Haarmann, den größten ideologischen Massenmörder und den größten Lustmörder dieses Jahrhunderts, hat sich Forte zwar vom Dokumentartheater abgenabelt, doch hat er Hitler, den Architekten der größten Katastrophe der deutschen Geschichte, noch

immer nicht als dramatische Figur entdeckt. Er vernichtet ihn vielmehr per Denunziation, was dem politischen Moralisten vielleicht guttut, dem Dramatiker jedoch schadet.
Die meisten unserer jüngeren Theaterautoren aber haben sich, im Namen der alten Neuen Innerlichkeit, derart in ihre Eingeweide verkrochen, daß die großen geschichtlichen Stoffe und die brennenden Themen unserer Epoche gewissermaßen außerhalb ihrer Reichweite liegen. Mit anderen Worten: Sie privatisieren. Und was ihre Ästhetik betrifft, so leben sie zumeist von der Hand in den Mund. Der riesige dramatische Formenfundus, aus dem Brecht noch schöpfen konnte, steht ihnen schon längst nicht mehr zu Gebote. Mit dem Ergebnis, daß sie formal über den Naturalismus und den üblichen Fernseh-Realismus nur selten hinausgelangen.
Auch wenn die Zeitschrift *Theater heute* durch den allmonatlichen Abdruck eines neuen Stücks den Anschein erwecken möchte, daß wir geradezu in einer Hochblüte der dramatischen Kunst leben – das genaue Gegenteil ist wahr: Das Drama »als phantasievolle, widerspruchsvolle Erweiterung öffentlichen Bewußtsein« (Brasch) findet hierzulande nicht mehr statt. Oder sollte man besser sagen: noch nicht wieder? Denn es gibt wohl Ansätze dazu, gewiß auch Autoren, die auf dem Wege sind. Doch wenn sie wirklich Dramen schreiben und keine journalistische Dutzendware, dann haben sie derzeit nur eine geringe Chance, ihr Produkt im etablierten Theaterbetrieb durchzusetzen. Denn die Wahrheit ist, daß die *Doppelherrschaft des Regietheaters und des zeitgenössischen Feuilletonismus,* der das Monopol auf den »Zeitgeist« ausübt, *das Drama als subversive und zugleich poetische Herausforderung an seine Zeit verhindert.*

Zitatnachweise

1 Adolf Dresen, zitiert nach *Frankfurter Rundschau* vom 17.8.1981
2 Ernst Wendt, zitiert nach Günther Rühle, in: *Theater 83. Jahrbuch der Zeitschrift Theater heute*, S. 109
3 Interview mit Thomas Brasch in *Theater heute*, September 1982
4 Hartmut Lange, *Die Revolution als Geisterschiff*, Reinbek bei Hamburg 1973, S. 60ff.
5 Thomas Brasch, a. a. O.
6 Günter Rühle, »Das Theater der achtziger Jahre: an neuen Zielen«, in: *Theater 83. Jahrbuch der Zeitschrift Theater heute*, S. 110

Wollt ihr die totale Kunst?

Über Werner Herzog
und das Versagen der deutschen Filmkritik

Der berühmt-berüchtigte Satz »Der Zweck heiligt die Mittel« gilt wohl für jeden demokratisch gesinnten Bürger heute als ein Signum machiavellistischen Denkens, das – wo es allzu offen und unverblümt die Politik oder die Staatsgeschäfte bestimmt – auf öffentliche Kritik oder sogar auf organisierte Gegenwehr stößt. Anders in der zeitgenössischen Kultur- bzw. Filmszene. Hier darf sich der Machiavellismus einzelner »Macher«, Produzenten und Regisseure, vorausgesetzt, daß ihre Produkte durch das Prädikat »besonders wertvoll« geadelt worden sind und sie selbst unter dringendem Genieverdacht stehen, mehr oder weniger ungehindert ausleben, ohne nennenswerten öffentlichen Protest auszulösen. Der Freibrief »Genie« sichert dem, der ihn einmal in der Tasche hat, nicht nur vollständige Narrenfreiheit zu, er entbindet seinen Träger zugleich all jener Rücksichten, die Otto Normalbürger gegenüber seinen Mitmenschen zu nehmen gewohnt oder gezwungen ist. Hat heute selbst der freie Unternehmer, von dessen Bild der bürgerliche Geniebegriff des neunzehnten Jahrhunderts abgezogen wurde, gewisse soziale Auflagen (gegenüber dem Sozialpartner) zu erfüllen, so gilt dies nicht für den Unternehmer des Geistes und der Leinwand, der – ist er erst einmal zum »Genie« promoviert – mit seinen Mitarbeitern schalten und walten kann, wie er will.

Daß zur Erreichung eines vermeintlich großen künstlerischen Ziels jedes Mittel recht ist, diesen Gedanken hat Werner Herzog – neben Rainer Werner Fassbinder und Volker Schlöndorff der dritte Säulenheilige des neuen deutschen Films – wiederholt ausgesprochen. Schon nach seinem ersten Film bekannte der junge Regisseur in einer Mischung aus bajuvarischer Anmaßung und unbewußtem Machiavellismus: »Ich habe Verantwortung jenseits meines persönlichen Lebens. Ich finde, Film ist mehr wert als das Leben.« Daß Herzog das Leben – nicht nur das eigene, sondern auch das seiner Mitarbeiter – für *minder wert* hält als dessen filmische Apotheose, sollte die halsbrecherische Praxis seiner Dreharbeiten bald bestätigen. Im Jahre 1976, als der Vulkan La Soufrière auf der Insel Guadeloupe kurz vor dem Ausbruch zu stehen schien und die Bewohner der umliegenden Ortschaften evakuiert werden mußten, reiste Werner Herzog mit dem Kamerateam an, stieg auf den Berg hinauf und drang so weit vor, wie es die erhitzte Erde und die Schwefeldämpfe irgend zuließen. Er brachte sich und sein Team bewußt in Lebensgefahr, um den »mythischen Augenblick« zu filmen, in dem die vulkanischen Kräfte aus der Tiefe hervorbrechen würden.

Seither wird jeder Film für Herzog – so *Der Spiegel* – »zum Kampf mit dem Sensenmann. Flagellant und – sehr zum empörten Leidwesen mancher Schauspieler, die ihm nicht magisch ergeben sind – Folterknecht zugleich, versteht Herzog die Filmarbeit als klassische Herausforderung an das Schicksal.«[1]

In der Tat lasen sich die einschlägigen Berichte über seine letzte Filmarbeit *Fitzcarraldo* wie Kriegsberichte. Die Dreharbeiten wurden zu männlich-martialischen Bewährungsproben, bei denen Todesmut und Opferbereitschaft mehr gefragt schienen als schauspielerisches Können; was dem Film, dessen größter Feind »Humor« heißt, auf Schritt und Tritt anzumerken ist. Der Drehort selbst wurde zum Schauplatz eines gleichsam »totalen Krieges« um der Kunst, der »Eroberung des Nutzlosen« willen. »Total« aber ist Herzogs Filmkunst nicht bloß im Sinne einer unbedingten und bedingungslosen Kunstanstrengung, sondern auch im Sinne der angestrebten vollständigen Deckungsgleichheit von filmischem Abbild und gefilmter Realität, von Illusion und Wirklichkeit. Um die Illusion wirklich und die Wirklichkeit zur Illusion zu machen (ganz im Sinne der im Film selbst zitierten indianischen Mystik), drehte er das original, was jeder andere Regisseur im Atelier gefilmt hätte. So ließ er zum Beispiel die Szene, in der Fitzcarraldo ein 300-Tonnen-Schiff durch eine Dschungelschneise per Flaschenzug und Seilwinden hochziehen läßt, orignalgetreu nachstellen. Zu diesem Zweck wurde der Dschungel abgeholzt, ein ganzer Berg abgetragen und eine Arbeitsarmee von Indios aufgeboten, die als Seil- und Drahtzieher dieses halsbrecherischen Unternehmens agieren mußten.

Die Opferbilanz dieser filmischen Materialschlacht um den Endsieg der Kunst über die Wirklichkeit: Mehrere Tote (wobei im nachhinein nicht mehr auszumachen ist, wie viele in direktem Zusammenhang mit den Dreharbeiten umgekommen sind), ein Querschnittsgelähmter (der inzwischen wieder an Krücken geht und dem das Team einen Kiosk für seinen Lebensunterhalt zurückließ), zahlreiche Schwerverletzte, Knochenbrüche, eine aufgespaltene Hand des Kameramanns Thomas Mauch, immer neue Unglücksfälle und Komplikationen, drei Stars, die mitten in der Arbeit ausstiegen, und ein Regisseur, der unermüdlich weiterkämpfte und in Lima proklamierte: »Fitzcarraldo oder Sterben!« Mario Adorf, der ursprünglich für die Rolle des Schiffskapitäns vorgesehen war und dann aus dem Kamikaze-Unternehmen ausstieg (wofür Herzog ihn nachträglich als »Feigling« beschimpfte), resümierte seine Erfahrungen mit dem Regisseur folgendermaßen: »Er nennt seine Art, Filme zu machen, realistisch. Ich nenne sie Wahnsinn ... Ich halte ihn in seiner Heldenvergötterung und Selbstüberschätzung für faschistoid.« (zitiert nach *konkret*[2]) – ein Urteil, das die bundesdeutsche Filmkritik freilich nicht gehindert hat, Herzogs *Fitzcarraldo* unter die großen filmischen Meisterwerke unserer Zeit einzureihen. Es hat ja auch fünfzehn Millionen Mark gekostet!

Nun wissen wir seit langem: die etablierte Kunst- und Filmkritik interessiert sich nur für das fertige Produkt, selten oder nie für den Produktionsprozeß. Ist das Produkt »schön« oder jedenfalls goutierbar, wird nach den Spesen nicht gefragt. Wie nun aber, wenn der machiavellistische Satz »Der Zweck heiligt die Mittel« oder in der Sprache Werner Herzogs: »Film ist mehr wert als das Leben« nicht nur die Praxis seiner Dreharbeiten bestimmt, sondern sich auch dem Produkt selbst als dessen eigentliche, ja, zentrale Botschaft einverleibt hat? Dann müßte – so sollte man erwarten – die Filmkritik dieses Landes, sofern noch ein Rest sozialer Empfindlichkeit in ihr steckt, einen Schrei der Entrüstung ausstoßen. Es geschah genau das Gegenteil: Über der Musik- und Bildästhetik des Films, über den bestechend schönen Kamerafahrten durch den peruanischen Dschungel und manchen atmosphärisch-dichten Sequenzen, die ihren Schmelz vor allem dem italienischen Belcanto und der Stimme Carusos verdankten, wurde die haarsträubende Botschaft, die gefährliche Ideologie dieses Films, von der Kritik entweder übergangen oder schlimmer noch: geheiligt.
So schreibt etwa die Herzog-Verehrerin Monika Steinhauser in einem vor Verklärungswut blinden *FAZ*-Artikel mit dem auratischen Titel »Der Zeuge des Erhabenen«[3]: »Die Wirklichkeit der gefährlichen Dreharbeiten scheint zuletzt der Schönheit aufgeopfert, die alles Risiko getilgt hat.« D'Annunzio hätte es kaum besser formulieren können! Noch perverser ist Ulrich Greiners Eloge in der *(Zeit*[4]. Absicht und Stoff, Film und Dreharbeiten, Kunstanstrengung und Kunstergebnis seien hier so ideal zur Deckung gekommen, daß der Rezensent nur noch stammeln kann: »Wahnsinnig schön!« Nicht ein Wort des Bedauerns über die Opfer, die Herzogs »totale Kunstanstrengung« gekostet haben. Im Gegenteil: die Gefahr, der er sein gesamtes Team im Dschungel ausgesetzt hat, wird zum Gütesiegel eines Filmereignisses von geradezu mythischer Qualität stilisiert.
Doch bevor wir uns weiter mit den fahrlässigen Verklärungs-

strategien des Feuilletons beschäftigen, ein paar Worte zum Film selbst und seiner Botschaft. Gewiß – er fängt schön an: Wie der gescheiterte Glücksritter Fitzcarraldo (Klaus Kinski) mit seiner Geliebten Molly, Vorsteherin eines Pensionats für höhere Bordelltöchter (Claudia Cardinale), im Kanu den Amazonas hinabfährt, zuletzt sogar rudern muß, weil der Motor ausgefallen ist – tausendfünfhundert Kilometer hat er schon zurückgelegt, nur um einmal Caruso zu sehen, der in Manaus, der Stadt des Kautschukbooms, gerade auftritt –; wie er, völlig abgerissen und erschöpft ankommt, gerade noch recht zum Finale der Verdi-Oper, das von Carusos Stimme übertönt wird. Ein sympathischer Maniak, ein Opernnarr, ein kunstbesessener Schwärmer undr Phantast, denkt man zunächst, der nun endlich mit der Realisierung seines Lebenstraumes Ernst machen will: die Oper, ein Opernhaus nach Iquitos, seiner Heimatstadt, zu bringen. Und Kinskis verzückte Visage beim Anhören von Caruso-Platten scheint es zu beglaubigen: daß dieser Fitzcarraldo – anders als seine rüden Kollegen, die Kautschukbarone – eine empfindsame und philantropische Künstlerseele, ja, sogar ein Herz für die Indiokinder hat, die seine Passion für Caruso zu teilen scheinen.

Doch sein zunächst sympathisch-idealistischer Operntraum wird sehr bald diskreditiert durch die skrupellosen kolonialistischen Methoden, mittels derer er ihn zu verwirklichen sucht. Dies, so denkt man zunächst, soll vielleicht die kritische Aussage, die »Botschaft« des Films sein. Von wegen! Mit allen Mitteln sucht Herzog nicht nur den hybriden Kunsttraum seines Helden, sondern auch die inhumanen Methoden seiner Realisierung zu heiligen.

Um an Geld zu kommen, will Fitzcarraldo ein von Kopfjägern beherrschtes Kautschukgebiet ausbeuten, das bisher unzugänglich war, weil die Stromschnellen eines Flusses den ungehinderten Abtransport verhindern. Zu diesem Zweck kauft er, mit dem Geld seiner Geliebten, ein Schiff und heuert eine Mannschaft an. Als die Besatzung, angesichts unmenschlicher Ar-

beitsbedingungen an Bord und der im Busch versteckten Kopfjäger, in den Streik tritt, werden die »Meuterer« kaltblütig gefeuert und ausgesetzt – just in dem Dschungel, vor dessen tödlichen Gefahren sie fliehen wollten. Nach einem Durchhalteappell, der dem eines SS- oder Volkssturm-Führers in den letzten Tagen des »Dritten Reiches« alle Ehre gemacht hätte, bleibt Fitzcarraldo mit seinen Getreuen und Gefährten des Todes an Bord. Der draufgängerische Kommandant, der jeden als »Verräter« behandelt, der seinen Operntraum in Frage stellt, wird von Herzog nun zum »Orpheus des Dschungel« stilisiert: Er schleppt ein Trichtergrammophon auf das Schiffsdeck, aus dem die hinreißende Stimme Carusos ertönt. Und siehe da: Nach einer Weile kommen lautlos, stumm vor Ehrfurcht, die Indios auf Kanus an das Schiff herangefahren – gebannt durch die sanfte Gewalt der Musik und den Anblick des Schiffes, das sie für das »weiße Gefährt« der lange erwarteten weißen Gottheit zu halten scheinen. Ein schönes Bild, gewiß!
Wie seinerzeit der spanische Konquistadore Cortés sich von dem Aztekenkönig Montezuma als weißer Gott verehren ließ (um ungehindert die Goldschätze des Landes plündern und die Azteken abschlachten zu können), so macht sich auch Fitzcarraldo den indianischen Mythos von der lange erwarteten »Wiederkehr des weißen Gottes« für sein Projekt zunutze. Mit Hilfe der gezähmten Wilden schafft er das Schiff dort über den Berg, wo der eine Quellfluß des Amazonas dem anderen am nächsten kommt. Daß dabei einer seiner Helfer unter den Schiffsbauch gerät und zerquetscht wird, kümmert ihn so wenig, wie den Regisseur und die deutsche Filmkritik die realen Toten zu bekümmern scheinen, die es im Zusammenhang mit den Dreharbeiten gegeben hat. Denn Fitzcarraldo, dieser Halbgott in (seinem schmuddeligen) Weiß, der die (Jacket-)Krone auf den Zähnen trägt, benutzt die »Masse Mensch«, hier: das braungraue Ameisenheer der Indios, nur als Staffage, als Werkzeug für seinen monomanischen Traum, unter dessen doppelter – musikalisch-opernhafter und exotisch-forensischer – Verkleidung die

wohlbekannten Züge eines alten Herrenmenschentraums, ja, eines teutonischen Allmachtstraums erkennbar werden, der sich, statt im Bayerischen Wald im peruanischen Dschungel austobt. Dem entspricht die zentristische Dramaturgie des Films, in dem es im Grunde nur *eine* Rolle gibt: die Fitzcarraldos. Alle anderen, selbst seine Geliebte Molly, bleiben Figuren ohne Eigenleben, bloße Statisten, dienstfertige Erfüllungsgehilfen seines eitlen und bombastischen Traums.

Konsequent folgt dem ästhetischen Totalitarismus, Herzogs heroischer Botschaft von der »totalen Kunstanstrengung«, der ästhetische Nihilismus, die nicht minder heroische Vergeblichkeitserklärung, auf dem Fuß. Kaum ist das Schiff über den Berg, binden die Indios es los und lassen es – in dem magischen Glauben befangen, auf die Weise die bösen Flußgeister zu bannen – den Fluß durch die gefährlichen Stromschnellen wieder hinabtreiben. (Natürlich hat Herzog auch die Szene, bei der sich nicht bloß sein Kameramann schwer verletzte, original gedreht.) Ein Wrack nur noch, kommt das Schiff wieder dort an, wo es losgefahren war. Die ganze Mühe, es über den Berg zu hieven, auch die (Menschen-)Opfer waren umsonst!

Daß das magisch-mystische Denken der Indiogemeinschaft der Privatmythologie Fitzcarraldos derart in die Quere kommt, entbehrt nicht der Ironie. Und für einen Augenblick hofft man, daß seine martialische Traumtänzerei auf dem Rücken der Indios nun endlich der Kritik oder der Lächerlichkeit preisgegeben wird. Weit gefehlt! Herzog macht noch aus dem Scheitern seines Helden eine erhabene Tugend, indem er ihn zum Übermenschen seiner vergeblichen Träume, zum blond-blauäugigen Sisyphos der Oper stilisiert. Am Ende verkauft Fitzcarraldo sein Schiffswrack und leistet sich dafür ein einmaliges Operngastspiel auf dem Fluß. In tumber Ergriffenheit an die Reeling gelehnt, die teuerste Zigarre der Welt zwischen den Zähnen, lauscht er einer Schiffsaufführung der Bellinischen *Puritaner*. Im Rausch des Belcanto will der gescheiterte, von den obligaten Indiokindern umschwärmte Mäzen die Opfer vergessen machen, die seine vergebliche Kunstanstrengung gekostet haben.

Selbst wenn – um Herzog Genüge zu tun – die Figur des Fitzcarraldo an einigen Stellen ins Zwielicht (zwischen Apotheose und Kritik) gerät, die Jubelchöre des Feuilletons haben keinen Zweifel daran gelassen, wie seine Botschaft zu verstehen sei: Für das Absolutum, das die Kunst, sprich: der imperiale Traum von der eigenen Selbstverwirklichung, darstellt, ist jedes Opfer gerechtfertigt; selbst wenn der Traum am Ende zu Bruch geht (oder nur in Bruchstücken zu verwirklichen war). Kleinlich und spießig, wer nach der Götterdämmerung noch nach den Spesen fragt!

Soweit mir bekannt, hat Herzog der feuilletonistischen Apotheose seines Helden bislang nicht widersprochen; was den Schluß nahelegt, daß diese von ihm beabsichtigt war. Mit *Fitzcarraldo* scheint ihm nun endlich die hypride Kompensation eines Traumas gelungen zu sein, dessen schonungslose Bloßlegung seine früheren Filme, trotz ihrer mystischen Verdunklungen, so erhellend und wichtig machte. Ich meine: jenes sprachlose, autistische Verhältnis zur Welt, jenes Von-den-Menschen-abgeschnitten-Sein, das er in seinem 1975 (mit sehr viel weniger Geld gedrehten) Kaspar-Hauser-Film eindrucksvoll thematisiert hat. In *Fitzcarraldo* scheint dieses Trauma erfolgreich gelöscht bzw. durch einen gigantomanischen Operntraum weggeblendet zu sein. Und die Kritik blendet kräftig mit!

Tritt der Größenwahn, der bei jedem Normalbürger als krankhaftes, behandlungsbedürftiges Symptom gilt, im auratischen Gewande der Kunst auf, ist er auf einmal nicht nur salonfähig, sondern wird geradezu als »Offenbarung« gefeiert. So verbeugt sich zuletzt auch *Der Spiegel* – nach einigen ironischen Seitenhieben auf den »heiligen Sebastian der Filmkunst« – vor Herzogs »fruchtbarer Hybris«, die »die Anstrengung gelohnt« habe: »Der Größenwahn ist ebenso sein Thema wie seine Lebenshaltung. Aber nur durch ihn erreicht er jenes Niveau des

Visionärs, das ihn so singulär unter den deutschen Filmemachern macht.«[5] Nach Ulrich Greiner halten ihn nur »Leute mit einem rigiden Normalitätsbegriff für verrückt. Verrückt ist Herzog insofern nicht, als er es mit einer zwingenden Logik ist: Er duldet keine Differenz zwischen Illusion und Wirklichkeit.«[6]
Genau dies: den eigenen (Wunsch- oder Allmachts-)Traum für die Realität zu nehmen und die Illusion über sich selbst absolut zu setzen, ist – nach Freud – das Charakteristikum der Psychose. Aus der wahnhaften Verschmelzung von Wunsch und Wirklichkeit eine (im übrigen gar nicht so neue) Ästhetik für den Salon, eine Heilslehre für saturierte Kulturbürger zu machen, ist daher nicht nur eine intellektuelle Perversität, es ist auch gefährlich! Nämlich dann, wenn die »Logik des Wahns« zur materiellen Gewalt wird. Die Verherrlichung des (Größen-)Wahns und die Heroisierung der Todesbereitschaft galt bis vor kurzem noch als Kennzeichen einer faschistoiden Ästhetik!
Aber die Filmkritik dieses Landes hat ja schon lange aufgehört, Filme und die darin abgebildeten (Künstler-)Träume auf ihren humanen oder sozialen Gehalt hin zu überprüfen. Soziale Verantwortlichkeit des Künstlers?! – Schnee vom vergangenen Jahrzehnt! Hauptsache, der Künstler, der Filmemacher beschert unseren Feuilletonisten und Cineasten einen so »ausgeflippten«, »verrückten«, »wahnsinnig schönen« Traum, daß sie darüber, wenigstens für zwei Stunden, ihre langweilige und depressive Normalität vergessen können! Ob dieser Traum ein menschliches Gesicht hat, eine lebbare Utopie, ein Glücksversprechen für andere Menschen enthält, wen kümmert das noch? Auch der sonst so gescheite Wolfram Schütte, sicher einer unserer niveauvollsten Filmkritiker, scheint inzwischen von allen guten cineastischen Geistern verlassen. Sonst könnte er *Fitzcarraldo* nicht so grandios mißverstehen als »Tragikomödie des Hochgemuten ... der seinen Traum erfüllt, indem er dessen Utopie allen öffnet«. Ein »lächelnder Traumtänzer der Utopie der großen Gefühle«?[7] (*Frankfurter Rundschau*) Kinskis Zäh-

nefletschen, seine stahlharte Miene, wenn er die Indios auf den Berg kommandiert, erinnert eher an die Physiognomie eines westdeutschen Konzernherrn, der mit dem Pleitegeier kämpft. Herzogs in den Dschungel verlagertes 15-Millionen-Projekt einer ebenso autistischen wie martialischen Selbstverwirklichung im Gewande der Kunst als »Utopie für alle« anzupreisen, das ist schon eine erstaunliche intellektuelle Fehlleistung!

Gerade unsere politik- und theoriemüden deutschen Intellektuellen scheinen für Herzog-Filme derzeit besonders empfänglich zu sein. Einer Aufklärung überdrüssig, der sie einst als alleinseligmachender Gottheit gehuldigt haben, sehnen sie sich nun wieder nach dem Irrationalen und Magischen, dem Kultischen und Okkulten, dem Archaischen und Mythischen, kurzum: nach dem, was sie für die »Dialektik der Aufklärung« halten. Bei Werner Herzog kommen sie auf ihre Kosten. Denn er begnügt sich nicht nur damit, alte Mythen, mit Vorliebe indianische, zu zitieren, er versteht es auch, sich selbst als mythische Figur zu inszenieren – und sei es dadurch, daß er, um ein Gelübde zu erfüllen, in einen Kaktus springt, um noch Monate später seine Wunden vorzeigen zu können. Derlei exzentrische Albernheiten hindern ihn übrigens nicht, sich mit Michelangelo und Kafka zu vergleichen.

Es gehört zu den Krankheiten unserer Wegwerf-Kultur, daß unsere intellektuellen und kulturellen Wortführer (oder die, die sich dafür halten) ihre jeweils neuesten Anwandlungen, Stimmungen, Denk- oder Gefühlsmoden immer als Novität verkaufen. So halten sie denn auch, nachdem sie die alten Vernunft- und Aufklärungsbegriffe über Bord geworfen haben, ihre Hinwendung zum Irrationalen und Mythischen für etwas absolut Neues und Originäres. Welch tragische Ironie! Scheinen diese einstigen Söhne der Aufklärung doch nicht zu bemerken, daß sie auf dem besten Wege sind, ihre eigenen Väter und Großväter zu paraphrasieren, die schon einmal den (Größen-)Wahn wider alle politische Vernunft geheiligt und im Namen des Mythos den Intellektualismus und Materialismus bekämpft haben.

Da haben sie nun jahrelang ihre NS-Väter auf die Anklagebank gesetzt und bemerken gar nicht, wie anfällig sie selber sind für die heroischen Mythen der eigenen Zeit (die freilich in anderem Gewande daherkommen als vor fünfzig Jahren). Denn halten wir fest: Der Mythos von *Fitzcarraldo* gründet auf dem Totalitarismus individueller Selbstverwirklichung, dem die Heroisierung der Opfer im Namen eines Absolutums notwendig korrespondiert. Von der Kunst als Aufopferung für ein Absolutum bis zu einer Politik der Aufopferung für ein Absolutum ist zwar noch ein weiter Weg. Aber wie rasch er, besonders in wirtschaftlichen und politischen Krisenzeiten, zurückgelegt werden kann, wissen wir aus der jüngsten deutschen Geschichte.
Die Politik als theatralisches Gesamtkunstwerk, als Wagnerianische Gefühlsoper mit einem Maniak in der Titelrolle und Millionen Deutschen als Statisten, wäre jedenfalls kaum möglich gewesen ohne die Indienstnahme einer (bürgerlichen) Ästhetik, die dem Geniekult frönte, den Größenwahn verklärte und die Todesbereitschaft heroisierte.

Zitatnachweise

1 zitiert nach »Kunst als Wahn oder Caruso für den Amazonas«, in: *Der Spiegel,* Nr. 11, 1982

2 Wolf Donner, »Der Regisseur als Kriegsheld«, in: *konkret* März 1982

3 Monika Steinhauser, »Der Zeuge des Erhabenen«, in: *Frankfurter Allgemeine Zeitung* vom 22. 5. 1982

4 Ulrich Greiner, »Eroberer des Nutzlosen«, in: *Die Zeit,* Nr. 10, 5. 3. 1982

5 in: *Der Spiegel,* a. a. O.

6 in: *Die Zeit,* a. a. O.

7 Wolfram Schütte, »Wissen Sie: ich habe einen Traum«, in: *Frankfurter Rundschau* vom 9. 3. 1982

Kopf und Fuß

Ein Gespräch über Wundermänner, IQ-Schwindel und »angeborene Begabung«

»Erst wenn die Füße aller gleich hoch stehen,
wird man wissen, welcher Kopf höher ragt als der andere.«
(Bertolt Brecht)

Das folgende Gespräch mit Klaus Wagenbach und Thomas Schmid wurde durch meine Novelle ›Das Spiegelkabinett‹ (München, AutorenEdition, 1980) angeregt. Sie handelt von der unglückseligen Beziehung zweier Brüder: der eine, Alfredo Cambiani, ist ein vom Publikum gefeierter Zauberer – der andere, Marco, lebt im Schatten seines übermächtigen Bruders, der ihn zur namenlosen Staffage seiner Zauberkünste macht. Das Buch schildert den Befreiungsprozeß von Marco Cambiani, der mit dem Niedergang des großen Alfredo einhergeht. Zu einem brüderlichen Verhältnis der beiden Brüder kommt es nicht.
Zwei Jahre vor dem ›Spiegelkabinett‹ erschien der Erzählungsband meines Bruders Peter Schneider ›Die Wette‹ (Berlin, Rotbuch, 1978): darin enthalten war die Erzählung ›Der große und der kleine Bruder‹, auch sie handelt vom mißlichen Verhältnis zweier Brüder, deren einer nur zaubern kann.

KLAUS WAGENBACH: Wir haben dich eingeladen, um über das Problem von Gleichheit und Ungleichheit zu sprechen. Freiheit, Gleichheit, Brüderlichkeit – über die erste Forderung ist unter Linken sehr leicht Einigkeit zu erzielen. Schwieriger wird es mit den beiden anderen Forderungen. Du hast darüber ein ganzes Buch geschrieben, *Das Spiegelkabinett*. Die erste Frage liegt nahe und ist dir sicher auch schon gestellt worden: Warum widmest du das Buch all denen, die *nicht* zaubern können?

MICHAEL SCHNEIDER: Die Widmung soll all denen als Anregung und Ansporn dienen, die sich von den bürgerlichen Begabungs- und Elite-Theorien und ihrem Kultus der »großen Persönlichkeit« haben einschüchtern und entmutigen lassen. Alfredo Cambiani, der ältere Bruder in meiner Novelle, kann seinem Publikum nur dadurch als großer Mann, als Raum und Zeit transzendierender Wundermann erscheinen, indem er seinen jüngeren Bruder, seinen nächsten Mitmenschen zum Verschwinden bringt – ein Kunststück, das ansatzweise überall dort aufgeführt wird, wo ein Mensch seine vermeintliche Einzigartigkeit und Allmächtigkeit, seinen Größen- oder Männlichkeitswahn auf Kosten eines anderen – oder vieler anderer – zu verwirklichen sucht. Die Widmung stammt sozusagen aus dem Geiste Marcos, des jüngeren Bruders, der sich schließlich aus seiner subalternen Nachahmer- und Doublerolle befreit und selbst auf eine neue, originäre Weise zu zaubern anfängt. Er versucht, als Mensch wie als Künstler, ohne den Mythos des Wundermannes, ohne Geniekult und Männlichkeitswahn auszukommen, indem er seine eigenen Versagensängste, an denen wir doch mehr oder weniger alle leiden, zum Bestandteil, zur stets präsenten Falltüre seiner doppelbödigen Kunst macht und – ganz bewußt – nicht nur seine Stärken und Talente, sondern auch seine Schwächen und Fehler veröffentlicht. In ihm kündigt sich eine humane Utopie von Kunst an; eine Kunst, welche die Menschen befähigt, jene scheinbar unnachahmlichen und einzigartigen Talente, die ihnen die magischen Monopolisten von der kulturellen und der politischen Bühne herab vorspiegeln, in *sich selbst* zu entdecken. Darin liegt der tiefere Sinn dieser Widmung.

KLAUS WAGENBACH: Was im *Spiegelkabinett* erzählt wird, hat aber doch eine Vorgeschichte: eine andere Geschichte, die auch vom großen und kleinen Bruder handelt – *Der große und der kleine Bruder* von deinem Bruder Peter Schneider. Deine Novelle ist ja in gewisser Weise eine Antwort darauf. Bei Peter Schneider läuft die Geschichte darauf hinaus, daß der kleine Bruder gar nicht zaubern kann. Ist deine Widmung nicht auch eine boshafte Antwort darauf, sozusagen die Gemeinheit der Geschichte?

MICHAEL SCHNEIDER: Ich empfinde diese Widmung nicht als »Gemeinheit«, sondern, wie ich schon sagte, als Ermutigungssignal: Sich nicht einschüchtern zu lassen von denen, die das Monopol auf die »magischen Fähigkeiten« innehaben. Denn bei näherem Hinsehen erweisen sich die meisten Talente und Begabungen primär als gesellschaftlich produzierte, machbare und d. h. *erlernbare* Talente und Begabungen. Insofern stellt die Widmung einen Angriff auf die bürgerliche und biologistische Begabungstheorie – die Theorie von der »angeborenen Begabung« – dar, die gerade heute wieder, in der Pädagogik wie in der Kultur, ihre fröhlichen Urtänd' feiert.

THOMAS SCHMID: Das *Spiegelkabinett* fällt ja in eine ganz bestimmte politische Situation herein, in eine Zeit, die vom eingeengten, fatalistischen Blickwinkel geprägt ist, wo viele von Veränderbarkeit gar nicht mehr reden. Da bezieht, wenn man so will, dein Buch Gegenposition. Es argumentiert – ich isoliere jetzt aus dem Artefakt eine inhaltliche Aussage heraus – gegen den Obskurantismus des Führerkultes, gegen die Ideologie der Begabung, die Menschen absondert, höherstellt. Es plädiert für die ursprüngliche Gleichheit der Menschen: der soziale Kontext ist es, der Menschen prägt. Und eine mögliche wirkliche Ungleichheit zwischen den Menschen, eine Ungleichheit, die tiefer reichen könnte, wo bleibt die?

MICHAEL SCHNEIDER: Ich glaube, hier liegt ein Mißverständnis vor. Das *Spiegelkabinett* ist kein Plädoyer für irgendeine Form der Gleichmacherei. Es demontiert nur einen falschen und, wie ich meine, scheinhaften Begriff des »Originals«, dessen Kehrseite der Identitätsverlust per Nachahmung ist. Marco muß seine Individualität auslöschen, um sich in das Abziehbild des Massenidols Alfredo zu verwandeln. Dieser Vorgang spielt sich im Ansatz überall dort ab, wo Idole, Stars, Gurus, religiöse oder politische Erlöserfiguren kreiert werden. So wie sich in unserer kapitalistischen Monopol-Wirtschaft die ökonomische und politische Macht in den Händen von immer weniger Menschen, sprich Kapitaleignern und Politmanagern, zusammenballt, so wird auch das, was gemeinhin unter »originärem Talent«, »Genie« etc. verstanden wird, in unserer industriellen Massenkultur von immer weniger Spitzen-Stars, Idolen, Gurus, Kultur-Magiern etc. gleichsam usurpiert und monopolartig verwaltet, die Masse ihrer Konsumenten und Fans dagegen auf den Status purer Bewunderer und stupider Nachahmer reduziert. Die Novelle wendet sich gegen diese oligopolistische Tendenz in unserer industriellen Massen-Unkultur, wenn man so will, gegen das bürgerliche Urheber- und Exklusivrecht auf das, was als Keim, als Möglichkeit in jedem Menschen steckt. Das heißt aber nicht, daß ich hier einem vulgären Materialismus und Egalitarismus das Wort reden will, der davon ausgeht, daß alle Menschen mit den gleichen Begabungen und Talenten ausgestattet sind. Bekanntlich verdanken sich außergewöhnliche Begabungen oft gerade sehr ungünstigen sozialen Faktoren, einem gestörten Milieu; sie sind oft das Ergebnis eines großen Leidensdrucks, wofür z. B. die Lebensschicksale und Werke von Kleist oder Kafka Zeugnis ablegen.

Zurück zum *Spiegelkabinett:* die eigentlich ausschlaggebende Rolle spielt hier das Publikum. Alfredo bemüht sich ja am Ende, seine mystifikatorische Rolle als omnipotenter Magier und Guru, die ihn von einem menschlichen Glück ausschließt, abzuwerfen. Aber das Publikum macht da nicht mit, es will weiterhin seinen »Wundermann« haben. Im übrigen besteht zwischen der Erzählung meines Bruders und meiner Novelle ein ganz wesentlicher Unterschied, die Optik betreffend: Während dort der kleine Bruder nur als der eifersüchtige und rachsüchtige Nachahmer des Großen beschrieben wird, wird in meiner Novelle der große Bruder auch als Opfer gesehen: als Opfer einer bestimmten familiären und später gesellschaftlichen Konstellation. Als Objekt der ehrgeizigen und eitlen Projektionen seiner zahlreichen Bewunderer inner- und außerhalb der Familie, welche den Berg ihrer eigenen, unrealisierten Wünsche auf ihn projizieren.

KLAUS WAGENBACH: Auch wenn du dich jetzt gegen Gleichmacherei abgrenzt, ist sie doch zu Teilen da. Es ist eben doch eine Grundthese des Buches, daß alle alles können. Ich komme noch einmal auf die Widmung; sie legt nahe: alle diejenigen, die nicht zaubern können, werden es schon irgendwann einmal lernen.

MICHAEL SCHNEIDER: Ich behaupte nicht, daß jeder Mensch alles können kann und daß jeder, unter optimalen gesellschaftlichen Bedingungen, ein Goethe oder Picasso werden könnte. Ich behaupte allerdings, daß die meisten Menschen in unserer Gesellschaft nur einen Bruchteil ihrer menschlichen Fähigkeiten und Talente realisieren können; daß sie unter den Bedingungen der kapitalistischen Arbeitsteilung und Arbeitsorganisation (wie sie sich leider auch in den Ländern des »realen Sozialismus« reproduziert hat) auf eine bornierte industrielle, bürokratische, kommerzielle, wissenschaftliche etc. Teilfunktion reduziert sind, oder – wie Marx sagt – der Mensch zum »bloßen Fragment des Menschen« verkümmert ist. Und ich behaupte zweitens, daß sehr viele jener außergewöhnlichen Begabungen und Talente, über die angeblich nur kleine Eliten verfügen und mit denen sie zumeist ihre Privilegien und Herrschaftspositionen legitimieren, in hohem Grade erlernbar sind – jedenfalls bei entsprechender soziokultureller Förderung und einem nicht ganz geknickten Selbstvertrauen. – Ich zum Beispiel gehörte gewiß nicht zu denen, die es sozusagen »von Natur aus hatten«. Zwischen meinem sechsten und zwölften Lebensjahr litt ich an schwerem Asthma und Melancholien und war intellektuell sogar ziemlich retardiert. Ich besuchte die Waldorfschule, weil meine Eltern – sicher zu Recht – meinten, ich sei den Leistungsanforderungen des Gymnasiums nicht gewachsen. Ein literarisches Talent war bei mir schon gar nicht auszumachen. Ich machte auf meine Umgebung damals eher einen gestörten, denn einen »talentierten« Eindruck. Im übrigen schien mein Bruder auf das literarische Talent das Monopol zu haben. Er schrieb schon früh Gedichte und dramatisierte Märchenstoffe, wofür ich ihn sehr bewunderte. Er galt als das »Original«, während meine Stärke mehr in den »reproduktiven« Fähigkeiten gesehen wurde. (Ich habe übrigens kürzlich in *Mein Kampf* gelesen, daß Hitler eine ähnliche Rollendefinition zwischen Ariern und Juden vorgenommen hat: Die Juden hielt er nur zur Reproduktion der Kulturleistungen der arischen Völker für fähig, nicht dagegen zur Hervorbringung einer originären Kultur.) Irgendwann begann ich, gegen diese strikte Rollen-Definition aufzubegehren. Warum, dachte ich, soll das originäre Talent eigentlich nur meinem Bruder in die Wiege gelegt worden sein? Eine Art unbeirrbaren Selbstvertrauens sowie die Beschäftigung mit den beiden großen Emanzipationstheorien unserer Epoche, dem Marxismus und der Psychoanalyse, haben mich schließlich an jener biologistischen und elitären Begabungsdefinition, die ich selbst verinnerlicht hatte, zweifeln lassen. Mit fünfundzwanzig Jahren fing ich auch an zu schreiben, zunächst noch in den literarischen Fußstapfen meines Bruders, der mir auch erste Starthilfen gab; dann aber ging ich mehr und mehr meine eigenen Wege. Dabei machte ich die erstaunliche Entdeckung, daß das, was ich lange Zeit für eine »Gnade und Gunst der Natur« gehalten hatte, in hohem Grade *erlernbar* ist; daß *Arbeit* und *Vertrauen* (sowohl das Vertrauen anderer als auch das eigene Selbstvertrauen) die Hauptproduzenten dessen sind, was die bürgerliche Gesellschaft als »angeborene Begabung«, »originäres Talent« etc. zu mystifizieren pflegt.

In der Pädagogik ist seit langem der sog. Pygmalioneffekt bekannt. Die beiden britischen Pädagogen Jackson und Rosenthal haben darüber ein Buch geschrieben: Darin weisen sie nach, in welch hohem Maße die Lernleistungen eines Kindes, auf welchem Gebiet auch immer, von den Erwartungen, Projektionen, Vorlieben, Vorurteilen etc. seiner Erzieher abhängen. Nur stoßen leider alle Konzepte einer fortschrittlichen Pädagogik hierzulande an die sozioökonomischen Schranken einer Gesellschaft, deren gesamtes Schul- und Bildungssystem von den Interessen der großen Industrie bestimmt wird. Unsere kapitalistische Industrie braucht eben nur eine kleine Schicht hochqualifizierter Fachkräfte, die sog. technisch-wissenschaftliche Intelligenz, und eine große Masse von Arbeitern und Angestellten, welche die repetitiven, monotonen und dequalifizierten Arbeiten verrichten. Die Industrie und der von ihr kontrollierte Staat haben also gar kein Interesse an einer wirklichen und umfassenden »Volksbildung«, an der Förderung und Entwicklung des gesamtgesellschaftlichen Reservoirs an vorhandenen Begabungen, Talenten etc. Das wäre ja nicht rationell und nicht profitabel.

KLAUS WAGENBACH: Du leugnest konstant, daß es in deinem Buch die Tendenz zur Gleichmacherei gäbe. Ein zentraler Satz lautet aber: »Führen Sie Ihre unsterbliche Kunst so vor, daß auch der Kleinste, der Geringste unter Ihren Brüdern das Gefühl bekommt, diese Kunst erlernen zu können.«

MICHAEL SCHNEIDER: Ich wundere mich ein bißchen, daß ausgerechnet du, Klaus, mich so konstant mißverstehst, wo du doch selbst einmal ein Buch herausgegeben hast, das die bürgerlichen Begabungs- und Elitetheorien fundamental in Frage stellte. Ich meine das Buch *Die Schülerschule. Brief an eine Lehrerin*. Aus der Feder dieser Autoren, eines Kollektivs italienischer Bauernkinder, stammt der Satz: »Die Theorie vom Genie ist eine bourgeoise Erfindung. Eine Mischung von Faulheit und Rassismus.«

Wenn die Schülerschule gescheitert ist, dann nicht zuletzt auch am Widerstand der italienischen Behörden, die den rigorosen Angriff auf das staatliche Schul- und Bildungssystem nicht ungestraft hinnehmen konnten.

KLAUS WAGENBACH: Das ist eben nicht richtig. Die Schülerschule löste sich auf, als ihre zentrale Figur, der Pfarrer Don Milani, starb. Im übrigen ist das Scheitern der Schülerschule ja nur ein Beispiel von vielen. Wir müssen uns doch heute ernsthaft die Frage stellen: Wie kommt es, daß so viele Ansätze kollektiver Lebens- und Arbeitsformen, wie sie vor allem aus der 68er-Bewegung hervorgegangen sind – linke Anwaltskollektive, Verlagskollektive, Wohngemeinschaften etc. – mehr oder weniger gescheitert sind? Das hat doch nicht nur etwas mit dem Druck der kapitalistischen Umwelt zu tun!

MICHAEL SCHNEIDER: Das ist richtig. Da kommt auch ein spezifischer Innendruck dazu. Nach meiner Erfahrung gehen solche Kollektive zumeist daran kaputt, daß sich entweder das zu kurz gekommene Ego um jeden Preis, d. h. auf Kosten der anderen Gruppenmitglieder, »selbst verwirklichen« will (wie es im linken Jargon heißt) oder aber – umgekehrt – der ich-schwache Einzelne sich vorschnell an die Gruppennorm anpaßt, seine Individualität zugunsten dieser Anpassung aufgibt. Die »neue« Lebenskultur der Intellektuellenbewegung von 1968 bestand nämlich im wesentlichen darin, die zu Hause erfahrenen Zwänge bloß zu negieren. So notwendig diese Phase war, um den Mehltau der eigenen Herkunft abzuschütteln und das erstarrte und entleerte Wertsystem der Vätergeneration aufzubrechen, so trug sie doch alle Merkmale jenes »primitiven Kommunismus« an sich, der nur die einfache, schlechte Negation bürgerlicher Lebensverhältnisse darstellt.

KLAUS WAGENBACH: Nun könnte man natürlich mit Pasolini sagen, daß wir in der Absicht, uns kollektiver und solidarischer zu verhalten, unversehens auch die Geschäfte der Konsumgesellschaft besorgt haben. Denn die ist natürlich nicht an Einzelnen, an Verrückten, an Querköpfen, weder an Über- noch an Untergrößen interessiert. Sie braucht vielmehr das »gesunde Mittelmaß«, weil sich das auch technisch beliebig reproduzieren läßt. Das ist ja ein sehr erwägenswerter Einwand von Pasolini, daß wir sozusagen ein Stück weit diese Art von kapitalistischer Gleichmacherei betrieben haben, wir ein Stück weit darauf hereingefallen sind.

MICHAEL SCHNEIDER: Diese Frage müssen wir uns allerdings sehr ernsthaft stellen. Denn es hat den Anschein, als ob unsere industrielle Massenkultur mit ihrem ungeheuren Normierungsdruck auch der linken und alternativen »Gegenkultur« (sofern sie diesen Namen überhaupt schon verdient) ihren Stempel aufgedrückt hat. Wenn, nach einem berühmten Satz von Rousseau, die Menschen im Prinzip als Gleiche auf die Welt kommen und nur die Gesellschaft die Ungleichheit zwischen ihnen stiftet, dann hat sich heute dieses Verhältnis in gewissem Sinne umgekehrt. Die Gesellschaft – das gilt für unsere kapitalistische Konsumgesellschaft ebenso wie für den »realen Sozialismus« – ist dabei, die totale Gleichheit im Sinne einer stupiden Gleichmacherei der Verkehrsformen, quer durch alle Gesellschaftsklassen und Schichten hindurch, zu erzeugen. Diese beängstigende Nivellierungstendenz, von der Pasolini uns ein Schrecklied gesungen hat, betrifft vor allem die Konsumsphäre. Die sozioökonomischen Ungleichheiten, vor allem innerhalb der Produktionsphäre, werden davon kaum tangiert. Vielmehr hat die Gleichmacherei innerhalb der Konsumsphäre gerade die Funktion, die nach wie vor bestehenden sozioökonomischen und soziokulturellen Ungleichheiten zwischen den Menschen aufrechtzuerhalten bzw. zu verschleiern. Angesichts der beklemmenden äußerlichen Uniformierungstendenz, die entsprechend dem sozialen Status zwar differiert, innerhalb desselben sich aber fast »totalitär« durchsetzt (und mit entsprechender Intoleranz gegen abweichendes Verhalten und Denken einhergeht), muß jeder Versuch der *Individualisierung* auf dem Gebiet der Liebe, der Kunst, der Sitten und Gebräuche heute als *fortschrittlich* angesehen werden. »Links« zu sein unter heutigen Bedingungen heißt daher gerade nicht: dem Normierungsdruck eines wie immer gearteten Kollektivs nachzugeben, sondern die persönliche Eigenart, die eigene Individualität (im Rahmen des Kollektivs oder, sofern nicht anders möglich: auch gegen das Kollektiv) zu verteidigen – was zur Notwendigkeit solidarischen und kollektiven Handelns im politischen Kampf keineswegs im Widerspruch steht.

KLAUS WAGENBACH: In der Einschätzung der Konsumgesellschaft und daß, angesichts ihrer Gleichmacherei, gerade die Betonung der Individualität als »fortschrittlich« angesehen werden muß, sind wir uns einig. Aber ist da nicht ein Widerspruch zu deiner vorangegangenen Argumentation? Müßtest du nicht gerade angesichts der ungeheuren Nivellierungstendenz der Gesellschaft über alle Ungleichheiten, auch die naturgegebenen, eigentlich froh sein?

MICHAEL SCHNEIDER: Es handelt sich hier um einen scheinbaren Widerspruch. Denn wir haben es realiter mit zwei verschiedenen gegenläufigen Prozessen zu tun: Zum einen die zunehmende Uniformierung und Standardisierung unserer Verkehrsformen durch die industrielle Massenkultur – zum anderen den ideologischen Profit, den die sozioökonomischen Führungsschichten aus der Renaissance der alten biologistischen und Vererbungstheorien ziehen. Es ist sicher kein Zufall, daß eine sich »liberal« nennende Wochenzeitschrift erst kürzlich ein Fortsetzungsdossier zu diesem Thema veröffentlicht hat. Ich meine das Dossier ›Wir, die Ungleichen‹ in der »Zeit« vom März 1980. Der Autor, Dieter E. Zimmer, hat sich nicht entblödet, in diesem Dossier alle abgestandenen Hüte der Vererbungstheorie noch einmal Revue passieren zu lassen, allen voran die rassistische Lehre von der hochgradigen Erblichkeit des IQ, aus der sich notwendig eine »natürliche« Hierarchie der »angeborenen« Begabungen und Intelligenzen ergebe, gegen die auch die Gesellschaft, bei noch so viel (Veränderungs-)Willen letztlich machtlos sei. Eine kriminelle Legitimationswissenschaft, die sich einzig und allein auf ein so fadenscheiniges und dubioses Meßinstrument wie den »IQ-Test« stützen kann, soll hier wieder salonfähig gemacht werden.

Daß der IQ-Test, wenn man sich schon auf diese höchst dubiose Meßmethode einläßt, mitnichten den »angeborenen Begabungsanteil«, die »Prozentrate der Erblichkeit« an der Intelligenz mißt, sondern höchstens ein Maß für die bestehenden sozioökonomischen und soziokulturellen Unterschiede zwischen den Mitgliedern der verschiedenen Klassen, Schichten und Rassen darstellt, das ist ja hinlänglich bekannt und durch zig Untersuchungen bewiesen. Die Adoptionsstudien der britischen Psychologin Barbara Tized – um nur ein Beispiel zu nennen – haben ergeben, daß Heimkinder, die vom vierten Lebensjahr an in ein geistig stark stimulierendes Milieu adoptiert wurden, bereits mit acht Jahren einen IQ-Zuwachs von ca. 20 Punkten zu verzeichnen hatten. Solche Beispiele ließen sich mühelos verlängern. Dennoch haben die rassistischen Mythen von der »angeborenen« und »vererbbaren Intelligenz« wieder Hochkonjunktur, aus sehr naheliegenden Gründen: Denn unsere ökonomischen und politischen Führungseliten befinden sich seit langem in einer schweren Legitimationskrise. Ihre Machtpositionen und Privilegien können sie heute nicht mehr, wie noch im Feudalismus, aus dem Gottesgnadentum, oder, wie noch im Faschismus, aus einer expliziten Rassentheorie ableiten. Nun suchen sie ihre letzte ideologische Zuflucht bei den modernen biologistischen und Vererbungstheorien.

KLAUS WAGENBACH: Aber damit sind wir doch wieder bei der Grundthese deines Buches: Daß eigentlich doch alle Menschen mit den gleichen Anlagen zur Welt kommen und im Prinzip jeder alles können kann, sofern die Gesellschaft ihn nur läßt ... Du hast ja auch einmal Biologie studiert. Diese These zu verteidigen, ist doch offenbar eine Art Lebensinteresse von dir?

MICHAEL SCHNEIDER: Eben weil ich vier Jahre Biologie studiert und mich sehr intensiv mit der modernen Humangenetik, den DNS-Theorien etc. beschäftigt habe, weiß ich, wovon ich rede. Schon im Begriff der »genetischen Determination« steckt ja bereits ein Mißverständnis: Als würde ein bestimmtes Gen oder eine bestimmte Genkombination zwangsläufig auch ein ganz bestimmtes Merkmal determinieren. Dieser Vulgärvorstellung liegt ein falscher, weil statischer Begriff des Gens zugrunde. Ein Gen oder eine bestimmte Genkombination bestimmt immer nur ein bestimmtes Anlagevermögen, ein »Potential«, d. h. ein ganzes Spektrum von Möglichkeiten. Welche Möglichkeit innerhalb dieses Spektrums dann realisiert wird, hängt vom intra- und extrazellulären Milieu ab. Jede Zelle, selbst die spezialisierteste oder ausdifferenzierteste Nerven- oder Muskelzelle ist im Prinzip »omnipotent«. Sie hat nur von allen im genetischen Code gespeicherten Möglichkeiten eine

oder mehrere realisiert – entsprechend ihrer Funktion und Lagebestimmung im Organismus. Dieselbe Zelle könnte bei einem anderen »Positionseffekt« eine völlig andere Gestalt annehmen und eine andere Funktion ausüben, weil sie auch im ausdifferenzierten Endzustand noch über ihr gesamtes Potential verfügt. Gerade die molekularen und intrazellulären Prozesse, vor allem die der Protein-Synthese, die vom »genetischen Code« gesteuert wird, laufen eben *nicht* mit der mechanischen Zwangsläufigkeit einer Maschine ab; bei all diesen Prozessen spielt vielmehr die Kategorie der »Möglichkeit« und der »chemischen Wahl« eine sehr große Rolle. Jacques Monod spricht in diesem Zusammenhang (respektive bei den »allosterischen Enzymen«) von »Zwangsfreiheit«; was von den deterministischen Auslegern seiner Lehre gewöhnlich unterschlagen wird. Ein zweites Vorurteil, das im Zusammenhang mit dem Begriff der »genetischen Determination« immer wieder aufkommt und auf das sich die »IQ-Tester« aller Couleur so gerne berufen, besteht in der schieren, doch niemals bewiesenen Annahme, daß der »genetische Code« nicht nur die anatomischen und physiologischen Merkmale und Eigenschaften der Organismen, sondern, im Falle des »homo sapiens«, auch die geistigen Fähigkeiten weitgehend determiniere. Obwohl es immer wieder Versuche gibt, dies durch Experimente mit eineiigen Zwillingen und Verwandten-Korrelationen nachzuweisen, läßt sich dieser Beweis nicht erbringen.
Auch das, was wir unter »Intelligenz« verstehen, ist ja ein sich ständig veränderndes, *historisches* Arsenal von Kenntnissen und Fähigkeiten, deren jeweiliger, innerhalb einer Generation erfolgter Neuzuwachs dann im genetischen Code fixiert werden müßte, um vererbt werden zu können. Diese Vorstellung aber ist völlig unhaltbar. Eine Vererbung erworbener Eigenschaften – diese berühmte Hypothese Lamarcks – gibt es nicht. Wenigstens darin sind sich die Genetiker aller Couleur heute einig.

KLAUS WAGENBACH: Ich habe dir mit einer wachsenden Faszination zugehört: Wie du mit einer förmlichen Besessenheit die

Gleichheit hochhältst, was mir ganz fremd ist. Das hat etwas Merkwürdiges, wenn ich mir das anhöre, weil doch offenbar das, was uns alle so fasziniert und wovon du ja auch in deinem Buch sprichst, nämlich die Unterschiede zwischen Menschen, das ist doch eigentlich das, wovon man lebt. Ich möchte um Himmels willen eben gerade nicht in einer Gesellschaft leben, wo alle Leute gleich sind? Das ist doch faszinierend bei dir: du tobst geradezu gegen jeden, der sagt, die Gene können Unterschiede determinieren. Na gut, und wenn, ich kann mich nicht darüber aufregen, wenn irgendwann die Wissenschaft herausfinden sollte, daß man unterschiedlich veranlagt ist. Ich genieße die Ungleichheit, ich finde es angenehm, sozusagen unter Ungleichen, unter Verschiedenen zu leben in Widersprüchen – natürlich nicht, was die politischen Rechte betrifft. Das republikanische Grundrecht auf Gleichheit durchzusetzen, das war ein sehr notwendiger Kampf. Es erscheint mir jedoch nicht unlogisch, wenn die Linke plötzlich seit 10 oder 20 Jahren über Ungleichheit nachdenkt: Was ist denn das anderes, wenn wir über die Dritte Welt nachdenken, wenn wir über Randgruppen nachdenken. Das sind doch Probleme der Ungleichheit, über die wir nachdenken und wo wir nicht mehr immer sagen, es geht darum, denen die gleichen Rechte zu verschaffen, sondern wo wir plötzlich auch ihre autochthonen Rechte als Ungleiche verteidigen – etwa das Recht der Zigeuner, so zu leben, wie sie das für richtig halten. Da ist ein neues Element in die Linke gekommen.

MICHAEL SCHNEIDER: Ich bestreite ja auch nicht das Recht jeder Kultur auf ihre eigenen Lebens- und Ausdrucksformen. Ich bin kein Eurozentrist – auch keiner, »wider Willen«. Ich finde nur, was in eurer Argumentation vernachlässigt wird, ist der ideologische und politische Kontext, in dem wir uns befinden. Wir erleben, wie schon gesagt, seit Jahren eine enorme Offensive der biologistischen IQ- und Begabungstheorien, durch die alte, schon zerbröckelnde Hierarchien wieder zementiert werden sollen. Und es wird bestimmt nicht mehr lange dauern, bis die Genetik endlich die Gen-Kombination entschlüsselt hat, die angeblich der angeborenen »unternehmerischen Begabung« zugrunde liegt.

KLAUS WAGENBACH: Meine letzte Frage ist eine formale Frage, sie betrifft dein Buch. Es hat ja eine richtig klassische Struktur. Die Novelle ist eine extrem geschlossene Form. Du hast sie sicher mit Absicht gewählt?

MICHAEL SCHNEIDER: Ich habe u. a. deshalb eine klassische Form gewählt, weil diese es mir ermöglichte, aus der Privatheit meiner eigenen Biographie herauszukommen und eine parabolische Form anzusteuern, die mehrere Bedeutungsebenen zuläßt. Der im *Spiegelkabinett* beschriebene Konflikt zwischen zwei Brüdern steht ja parabolisch für alle menschlichen Verkehrsformen und Beziehungen, in denen ein Mensch dadurch groß und einzig erscheint, daß ein anderer dafür verschwindet, in den »schwarzen Kasten« steigt, seine Identität auslöscht – ein Vorgang, der sich zwischen Partnern ebenso abspielen kann wie im Verhältnis: politischer Führer-Masse.

Der Rückgriff auf traditionelle, ja klassische Formen (wie er sich teilweise auch in der Lyrik wieder abzuzeichnen beginnt) entspringt – darüber hinaus – dem Bedürfnis, dem rapiden Verfall der literarischen Tradition sowie der modernistischen Verramschung des Kulturerbes einen ästhetischen Widerstand entgegenzusetzen. Die schriftstellerische Arbeit ist ja heute, mehr als in früheren Zeiten, den Verwertungszwängen einer Kulturindustrie unterworfen, die den zunehmenden Substanzverlust ihrer Produkte durch eine unentwegte ästhetische Innovation kompensieren muß. »Altes raus. Neues rein!« heißt die Devise in der literarischen wie in der Schuhfabrikation. Die Folge dieser »geplanten Obsolenz« ist ein ungeheurer Verschleiß von literarischen Formen und Stilen, welche im Rhythmus der Konjunktur veralten. So entsteht eine als Avantgardismus getarnte Wegwerfkultur, deren Erzeugnisse – ob Bücher, Filme oder Theaterstücke – zumeist kaum mehr die durchschnittliche Lebensdauer einer Waschmaschine erreichen. Ohne einem neuen

Klassizismus das Wort reden zu wollen, glaube ich, daß der Rückgriff auf traditionelle Formen dem Schriftsteller heute helfen kann, sein Werk vor derartigen Verfalls- und Verschleißerscheinungen zu bewahren; gehorchen doch die klassischen Formen eigenen ästhetischen Gesetzen, welche die Literatur von den immer kurzlebigeren Moden des heutigen Kulturbetriebes bis zu einem gewissen Grade unabhängig machen. Ich persönlich ziehe es vor, auf eine alte Art neu zu sein, denn auf die allerneueste Art zu veralten.

Ich bedaure es – und damit komme ich auf ein Problem zurück, das wir schon einmal angeschnitten haben –, daß unsere Neue Linke zur kulturellen und literarischen Tradition oft ein recht vulgäres Verhältnis hat. Daß sie im Jahre 1968 die »schöne Literatur« für »tot« erklärt hat, war sicher der Gipfel dieser Art Vulgarität. Auch ich übrigens gehörte zu den jakobinischen Bilderstürmern. Schriftsteller wie Bert Brecht waren in dieser Hinsicht klüger und in ihrem ästhetischen Bewußtsein avancierter. Brecht und Eisler kannten die oftmals hochentwickelten ästhetischen Techniken der alten Meister sehr genau und haben sie für ihre Zwecke »umfunktioniert«.

Schon Hanns Eisler hat darauf hingewiesen, daß »gerade wir deutschen Marxisten in ästhetischen Dingen oft von einer Unduldsamkeit sind, die auf unsere Vorfahren, die Jakobiner, zurückweist«. Anstatt das »kulturelle Erbe« im Hegelschen Sinne »aufzuheben«, d. h. aufzubewahren, zu zerstören und auf eine höhere Stufe zu heben, sind wir damals in der einfachen, schlechten Negation des »kulturellen Erbes« steckengeblieben. Nun, ich hoffe, daß diese »Kinderkrankheit« inzwischen überwunden ist. Ich jedenfalls beschäftige mich viel mit den alten Schriftstellern. In puncto Individualisierung (in der Sprache, der Psychologie, der Liebe etc.) kann ich von Shakespeare, Balzac, Stendhal, Goethe, Tschechow, Gorki u. a. mehr lernen als von den meisten zeitgenössischen Autoren, die die Denk- und Gefühlsklischees des »Zeitgeistes« zumeist nur reproduzieren. Man vergleiche etwa das trübe sexistische Vokabular eines Bukowski oder die angestrengte Sexual-Metaphorik eines Günter Grass (im *Butt*) mit der reichen erotischen Bildersprache von Goethes *Wahlverwandtschaften* oder von Boccaccios *Decamerone*. Oder man vergleiche die differenzierte Psychologie der Intellektuellen in Gorkis *Sommergästen* mit dem depressiven Uniform-Look der Intellektuellen in Botho Strauß' *Trilogie des Wiedersehens*. In den reich facettierten Frauengestalten Shakespeares, Balzacs oder Tschechows sehe ich persönlich mehr Utopien aufgehoben, das Zusammenleben der Geschlechter betreffend, als in den meisten Erzeugnissen unserer feministischen Bekenntnisliteratur.

Gerade wir Linken haben eigentlich die Aufgabe, die hochentwickelte bürgerliche (und aristokratische) Individualkultur des 18. und 19. Jahrhunderts ebenso vorm Abriß zu schützen, wie wir die alte und differenzierte Baukultur, etwa die des Wilhelminischen Zeitalters, vor dem zerstörerischen Zugriff kapitalistischer Bodenspekulanten, Baulöwen und Stadtsanierer zu bewahren suchen. Angesichts der zunehmenden Nivellierung unserer Kultur und unserer gesellschaftlichen (sprachlichen, erotischen etc.) Verkehrsformen durch das anonyme Diktat einer totalitären Warengesellschaft heißt *fortschrittlich* sein heute auch: In den richtigen Punkten wieder *konservativ* zu sein.

Drucknachweise

»Nicht alle sind tot, die begraben sind. Versuch über meine Nachkriegskindheit«, geschrieben 1970; das Kapitel »Der Hamlet-Komplex« habe ich 1979 hinzugefügt. Erstdruck unter dem Titel »Den Kopf verkehrt aufgesetzt. Versuch über meine Nachkriegskindheit« in: *Kindheitsgeschichten*, hrsg. von Uwe Friesel und Hannelies Taschau, Königstein/Ts. 1979.
»Apokalypse, Politik als Psychose und die Lebenmänner des Untergangs«, Erstveröffentlichung.
»Die Intellektuellen und der Katastrophismus: Krise oder Wende der deutschen Aufklärer«, Erstveröffentlichung.
»Aphorismen zur neuen Düsterkeit«, Teil-Veröffentlichung in: *Literatur konkret* Herbst 1981.
Wie depressiv sind unsere Peoten? Über Günter Kunert und ZEITgenossen, Erstveröffentlichung.
»Kassandra oder die Menschwerdung vor dem Untergang«. Über Christa Wolf. Erstveröffentlichung in der Zeitschrift *Linkskurve*, Dez. 83.
»Ein neuer Festredner des ›Grand Hotel Abgrund‹. Über Botho Strauß und die neue Menükarte des Feuilletons«, Erstveröffentlichung.
»Schreiben – ein Umweg zum Tode? Über die Negationisten in der Kulturszene«. Vortrag, gehalten anläßlich einer Veranstaltung der Hamburger Kulturbehörde zum Thema: »Den Tod erzählen« (15.4.1983), Erstdruck in *Linkskurve*, Nov. 1983.
»Franz Kafka und die Schuld dem Leben gegenüber. Eine fiktive Szene zum hundertsten Geburtstag des Dichters«, Dreh-

buch für eine Kafka-Sendung, die am 3. Juli 1983 vom ZDF/ Matinee ausgestrahlt wurde.

»Bertolt Brecht – ein abgebrochener Riese. Zur ästhetischen Emanzipation von einem Klassiker«, Erstdruck in *Literaturmagazin 10, Vorbilder,* Reinbek bei Hamburg 1978.

»Regietheater, Theater des Feuilletonismus oder Das Drama findet nicht mehr statt«, Erstveröffentlichung.

»Wollt Ihr die totale Kunst? Über Werner Herzog und das Versagen der deutschen Filmkritik«, Erstdruck in: *Literatur konkret,* Herbst 1982.

»Kopf und Fuß. Ein Gespräch über Wundermänner, IQ-Schwindel und »angeborene Begabung«, Erstdruck in: *Freibeuter 10,* Berlin 1981.

Keto von Waberer
Heuschreckenhügel

Erzählung

Nach dem Erzählungsband *Der Mann aus dem See,* der »Neugier auf künftige Arbeiten« weckte, legt Keto von Waberer jetzt ihre erste größere Prosaarbeit vor. *Heuschreckenhügel* ist die Geschichte eines jungen Mädchens, das zu Sprachstudien nach Mexiko in das Haus ihrer Tante kommt und hier in ein Geschehen verwickelt wird, das sie auf unheilvolle Weise mit den ganz anderen Normen und Mentalitäten der Mexikaner konfrontiert. Es beginnt scheinbar harmlos: Cornelia möchte das uneheliche Kind eines Dienstmädchens vor dem Terror der großelterlichen Familie retten – ein spontaner Gefühlsentschluß, durch die Ethik des Westens gestützt. Aber sie entfesselt damit einen schwelenden Aufstand, der sich langsam zu einem Ausbruch von Brutalität, Haß und Erpressung steigert. Das Kind wird zum Opfer – Cornelia bleibt, überwältigt von der Fremdheit, die sie hatte überwinden wollen und die nun als Chaos über sie hereinbricht, zurück.
Das Gefühl auf der Suche nach Identität ist auch hier das Leitthema Keto von Waberers, aus dem sie eine innere Dramatik entwickelt, die unter der glatten Oberfläche verborgene Deformationen aufdeckt.

k&w
Kiepenheuer & Witsch

Rawums.

Texte zum Thema
Herausgegeben von Peter Glaser

Dokoupil / Distel / Diedrichsen / Drechsler Eitner / Glaser / Goetz / Heyder / Kippenberger / Lobeck / Lottmann / Morshäuser Padeluun / Schwebel / Stingl / Waffender Winkels / u.a.

KiWi

Rawums.
Eine Anthologie.
Texte zum Thema.
Herausgegeben von
Peter Glaser
KiWi 51

Originalausgabe

Im Umkreis der sich überschlagenden Popmusik-Szenen und der mittlerweile bereits international etablierten »neuen Malerei« entstanden – gewissermaßen mit Verzögerungseffekt – in den letzten Jahren zum ersten Mal auch verwandte Formen literarischer Texte, die sich in Sprache, Thematik und Haltung deutlich vom traditionellen literarischen Betrieb der siebziger Jahre abheben.
Peter Glaser, einer der exponiertesten Vertreter dieses neuen literarischen Selbstverständnisses, hat hier zum ersten Mal schon bekanntere und noch unbekannte Autoren zusammengeführt, deren ganz unterschiedliche Ansätze und Handschriften ein spannendes Bild dieses gerade in Gang gekommenen Prozesses ergeben. Eines Prozesses, in dessen Verlauf die Grenzen zwischen der Sprache, dem Film, den Bildern und der Fotografie sich überschneiden und der sehr wohl auch auf ganz eigene Traditionen zurückgreift.

KiWi
Paperbackreihe bei Kiepenheuer & Witsch